체계와 예술

엮은이 / 박영선
펴낸이 / 강동권
펴낸곳 / (주)이학사

1판 1쇄 발행 / 2017년 4월 20일

등록 / 1996년 2월 2일 (등록번호 제 03-948호)
주소 / 서울시 종로구 윤보선길 65(안국동 17-1) 우 03061
전화 / 02-720-4572 · 팩스 / 02-720-4573
홈페이지 / ehaksa.kr
이메일 / ehaksa1996@gmail.com
페이스북 / facebook.com/ehaksa · 트위터 / twitter.com/ehaksa

© 고등과학원, 2017, Printed in Seoul, Korea.
ISBN 978-89-6147-292-0 94000
      978-89-6147-185-5 94000(세트)

이 책의 저작권은 저자가 가지고 있습니다.
저작권법에 의해 보호를 받는 저작물이므로 이 책 내용의 일부 또는 전부를 재사용하려면
저작권자와 (주)이학사 양측의 동의를 얻어야 합니다.

* 책값은 뒤표지에 표시되어 있습니다.

이 도서의 국립중앙도서관 출판시도서목록(CIP)은 e-CIP 홈페이지(http://www.nl.go.kr/ecip)와 국가자료공동목록시스템(http://www.nl.go.kr/kolisnet)에서 이용하실 수 있습니다. (CIP제어번호: CIP2017008354)

체계와 예술

박영선 엮음

KIAS
고등과학원 초학제연구총서
006

이학사

일러두기

1. 이 책은 고등과학원이 주관하는 초학제 연구 프로그램에서 2014년에 '체계와 예술'이라는 큰 주제 아래 진행된 인디트랜스 정기 세미나와 심포지엄의 내용을 다시 정리해서 엮은 것이다.

2. 과학자들과 인문·사회 분야의 연구자들, 예술가들이 3년 동안 자유로운 대화와 초학제연구를 지속해온 인디트랜스의 활동 과정을 정리해서「부록」으로 실었다.

3. 부호의 쓰임은 다음과 같다.

　　『　』: 도서, 잡지, 학회지 제목
　　「　」: 논문, 시, 장 제목
　　〈　〉: 그림, 사진, 영화, 작품, 공연 제목
　　《　》: 연작, 전시 제목
　　(　): 부연 설명, 출전, 한자 및 원어 병기
　　[　]: 음이 다른 한자 병기

머리말

이 책의 구성

고등과학원 초학제연구총서 제6권 『체계와 예술』, 제7권 『연결합 도시: 과학과 예술, 도시에서 만나다』는 고등과학원에서 주관하는 초학제 연구 프로그램에서 2012년부터 2015년까지 약 3년간 지속되었던 과학자와 인문·예술가의 연구 그룹 인디트랜스(Indie-Trans)의 활동에서 생산된 자료들의 일부를 정리한 것이다. 이 두 권의 책은 같은 시기에 대위법적으로 진행된 두 갈래의 세미나의 내용을 담고 있다. 따라서 내용과 형식 면에서 서로 조응하고 연결되는 하나의 쌍을 이루고 있다. 두 권의 책 모두에 동일한 「부록: 인디트랜스의 활동 과정」을 덧붙였다. 고등과학원의 수학자와 물리학자, 인문·사회 분야의 연구자, 예술가들이 장기간 대화를 지속해온 인디트랜스의 사례가 국내외적으로 흔치 않기 때문에 소략하나마 그 과정의 흐름을 정리했다. 초학제 연구의 특성상 동일한 어휘를 다양한 분야의 연구자들과 예술가들이 매우 다른 개념의 층위에서 사용할 수밖에 없다. 어휘의 다양한 용례를 독자들이 일목요연하게 파악할 수 있도록 각 권의 끝에

「찾아보기」를 넣었다. 지은이들의 다채로운 어휘 사용법을 통해서, 독자들은 경계를 넘어서 새로운 앎과 삶을 지향하는 초학제적 대화 과정에 접근할 수도 있을 것이다. 「참고문헌」에서는 지은이들이 인용한 자료 외에 책의 내용 전반을 이해하는 데 필요하다고 생각되는 문헌들을 추가했다.

체계와 예술

2014년 '체계와 예술' 세미나와 심포지엄에서는 전통과 현대, 동양과 서양, 과학과 예술 등 여전히 단절되어 있는 것처럼 보이는 층위들 간의 연결을 시도하기 위해서, 고전적이면서도 현대적인 주제들을 가지고 다양한 분야의 전문가들이 만나서 대화했다. 발표에 참여했던 분들이 초학제 연구에 관심 있는 독자들을 위하여 원고를 새롭게 써주셨고, 주제와 맞는 글을 추가했다. 세미나의 발표자들은 발표 전에 미리 만나 서로의 관심사를 이해하고 대화하는 시간을 가졌기 때문에 독자들은 각각의 글들이 서로를 불러내어 공명하는 것을 확인할 수 있을 것이다.

컴퓨터의 '운영 체계'라는 말로 우리에게 익숙한 '체계(體系)'라는 말은, 영어의 system, 그리스어와 라틴어 systema의 일본식 번역어이다. '함께 두다, 조직하다, 질서 있게 형식을 주다'라는 의미의 그리스어 동사 synistanai에서 파생된 명사형 systema는 조직된 전체(organized whole), 부분들로 구성된 합으로서의 전체(a whole compounded of parts)를 뜻한다.[1] 체계는 '어떤 크고 작

---

1. 이 말은 라틴어에서 배열, 체계의 의미로, 17세기 영국에서는 대창조, 우주 등을 뜻

은 단위체의 일련의 움직임을 생산하고 재생산하는 것으로 가정되는, 보이지 않지만 작동하고 있는 구조'라고 할 수 있다. 체계의 문제는 고대 그리스 이후 서양의 수학, 과학, 기술 분야에서 오랫동안 탐구되어온 주제다. 특히 19세기 말부터 이루어진 집합론 연구의 성과가 알려지면서, 20세기 인문 사회 연구 분야에까지 큰 영향을 미쳤다. 1970년경 생물학자 그레고리 베이트슨(Gregory Bateson), 움베르토 마투라나(Humberto Maturana), 프란시스코 바렐라(Francisco J. Varelra), 물리학자 에리히 얀치(Erich Jantsch), 사회학자 니클라스 루만(Niklas Luhmann) 등 유럽과 아메리카 대륙의 자연, 인문, 사회 분야 학자들이 체계 담론들을 본격적으로 제시하면서 체계는 학제 간 연구의 제1주제가 되어왔다. 어쩌면 체계 연구 그 자체가 초학제 연구를 선취했던 것인지도 모른다. 체계가 무엇인가에 대한 정의, 체계가 어떻게 작동하는가에 대한 설명은 학자별로 다양하다. 하지만 체계가 인간을 단지 그 부분 요소로서 가지는, '인간을 넘어서는 작동 구조'라는 일반 개념은 공유하는 편이다. 루만은 체계가 "질서의 선택을 거쳐서 작동하는 조직된 복합성"이며 "사물로 구성되는 게 아니라, 연산들 즉 체계들이 스스로 작동하기 위해 투입하는 요소들로 구성된다"고 정의했다. 여기서 인간은 단지 체계의 요소일 뿐이며, 자기생산(autopoesie)을 위한 고유 역학을 가지는 생물 체

했으며, 상호 관련된 원리나 사실, 관념들의 집합(set), 유기적으로 조직된 동물의 몸, 한 유기체의 생명 활동의 총합을 뜻했다. 20세기 초에는 그런 유기체의 체계 안에서 어떤 요소를 추출해낸다는 표현이 등장하고, 1806년부터는 '사회질서를 지배하는 시스템'이란 말이 사용되었고, 1962년에는 컴퓨터 분야에서 '상호 관계된 프로그램의 그룹', 미국의 우주 프로그램에서 '모든 체계가 작동하고 있다'는 표현이 등장한다.

계, 사회 체계, 심리 체계가 교차하는 '복합체'로 정의된다. 이러한 체계 개념은 인간 중심적인 좁은 관점을 개방시키고 인간과 비인간을 구조적으로 평등하게 연결시키는 가능성을 열어놓는다는 점에서 고무적일 수 있다.

체계 개념은 과학자와 예술가가 만날 때 언제나 대두되는 '관심사의 규모의 문제'와도 연결된다. 수학자와 물리학자는 물론이고 경제학자, 사회학자, 법학자들도 인간을 연구한다기보다 인간을 부분적 요소로 하는 인간 너머의 사회나 우주의 작동 구조인 체계를 거시적, 미시적으로 연구한다. 철학자는 이러한 체계들의 메타 체계를 개념적으로 탐구한다. 예술가는 체계와 인간 '사이'에 위치하면서, 자신과 세계의 몸을 지배하는 모종의 체계에 예민하게 반응하며 체계의 여집합인 새로운 체계를 상상한다. 우주의 물리적 체계를 연구하는 물리학자와 집합론과 위상학을 통해 존재와 공간의 체계를 연구하는 수학자들이 이론적 객관성을 위해 경험세계와의 거리를 유지하지만, 그들도 (아직은) 자신들의 몸으로부터 사유한다. 서로의 몸과 서로가 지닌 어떤 체계에의 열망을 인정하는 자리에서, 과학자와 예술가의 대화는 시작될 수 있다.

'1. 시적 사유와 수학적 사유'에서는 세계와 인간의 몸이 상상의 공간에서 만나면서 일어나는 가설적 사건으로서의 시, 알랭 바디우의 수학적 존재론에서 시와 집합론에 관한 사유, 현대 체계 이론에 결정적 영향을 미친 집합론 연구에서 강제법의 문제를 다룬다.

건축가이자 시인 함성호는 시적 사유를 가능케 하는 문자의 선사시대를 제시한다. 소쉬르 이후 문자는 역사화되었고, 자의적 기호로서 텅 빈 기표가 되었다. 그러나 함성호에게 문자는 역사 이전의 길 위에 새겨진 흔적이자 사건이다. 시인은 문자의 선사시대를 사는 상상의 몸을 가진 자이고, 길 위에 흔적으로 새겨져 있는 소리가 깃든 문자들이 일으키는 사건에 몸을 던지며 흔들리는 사유를 하는 자이다. 확실한 방향성을 추구하는 견고한 사유는 자유로운 가설의 이루어짐을 방해한다. 함성호의 흔들리는 사유는 우발적 사건들에 의해 변화하는 과정만이 있는 길[道] 위의 사유, 즉 시적 사유이다. 시란 문자의 선사시대에서 일어나는 사건이며, 시 쓰기란 그 사건의 흔적과 흔적의 사유를 통해 미증유의 사건을 발생시켜 현실의 시간이 제거된 하나의 새로운 우주, 상상의 공간을 온전히 가설하는 행위가 된다.

철학자 장태순은 수학적 존재론을 주창한 프랑스 철학자 알랭 바디우가 말하는 '철학의 조건들'로서의 과학과 예술의 위치를 살펴보고 『존재와 사건』에서 시와 수학의 역할을 검토한다. 바디우가 수학과 시를 중요시하는 이유는 수학이 오래전부터 다루어온 것이 존재의 문제이기 때문이다. 바디우에게 현대 집합론은 수학적 존재론이다. 바디우는 존재의 문제는 수학에게 맡기고 철학은 존재론의 체계에 대한 메타적인 사유 체계를 건설해야 한다고 제안한다. 장태순은 존재를 다루는 수학이 다룰 수 없는 것이 사건인데, 시는 사건을 가장 잘 사유할 수 있기 때문에 바디우가 시의 중요성을 역설했다고 해석한다.

수학자 김병한은 수학적 실재론의 입장에서 어떻게 강제법을 이해할 수 있을 것인지를 논하고, 강제법이 내포하는 은유의 해석을 분석하고 시적 요소를 음미한다. 김병한은 진리의 엄밀성에 매진한 서양 수학이 어떻게 불완전한 복수의 체계를 수학적으로 인정하고 직관과 경험의 중요성을 긍정하면서 긍정과 부정 양방향의 연구를 통해 확장되는지를 보여준다. 이러한 '열린 수학'은 연역적인 형식주의 수학보다 시와 물질에 보다 가까워져 있다. 강제법에서 은유되는 '인간과 초월'의 문제는 4장의 김진석의 글에서 포월의 문제와 호응한다. 수학에 익숙지 않은 독자들에게는 쉽지 않은 글일 수 있으나, 지은이가 독자들을 위해 4절에 보충한 기초 개념의 정의와 일반 대중의 이해를 돕기 위해 웹에 공유한 글과 괴델의 전기 번역서[2]를 함께 읽어보기를 권한다.

'2. 몸, 소리, 과학'에서는 수학과 물리학이 다루지 않는 몸과 감각의 세계에서 예술가들이 추구하는 감각의 가능성과 과학에서 그 감각의 자료가 물리학적, 생물학적 가설로 체계화되는 방식을 다룬다. 그리고 우주 자연의 생성 과정에서 일어나는 소리에 관한 도가적 사유와 한국 전통음악을 다룬다.

안무가 정영두는 사람의 몸이 우주의 물리적 조건과 깊은 관계를 맺고 있으며, 중력에 대한 과학적 지식이 없을 때에도 사람은 몸을 통해 중력을 이해하고 인정하고 있었음을 환기한다. 몸이 중력에 적응하기 위해 만들어지는 여러 자세가 고전무용과 현대무용에서 어떻게 나타나는지를 보이면서, 행위를 통한 지식의 습득 가능성을 제안한다.

---

2. 김병한, 「올바른 수학」, 2008. http://cafe.daum.net/_c21_/bbs_search_read?grpid=KKzs&fldid=Fy6u&datanum=161; 도슨, 존 W. 주니어, 『논리적 딜레마』, 김병한, 박창균, 현우식 옮김, 경문사, 2016.

음악가 류한길은 체계의 효율적이고 안정적 작동이라는 미신을 위해 내려지는 모든 정의(definitions)와 사회적 관습이 변화 과정에서 생성될 다양한 가능성의 조건들을 잡음(noise)과 장애물로 규정하고 배제시키는 것에 문제를 제기한다. 그는 예술과 과학을 분리해서 생각하는 태도나, 기존의 예술적 제도의 구분 역시 체계의 효율을 추구하는 목적으로부터 나오는 것임을 지적한다. 따라서 기존의 예술적 제도와 장르의 구분과 표준 기법, 나아가 학문의 자기 정체성에 집착하기보다는 우리가 알지 못하고 선택하기 어려운 어떤 상황을 받아들일 때 '가능한 조건'은 더 많이 발생할 수 있다고 말한다.

물리학자 이필진은 "북의 모양을 들을 수 있는가"라는 질문을 던지고, 소리에서 모양을 과학적으로 유추하는 과정에서는 소리와 모양의 실체가 아니라 그 실체에 대한 가설이 필요하다는 점을 밝힌다. 과학은 수많은 가설의 집합체이며, 그 가설들에서 출발하여 실험을 고안하고 측정하고 가설의 타당성을 판별해서 옳은 가설들의 체계적 결정체인 이론을 만드는 과정을 쉽고 흥미롭게 설명한다. 나아가 논리적으로 연결될 수 없는 도약의 순간과 과학자의 개인적 직관 역시 과학에서 필요한 것임을 밝히고 있다.

음악미학자 한지훈은 죽림칠현의 한 사람인 혜강의 '소리 자체에는 슬픔과 기쁨이라는 인간의 감정이 들어 있지 않음'을 논한「성무애락론(聲無哀樂論)」을 통해 소리의 근원이 우주 자연의 생성 과정에서 비롯되었다고 본 노장적인 성음관(聲音觀)을 설명한다. 이것은 소리가 인간을 위한 것이 아니라 우주 자연의 생성 과정에서 일어나는 것이며, 단지 인간은 그 소리와 만날 수 있을 뿐이라는 비인간의 소리론이다. 한지훈은 음 또는 악의 감화력으로 성인의 정치적 교화를 베풀고자 했던 유가의 음악론과, 성음의 존재근거를 음양 두 기의 융합에 의한 우주 대자연의 산물로 보고 그 본질을 심미적 쾌감을 일으키는 자연지화(自然之和)로 이해했던 도가의 음악론을 비교하고, 한국 전통음악의 갈래들을 소상히 설명한다.

'3. 물질과 에너지'에서는 현대물리학에서 가속되고 있는 암흑 물질과 암흑 에너지에 대한 최근의 연구 사례들이 다소 극적으로 환기시키는 '보이지 않지만 실재하는, 물질과 에너지의 상호작용'에 대한 관심을 초학제적으로 확장해서 다룬다.

물리학자 전응진은 물질과 에너지가 별개의 것이 아님을 아인슈타인의 상대성이론에 따라 설명한다. 우주의 가속 팽창에 의한 적색 편향 현상을 통해 암흑 에너지라는 것을 상정하는 과정, 그리고 중력렌즈 현상의 관측을 통해 그러한 효과를 주는 천체의 질량을 알게 되면서 우주 전체 에너지 양의 25퍼센트를 차지하는 것으로 추정되는 규명되지 않은 암흑 물질에 대해 탐구하는 흥미로운 과정을 소개한다.

예술가이자 전자음악 작곡가인 김윤철은 우리가 감각하고 인식하는 세계의 피상 너머로 물질 고유의 성향이 잠재하고 있음에 주목한다. 물리학에서 미지의 암흑 물질이 과학적으로 그 실체가 아직 드러나지 않았어도 중력렌즈 효과에 의해 간접적으로 관측되는 것처럼, 사람의 표상적인 인식을 넘어서는 물질의 잠재적 성향들이 발현되고 변화하는 과정적 실재인 '매터리얼리티(Matteriality)'에 대한 수행적 탐구를 제안하고 관련 담론인 사변적 실재론을 검토한다.

　미디어 연구자 오준호는 탈인간적(post-human), 비인간적(non-human) 미디어 생태학의 관점에서 다큐멘터리 〈리바이어던〉을 분석하면서, 인간의 차원에서 물질과 에너지와 같은 축에 놓여야 하는 것은 노동임을 지적한다. 아방가르드 예술에서의 매체 특정적인 물질성 탐구가 사회 정치적 차원에서의 진보성과 의미를 획득하기 어려웠던 데 비해, 〈리바이어던〉은 인간과 비인간의 연결을 생성시키면서 관객에게 노동을 체화시킨다고 평가한다.

　종교학자 이용주는 물질과 에너지라는 서구적, 현대적 개념에 호응할 수 있는 중국 문화권의 전통적 사유 개념이 도(道), 기(氣), 형신(形神)이라고 본다. 도는 중국 사유에 다가가기 위한 기본 개념으로, 우주 만물을 실어 가는 길, 또는 원리다. 기는 우주의 모든 생성과 변화의 바탕이 되는 질료이다. 중국 사유에서는 물질과 정신이 분리 불가능함을 강조하면서, 이용주는 사람이 도에 합일하기 위해 기 수행을 하고 형신의 전환을 통해 신선(즉 비인간) 되기를 실행하는 연금술적 실천인 도교의 수행을 관통하는 중요 관념들을 해명하고 있다.

　'4. 언어의 시공간'에서는 사회 체계의 작동에 있어서 가장 보편적이면서 일차적인 매체인 언어와 시공간 개념의 관계 문제를 다룬다. 한국문학이 서구 문학의 수입 이후 근대문학의 모습을 갖추면서 부닥치는 시간의 문제, 그리고 운율과 배치의 공간의 문제를 검토하고, 한국어를 사용하는 철학적 사유의 실천, 한국어의 시간성이 생성하는 현장화의 변용을 통해 근대 시각 매체인 사진의 분절적 시공간의 한계를 보충하는 문제를 다룬다.

한국문학 연구자 이영준은 한국 근대소설에서 현재형 서술 문장을 둘러싼 논쟁을 다루면서, 현장 묘사는 독자가 사건 현장에 존재하는 듯한 생생한 감각을 경험하게 해주지만, 근대 예술로서의 소설이 가진 사물의 질서를 재구조화하는 힘인 시간적 변화의 내면 경험을 삭제하게 되어 근대적 개인의 내면의 질서를 수립할 수 없게 된다는 김우창의 입장을 소개한다. 이영준은 과거 시제와 삼인칭 관찰자 시점을 불편하게 여기는 이러한 태도가 인공적 허구인 소설의 시간조차도 실재와의 상관관계 속에서 작동한다고 보는 동아시아적 시간관과 관련이 있다고 분석한다. 한국어의 뿌리 깊은 현재형 서술은 본질적으로 1인칭 문학인 시의 강세로 드러난다. 나아가 소설에서도 의태어와 의성어가 도태되지 않은 구어적 직접성을 지닌 한국어의 특징에 의존하여 인쇄 문화의 문자적 시각성에 저항하고 구어적 청각성을 보존하는 문학적 노력들이 나타난다고 분석한다.

　한국문학 연구자이자 비평가인 박슬기는 정형적 율격에서 얼마나 이탈했는가를 기준으로 자유시의 성취 여부를 가늠할 경우 산문시가 자유시의 성립 이후에 나와야 하는데, 한국에서 자유시의 등장이 산문시 이후에 오는 이유를 탐색한다. 시와 노래가 하나라는 전통적인 시가 관념과, 베를렌을 비롯한 서구 시인들의 작품을 번역하면서 갖게 된 시의 음악성에 대한 인식을 통해 한국 근대 시인들은 시가 음악이어야 한다고 생각하게 되었다는 것이다. 여기서 박슬기는 노래의 공동체가 소멸하고 인쇄물이 광범위하게 유통되던 시대에 시-노래하기가 가능한 것인가라는 질문을 다시 던진다. 문제를 해결하기 위해 최남선이 근대 시의 리듬을 도입해서 시를 공간화하는 과정을 분석한다.

철학자 김진석은 소설, 시와 달리 철학적 글쓰기에서 개념은 결정적으로 중요한데, 한국어는 개념 생산, 이론 생산에 실패하고 있다고 지적한다. 한국어가 개념 빈곤에 사로잡혀 있는 큰 이유는, 근대적 보편성이나 합리성을 직접 경험하지 못한 채 식민지 상태에서 번역을 통해 개념을 접한 데다가, 우리가 쓰는 개념어가 거의 일본어의 번역어라는 사실조차 지식인들이 인식하지 못하는 상황에서 공짜처럼 주어진 개념들이 한국어의 벽과 기둥이 되어 있는 현실에서 유래한다. 김진석은 한국어를 쓰는 철학자로서 시공간의 혼돈과 언어의 혼란을 겪으며 서양철학의 전거와 한문의 전거에 기대지 않고 만들어낸 자신의 개념들을 한국어의 소리가 살아 있는 개념적 사유를 위해 제안하고 있다. 그의 개념 '포월(匍越)'은 '초월(超越)'과 대비되기는 하지만 그것과 연결되고 그것을 포용하는 개념임을 밝히고, 동물에서부터 한 사회, 한 시대와 문명의 동작으로서의 기어가기의 여러 실행 사례를 살피면서 느림과 빠름의 결들과 갈라짐, 뒤집힘을 '포월에서 월포(越匍)'라는 과정적 사유를 담은 한국적 개념어를 써서 예리하게 통찰하고 있다.

    사진가 박영선은 사진이 우발적인 시간을 선형적으로 분절하고 유동적 공간을 범주화하는 서구 근대의 객관적 역사주의의 기획을 매개하는 장치라고 본다. 근대소설에서 과거 시제와 3인칭 관찰자 시점이 필요한 것은 사진에서도 그대로 조응하는 조건인데, 근대소설은 문자언어를 통해서, 사진은 시각 장치를 통해서 서구 근대의 아카이브 프로그램을 실행했기 때문이다. 박영선은 예술가 강홍구의 최근작 《언더프린트》가 사진이 실행하는 근대적 기획을 무력하게 하고 고고학적 시공간의 격차를 압축하는 몽타주와 여백의 재배치를 통해 새로운 시공간으로서의 담벼락을 현장화하는 과정을 실제 작품 분석을 통해 제시한다.

'체계와 예술'이라는 주제로 연결된 이 책의 다양한 글들은 모두 인간을 넘어서는 넓은 세계를 상상한다. 그러므로 과정과 변화, 하나이면서 동시에 여럿인 관계, 인간과 비인간의 연결, 불가능성에 대한 상상과 실행의 가능한 조건들을 모색한다. 근래에 많이 논의되는 비인간과 탈인간주의라는 주제는 주로 이성 중심적 체계의 구축에 몰두해온 서구 문명사의 맥락에서 접근되고 있다. 그러나 중국 문화권에서는 사람을 우주 운행의 원리인 도의 작용 중 일부에 불과한 것으로 위치 지어서 비인간이라는 문화 개념을 일찍이 선취했다. 체계와 예술의 문제는 현재 지배적인 담론을 중심으로 다뤄지기보다는 동서고금의 다양한 사유와 상상력, 가설들이 교차하는 장(場)에서 다뤄질 수 있어야 한다. 시공간을 넘나드는 여러 차원의 사유와 실천이 교차하는 생동 속에서 초학제 연구가 가능하기 때문이다.

이 책은 제7권 『연결합 도시: 과학과 예술, 도시에서 만나다』와 함께 지난 3년 동안의 고등과학원 초학제 인디트랜스 팀의 활동으로 축적된 과학자와 예술가 간의 '느린' 융합과 '느슨한' 변환의 어떤 가능성을 한국 문화계에 쏘아 올리는 작은 신호탄과 같은 것이다. 인디트랜스 활동의 성공과 실패에 대한 다양한 논의와 평가가 있을 수 있다. 하지만 인디트랜스가 과학자와 예술가 사이의 장기 지속적인 교류와 대화를 바탕으로 '함께 변화하는' 진정한 융합의 경험을 얻어내기 위해 다양한 방법적 시도를 해왔다는 점에서 하나의 사례로서 참조될 수는 있을 것이다. 초학제 연구에 대한 관심과 배려를 아끼지 않으신 전 고등과학원장 김두철 선생님과 금종해 선생님, 그리고 이용희 고등과학원장님께 감사드린다. 그리고 여러 어려움 속에서도 인디트랜스를 격려하고 지지해주신 고등과학원의 과학자들과, 홍릉까지 먼 길을 마다하지 않고 곳곳에서 찾아주신 예술가들과 연구자들께, 그리고 언제나 묵묵히 우리의 활동을 도와주신 고등과학원 직원들과 연구 보조원들께 감사드린다. 이 두 권의 책이 나오기까지 까다로운 작업 과정을 감내하면서 훌륭한 책을 만들어주신 이학사의 대표님과 편집진께 감사의 마음 전한다. 인디트랜스로 인해서 가능했던 모든 만남이 나에게는 큰 행운이었다.

2017년 3월 31일
박영선

차례

머리말 5

1. 시적 사유와 수학적 사유 21

흔적의 사유와 길 자체
함성호 26

알랭 바디우, 수학적 존재론과 그 너머의 시
장태순 52

집합론, 강제법, 가상과 실제의 대화
김병한 70

2. 몸, 소리, 과학 109

중력과 몸 사이에서 말하기
정영두 116

가능한 조건과 새로운 미신
류한길 130

소리, 모양, 그리고 현대 과학을 위한 우화
이필진 142

소리 또는 악(樂):
혜강의 「성무애락론」으로부터
한지훈 160

3. 물질과 에너지 187

암흑 물질과 암흑 에너지
전웅진 194

매터리얼리티
김윤철 210

사물의 풍경과 탈인간적 미디어 생태학
오준호 236

기(氣)의 수행과 신체-정신[形神]의 전환:
물질과 정신은 분리할 수 없다
이용주 256

4. 언어의 시공간 285

한국문학의 시간
이영준 292

노래의 상실과 지향:
자유시의 기원에 놓인 시적 실험의 의미
박슬기 300

포월(匍越)에서, 월포(越匍)로
김진석 320

언더프린트의 담벼락
박영선 342

부록: 인디트랜스의 활동 과정 379
참고 문헌 404
엮은이와 지은이의 자기소개 412
찾아보기 416

1

시적 사유와 수학적 사유

한 반복 재생되는 문장의 시제에 관한 연구

언어는 어떤 바탕 위에서 생성되는 것일까? 회사후소(繪事後素)라는 말이 있지만, 물리학의 가설은 우리 우주는 바탕이 없는 상태에서 존재한다고 말하고 있다. 유한하지만 경계가 없는 3차원 우주라는 것이다. 그렇다면 무한하지만 경계가 있는 우주라는 것도 존재하지 않을까? 유한무경계 우주가 수학적으로만 가능한 것처럼 무한유경계 우주는 언어에서만 가능한 것일지도 모르겠다. 현실에서는 불가능하지만 수학적으로는 가능한 것이 있듯이 문학에서만 가능한 사건, 시간과 현상이 있다. 나는 비장한 수식 하나도 가지지 못한 채 늘 그것을 찾아 떠도는 언제나 떨어진 신발을 신은 자이다.

수학자 김병한 교수의 칠판, 2017년 3월 27일 연세대학교 강의실.

§5 Induction on WF rel. (Work in ZF)

Let (A, R) well-fd^{set} (eg. $(\mathbb{N}, \in)$). Then any $C \overset{\neq \emptyset}{\subseteq} A$ has R-min.

Pf) Fix $x \in C$. If x not min, then $\underbrace{C \cap A[\overline{x}]_R}_{C'}$ is a non-empty subset of C.

$\exists R\text{-min } y \in C'$. Then by 5.4, y R-min in C.

In practice, $\forall x \in A$, if we can show $\left(\forall y, \ y R x \overset{y \in A}{\Rightarrow} P(y) \right)$ then $P(x)$.

Then $\forall x \in A, P(x)$. (why?) If not, say $\exists x_0 \in A \ni \neg P(x_0)$.

Then $\{x \in A \mid \neg P(x)\}$ has R-min...

흔적의 사유와
길 자체

함성호

가설의 방식에 대하여

나는 상상함으로써 존재한다. 나의 문학은 하나의 **가설**(Hypothesis)이며 그런 나의 가설은, 내 존재에 대한 끊임없는 증명의 욕구를 반증한다.[1] 욕구가 일으켜진다는 것은 증명되지 않는다는 것이고, 증명에 도달하지 않고, 무한히 접근해갈 뿐이라는 것이다. 현실에서 나의 존재는 증명되지 않는다. 나는 끝없이 존재를 향해 미분되거나 적분되어나간다. 그런 현실적 모순을 극복하며 나는 나의 존재를 증명하기 위해 현실을 재조직한다. 그 아름다운 방정식 속에서 모든 존재는 확고해진다. 가설의 방식을 빌려 확고해지는 것이다. 그러나 그 아름다운 방정식은 가설의 조건들의 미세한 흔들림에도 금방 죽음의 액자 속에 갇혀버린다.

그 죽음의 액자 속에서 역사가 기억하고 있는 것은 아무것도 없다. 흔히 말하듯이 역사는 기억의 장치가 아니다. 역사는 기록할 뿐 기억하지 못한다. 이러한 경우, 또한 역사는 아예 아무런 기억의 기제가 없고 단지, 역사가 무엇을 기억하리라는 기대만 있다라는 진술도 가능해진다.

랑케식의, 역사의 객관적 서술이 가능하다는 것이 하나의 꿈으로 치부될 때, 역사는 끝없는 주관에 의해서 기록되는 반역사이다. 따라서 역사는 없다. 그것은 끊임없이 재구성되거나 왜곡된다. 모든 역사의 기술은 왜곡의 역사이다. 역사가 말하게 한다

---

1. 나의 '가설'의 개념은 우주를 상상하는 물리학자의 가설과도 같은 개념이다. 물리학자들은 아직 발견되지 않은(존재하지 않을지도 모를) 물질을 하나의 가설로서 상정한다. 나는 그들이 그 물질을 창조했다고 생각한다. 단지, 과학적 가설이 증명됨으로써 현실이 된다면 나의 '가설'은 증명될 수 없다는 것이다. 그것은 그 자체로 현실이다. (나에게 있어 모든 혁명은 하나의 고귀한 가설이다.)

는 귓속말은 벙어리 역사에 대한 주관적 장악을 확고히 드러낸다. 따라서 기록되어 있거나 기록되어 있지 않거나 간에 모든 역사는 역사 내에서 부재한다. 우리가 기억하고 있는 역사는 기억에 대한 기억의 역사이거나 하나의 가설이다. 바로 여기에서 '역사에서 배우자'라는 말이 성립할 수 있는 배경이 형성된다. 역사가 진정으로 객관적이라면 우리가 역사에서 도대체 뭘 배울 수 있겠는가? 누가 그 우연과 배신과 패륜의 점철에서 희미한 먼지 같은 교훈이라도 하나 건져낼 수 있을 것인가? 역사가 재구성되어 있을 때, 당대의 가치와 정신이 개입되어 있을 때 비로소 우리는 거기에서 배운다. 그러한 가치판단이 소실된 지점에서는 아무것도 우리가 배울 것은 없다. 살인과 패륜만이 있을 뿐이다.

당대, 이 당대라는 말의 시간적 불연속성을 폐기하라. 당대는 분명 일회적이고 한시적인 것처럼 들리지만 아무 연관 없이 과거와 미래에 그 맥을 대고 있다, 아무런 연관 없이. 그리고 이것, 아무런 연관이 없다는 이것이야말로, 가장 객관적인 역사이다. 그것은 일목요연하고 굳건한 주류를 형성하고 있지는 않지만, 그것 때문에 오히려 객관적이다. 그것은 죽임의 힘과 같다. 죽음의 힘이 아니라 죽임의 힘이다. 죽음을 만들어내는 힘이다. 모든 영원한 것을 거부하며 지금의 시간과 여기의 장소성을 극단적으로 인식하게 하는 힘이다. 극명하게, 라는 말을 하고 싶지만 참는다. 왜냐하면 모든 당대는 불확실할 것이므로, 불온하므로 그렇다.

모든 죽임은 얼마나 불온한가? 그러나 그것은 묘하게도 신성과 연계되어 있다. 강간 살해와 사육된 제물의 종교적 살해 사이에는 기묘한 일치점이 있다. 무엇을 먹는다는 것은 죽음을 먹는 행위이다. 또한 그것은 능동적 죽임의 가공된 형태이다. 그 죽임의 중심에서 모든 생명의 자리가 만들어진다. 무엇을 먹고 소화시키는 것은 죽음을 죽임의 형태로 변형시킨다. 역사를 죽이는 일은 그 객관성을 죽이고, 당대의 의미에 무엇인가를 일치시키려는 소화와 발육의 과정이다.[2]

움직일 수 없는 조건들과 희미한 존재;현실, 그리고 가변적인 조건들 속에서 확고해지는 존재;가설이, 서로를 다른 가정치를 가진 무한한 경우의 수 중 하나로 만들어버린다. 그렇다면 나의 현실은 또 하나의 가설이다. '본래 없다'는 식의 가설 쪽의 접근이 아니라, 가설 자체를 현실로 인정하는 접근인 것이다. 따라서 엄밀히 말하자면 가설과 현실의 공간이 따로 떨어져 존재하는 것이 아니라, 가설과 현실의 공간이 한 장소에서 동시적으로 존재하는 것이다. 즉 모든 가설이 현실이다. 그것은 생 전체가 가설이라는 허무에서 가설 자체가 현실이라는 허무로 우리를 이끈다. 이 도저한 허무에서 나의 문학은 출발한다. 전자의 허무가 모든 방향성이 사라진 데서 기인한다면, 후자의 허무는 모든 방향성의 허약함에서 기인한다. 나는 생각함으로써 존재하는 것이 아니라 오히려 생각/상상함으로써 나의 존재를 무화시켜버린

---

2. 건축 공간에 있어서 최소한의 벽은 최대한의 공간을 만든다. 반대로 최대한의 벽은 공간을 최소한의 범위로 확정한다. 바로크의 장식들은 장식의 과잉을 통하여 장식의 반복을 가져오고, 극단적으로는 장식의 존재를 무화시킨다. 장식하지 않음으로 만들어버린다. 바로크의 장식들은 그런 면에서 죽음을 표현하고 있다고 나는 생각한다. 또 기하학적인 완벽한 도형들은 죽음을 의미한다. 바로 모더니즘의 기호들이다. 바로크와 모더니즘이 똑같이 죽음을 표현하고 있다는 것은 재미있다. 그런 점에서 건축은 삶의 방식이 아니라 죽음의 방식이다.

다. 현실이 하나의 가설로 만들어지며, 나의 존재는 가설 속에서 의미를 갖는다.

그것은 견고한 사유의 방식으로는 이루어질 수 없는 세계이다.[3] 확실한 방향성은 오히려 가설의 이루어짐을 방해한다. 가설은 언제나 흔들리는 사유의 방식으로 이루어진다. 그것은 증명되지 않는다. 사이버 스페이스는 증명되고, 견고한 논리를 확보하고 있으므로 가설이 될 수 없다. 확정적으로 그것은 현실이다. 사이버 스페이스는 또 하나의 현실이다. 가설은 그 현실들 밖에 있다. 그러나 그 현실들은 가설에 의해 또 다른 가설이 될 것을 위협받고 있다. 가설의 방식으로서의 흔들리는 사유는 사유의 방식과 그 변화를 좇는 사유이다. 우왕좌왕하는 사고, 우유부단한 사고, 햄릿적인 고민을 안고 나아가는 사고가 가설을 구축한다(햄릿이 그 고민 속에서 본 것은 지나간 시간의 사실이었다). 흔들리는 사유는 결론보다는 과정을 중시하며 목적지보다는 그곳에 도달하기 위한 길 자체를 더 중요시하는 사유이다. 길만이 존재한다. 그 사유의 방식에서는 길이 곧 목적이다. 가설은 그러한 흔적의 사유로 이루어진다. 사유의 흔적이 아닌 흔적의 사유로.

3. 우리의 전통 기와는 집중호우가 내리는 우기에는 보통 때보다 약 10배의 물을 흡수하고 보통 때의 10배에 가까운 하중을 받게 된다. 당연히 그 가변적인 하중에 대처하기 위해서 기둥과 보, 서까래와 보의 접합은 모두 같은 재료로 이루어질 수밖에 없다. 자칫 변형 계수가 다른 쇠못으로 처리했다가는 그 하중을 유동적으로 견디지 못할 것이다. 흔들리는 사유는 쇠못과 같은 강한 접합의 방식이 아닌 나무못과 같은 다소 헐렁한 접합의 방식을 말하는 것이다. 수축과 이완의 방식이 비슷한 계수로 맞아들어가는, 그래서 모든 변형과 뒤틀림을 견디는 방식이야말로 하나의 가설을 이루기에 적당하다. 그래서 가설은 가설을 낳을 수 있다. 그래서 모든 과학적 가설은 가설일 수 있을 때에만 진리일 수 있다.

흔적의 사유

흔적의 사유란 곧, 흔들리는 사유를 말하는 것이다. 과학적 검증이 실험을 통해 이루어진다면 가설의 검증은 가설의 담론 내부에서 이루어진다. (현실도 하나의 가설이라고 할 때) 그렇다면 이런 공간과 공간의 이동은 어떻게 이루어질 수 있는가? 그것은 흔적의 궤도에 따른다.[4] 문자는 그런 과정적 사유를 나타낸다. 문자는 흔적이고 자취이다. 따라서 그것은 늘 재해석되고 다시 만들어지는 가설의 방식과 일치한다.[5]

정말 데리다의 말처럼 의미가 존재하는 그 순간부터 기호는 존재하는가? 우리는 정말 기호를 통해서만 생각할 수 있을 뿐인가? 나는 문자의 발생은 언어의 발생에 선행한다고 말한다. 따라서 기호의 발생은 분명 역사적 산물이다. 그러나 문자의 발생은 비역사적 산물이고 문자는 지금도 역사와 무관하다. 음성언어가 확실한 체계를 요구하는 사회를 만났을 때의 한계는 분명 문자

---

4. 흔적의 경과는 중요하지 않다. 문제는 공간의 이동이다. 사계절의 변화는 시간의 흐름에 따라 이루어지는 게 아니라 지구의 공전, 즉 우주에서의 지구의 움직임 때문에 일어난다는 김채수(2012) 교수의 지적은 옳다. 우주의 팽창 역시 부단히 운동하는 결과이다.

5. 이탈리아의 철학자 잔니 바티모(Gianni Vattimo)의 이른바 '약한 사유'라는 개념이다. 그는 니체와 하이데거로부터 단서를 발견해서 비형이상학적인 진리 개념과 존재 개념을 정의하며, 이것을 모더니티와 역사의 종말을 경험하기 위한 탐구의 근본적인 단계로 삼는다. 플라톤 이래로 서구 철학에서는 존재와 진리(즉 존재의 진리)가 영원성과 위엄을 둘 다 갖춘 확고하고 자율적인 실체로 간주되었다면, 바티모는 진리와 존재를 영원성과 안정성이 부여된 사물들이기보다는 '사건'으로, 즉 끊임없이 재해석되고, 다시 쓰이고, 다시 만들어지는 것으로 이해한다. 내가 '가설'이라고 부르는 개념은 '약한 사유'의 '사건'에 주목한다. 사건의 흔적과 그 흔적의 사유. 나에게 있어 문자는 단순한 기표가 아닌 하나의 '사건'이다.

의 역사시대와 그 맥을 같이하지만 **문자의 선사시대**는 음성언어에 선행하며 비역사적이란 가설이 유효하게 된다. 문자의 선사시대는 음성언어가 가지고 있는 모든 가능성을 내포한다. 지금도 그러한 문자는 우연에 의해 나타나며 제도의 틀 속에 편입되지 못하고 사라진다. 문자의 역사는 문자의 선사시대에 의해 계속적인 도전을 받는다. 여기에서 문자의 통시대적 고찰이 행해진다.

문자의 역사에 있어서의 시간은 중요하지 않다. 문자에 있어서 더 중요한 것은 기표와 기의보다는 그 기술의 형식이다. 기술의 형식과 방법 그리고 기술의 마음에 있어 기의와 기표는 종이의 양면에서 입방체를 이룬다. 소쉬르는 기표와 기의의 관계가 종이의 양면과 같다고 말하지만 문자의 선사시대를 가정할 때 하나의 가설은, 기표와 기의가 기술/흔적/흔적의 사유에 의해서 (소쉬르가 얘기한) 그 종이의 양면에 틈이 생기게 되고 결국 그것은 하나의 공간을 가진 입방체를 표상하게 된다는 것이다. 따라서 언어는 반드시 어떤 **논리의 필연성을 지닌 공간**을 필요로 하게 된다.

한 단어는 그 단어를 구성하는 독자적인 공간을 필요로 한다. 기표와 기의의 관계는 고정되어 있는 것이 아니라 제각각의 높이를 가지고 있으며, 동일한 기표라도 **흔적의 기둥**에 따라 다른 의미의 공간을 구축한다. 동일한 기표에 다른 높이의 공간을 구성하게 하는 동인이 바로 흔적이며, 자취이고 궤적이다. 따라서 우리는 기호를 통해서만 사고할 수 있는 것이 아니라 기호의 공간을 확장하고 축소함으로써 생각한다. 즉 우리가 생각한다는 것에는 이미 기호를 재해석한다는 전제가 깔려 있는 것이다. 기표와 기의의 관계를 비틀고 재조립하여 조정한다. 따라서 그 흔적의 기둥을 재고한다는 것은 한 세계의 전면적인 재편성을 의미한다. 한 단어가 흔들릴 때 한 세계는 이미 변한 것이다.

흔적의 사유는 사건의 기술에 있어서의 문자와 사유의 관계를 표현한 것이다. 사건과 사건의 연쇄적 충돌과 그 충돌에 따른 의식의 변화와 텍스트에 의한 돌발적 사고가 기표와 기의의 관계를 재조직해낸다. 이제는 단순한 흔적과 사건들이 의미를 만들어 내기 시작한다. 그리고 심지어는 그런 의미들이 하나의 사회제도 속에서 법적 구속력을 가지는 예를 우리는 진즉 보아왔다.[6]

복사 기술의 진보는 원본과 복제품의 차이를 없앤다. 그것은 복제의 흔적을 지움으로써 원본에 다가간다. 그러나 흔적의 조장으로서의 복제는 원본과 복제품 간의 간극을 확대함으로써 원본과 복제품의 차이를 공고히 한다. 현실을 하나의 그림자로 만든다. 모든 것이 하나의 흔적으로, 무늬로 남는다. 희미한 현실로….

문학과 예술의 공간 — 입방체의 내부

어떤 예술과 문학이든지 완벽한 현실을 복사하지는 않는다. 바벨탑을 쌓은 인간들은 신과 같은 창조의 능력으로 신의 권위에 도전했던 것이 아니라 신의 원본에 다가가려는 완벽한 복제의 노력 때문에 징벌을 받았다. 창조의 능력은 인간의 것이지만

---

6. 서법을 중요시하는 동양적 사고에서의 필체란 한 개인의 정신적 지고를 나타내기까지 한다. 한 획으로 그 마음을 읽어낼 수 있다는 요지가 거기에 있는 것이다. 필체를 자신의 법적 신분의 증명으로까지 통용할 줄 알았던 서구 이성주의가 서법을 등한시한 것은 오히려 이상스럽다. 그런 면에서 전각 문화는 흔적의 제도적 쓰임을 극단적으로 보여준다.

완벽성은 신의 능력이기 때문이다. 인간은 창조의 능력을 가짐으로써 신에게 다가가는 것이 아니라, 현실을 복제함으로써 신의 능력에 도전한다. 신에게 있어서 불완전한(불완전하다는 근거 자체가 모호한 것이다) 창조는 있을 수 있어도 불완전한 복제란 있을 수 없다. "신은 영원하며 완전하다."

그렇다면 신은 무엇을 복제하는가? 복제의 필요가 그에게도 있는가? 신이 복제하는 것은 신 자신이다. 야훼는 자신의 모양을 본떠 아담을 창조했다. 신의 텍스트는 신 자신이었던 것이다.

흔적의 사유로 인해 벌어진 기표와 기의의 틈이 만들어낸 입방체의 내부야말로 문학과 예술의 공간이며 결국 자신의 텍스트를 자신이 복사하여 새로운 복제품을 생산해내는 가설의 공간이다. 20세기 말의 예술가들은 완벽한 복제에서 불완전한 창조로 나아간다. **가설의 합리성**을 추구하는 것이다.[7] 따라서 예술가는 결코 미래를 창조하지 못한다. 어떤 시도 미래를 예견하는 시는 없고, 어떤 음악도 장래의 불안을 예고하는 음악은 없다. 다만 그것은 그렇게 해석될 수 있을 뿐이다.

---

7. 어느 건축가가 허공에 떠 있는 건물을 설계했다. 사람들은 그에게 그 건물이 어떻게 공중에 떠 있을 수 있냐고 물었다. 그들은 그 건축가에게 건물이 공중에 떠 있기 위한 현실적인 구조적 해결책을 물었던 것이다. 그때 그 건축가의 대답은 이랬다. "Hanging on cloud." 그의 가설 속에서는 구름의 응력과 건물의 하중이 균형을 이루고 있었던 것이었다. 비록 현실에서의 구름은 말할 수 없이 허약한 것이지만…. 우리는 왜 B급 영화에 열광하는가? 우리에게 있어 펑크는 무엇인가? 우리가 그것들에 열광하는 이유는 그것들이 모두 완벽한 복제보다는 가설 속에서의 합리를 추구하며, 우리가 이미 불완전성을, 흔적의 사유를 지향하고 있기 때문이다.

〈가설의 기둥〉— 삼각형 A, B, C의 세 점은 2차원적인 면에서 존재한다. A-B, B-C, C-A의 거리가 모두 ㄱ으로 동일하다고 가정할 때 점 A, B, C로 구성된 도형은 정삼각형이 된다.

이때, 여기에서 점 A, B, C와 ㄱ의 거리로 동일한 지점에 있는 점 D를 가정하면 그 도형은 정사면체가 된다. 똑같은 모양의 삼각형이 4개가 모여 있는 것이다.

그렇다면 정사면체의 네 지점 A, B, C, D에서 동일한 거리 ㄱ만큼 떨어져 있는 점 E를 가정해보자. 이러한 점 E는 3차원공간에는 존재하지 않는다. 그러나 4차원공간에는 존재한다. 4차원공간에 존재하는 이 도형의 입체의 개수는,

처음 3차원공간의 정사면체 1개 + 처음의 정사면체의 각 면과 4차원공간의 E점에 의해 결정되는 정사면체 4개 = 5개

이다. 이때 모든 점 사이의 거리가 ㄱ으로 같으므로 모든 입체는 정사면체가 된다. 그러므로 이 도형은 정사면체로 둘러싸인 4차원의 도형, 즉 정오입체가 된다.

이러한 정다입체는 공간의 차원이 거듭될수록 정n입체까지 무수히 생성될 수 있다. A, B, C, D, E, F… 의 차원을 달리하면서 나타나는 점들은 가설에 의해서 만들어지는 공간(space) 속의 점들이다. 문학은 수학이나 물리학과는 달리 이런 가설의 공간들을 직관적으로 창조해낸다. 우리가 상상한다는 것, 그것은 온전한 하나의 우주를 새롭게, 고스란히 만들어낸다는 것이다.

그 입방체 내부에서의 미래는 없다. 물론 과거도 존재하지

흔적의 사유와 길 자체

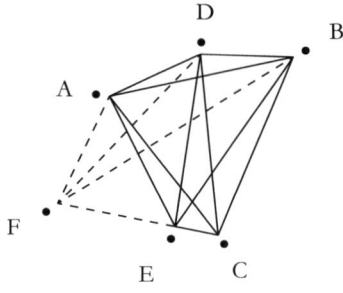

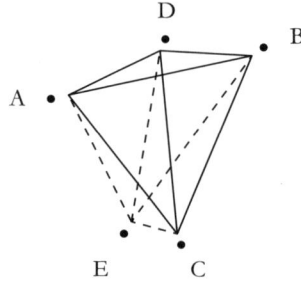

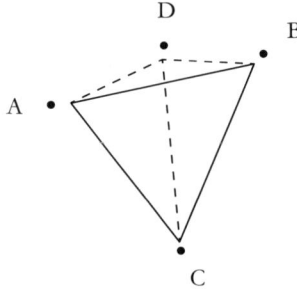

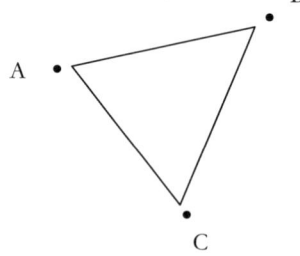

그림 1. 가설의 기둥

않고 현재마저 없다. 아니, 미래와 과거가 없으니까 당연히 현재도 없다. 시간의 구분도 없고 역사도, 모든, 연속적이고 지속적인 시간들이 사라져버린다. 단지 사건들이 존재할 뿐이다.[8] 그 사건들 역시 연속성이 없다. 가설의 공간은 끊임없이 대체된다. 가설의 합리성은 논리의 모순을 지워나가는 합리성이 아니라 모순을 인정하는 합리성이다. 모순 자체로 논리가 꾸며지기도 하고, 그래서 모순이 없다. 그래서 신화는 모순이 없는 뛰어난 가설이다. 거기에서는 아들이 아버지가 되며 어머니를 아내로 맞이한다. 근친상간과 비윤리적인 도덕이 있다.[9] 가설의 공간은 그래서 현실에 대항하는 유효한 현실이 되기도 하지만 궁극적으로 모든 가설은 현실이므로 가설은 다른 가설의 유효한 대항이 된다. 따라서 어떤 위대한 철학도 우리에게 미래를 제시할 수 없다.

　　현대미술이 점점 더 개념화되어가고 해석화되어가는 것은 예술 자체가 완벽한 복제의 욕망을 버리기 시작하면서부터이다. 현대의 문학과 예술은 점점 더 철학을 닮아간다. 이제는 표현의 문제가 아니라 공간의 문제이기 때문에 그렇다. 논리의 입체적 구상과 전개되는 사유의 합리가 생산품의 가치를 결정한다. 수공예적인 노력이 희석되고 그게 어떤 방식이든 다르게 보여줄

---

8. 기표와 기의는 종이의 양면이 아닌 입방체의 공간을 지닌다. 흔적의 기둥은 과정적 사유를 대변하며 그 입방체의 내부는 가설의 공간(hypo-space)을 이룬다. 그곳에서는 '구름'과 '나비'와 '푸른'의 사회경제적 의미가 소멸해버리고, 기표와 기의가 재조직된다. 구름과 나비는 푸른 밥을 비벼 먹는다. 의미는 점점 개인적이 되고 비밀한 기호들이 의외로 쇼케이스에 사물처럼 존재한다. 우리가 그것을 눈치챌 때는 오직 그 흔적에 감염될 때이다.
9. 그 비윤리적인 도덕의 이름은 운명이다.

것을 요구하고 있다. 현실을 요구하는 것이 아니라 새로운 가설을 요구하는 것이다. 가설의 공간에서는 어떤 단어이든지 새로운 정의를 내릴 것을 요구하고 있다. 시는 운명적으로 그 새로운 정의에 자신을 걸 수밖에 없었지만 그 기표와 기의의 틈을 벌리는 데 있어서는 발 빠르게 나아가지 못했다. 기의의 새로운 정의의 파생적 의미와 변환의 폭을 확보하지 못했던 것이다. 새로운 정의를 통해 가설을 만들어내고(이제 이 글에서 '가설을 만든다'라는 문장은 '공간을 만든다'는 구축의 문제로 이해되어야 한다) 세계를 제시하는 데 있어 종이의 양면은 너무 갑갑하다. 시가 표현의 문제에 집착할 때 시는 흔적의 기둥을 잃는다.[10]

건축은 철저하게 가설 속에서 이루어진다. 건축은 가장 현실적인 장르이기도 하지만 현실이 가지고 있는 인지 불가능한 스케일 때문에 오히려 가설 공간에서 이미 작업이 이루어진다. 축소된 지형의 인지 가능한 스케일로 인해 건축의 완성은 끝없이 어긋난다. 가설과 설계도가 어긋나며, 설계도와 시공 작업이 어긋난다. 건축의 완성은 끝나지 않고 끝없이 완성 쪽으로 접근해갈 뿐이다. 그것이 가설이다.

이 문학과 예술의 입방체는 따라서 완성이 없으며 목적이 없고, 무엇을 증명하지 않는다. 그래서 이 가설의 세계에서는 어디에 도달하는 것보다 과정과 수단이, 바로 길 자체가 중요시된다.

---

10. 한 편의 시보다는 한 권의 시집으로 이야기되는 오늘의 현실은 한탄스러운 것이 아니라 오히려 우리 시의 사유가 이미 입체적으로 진행되어가고 있다는 것을 반증한다. 한 편의 시에 온 우주를 다 담아낼 수 있다는 믿음은 거의 미신이다. 만약 그럴 수 있다면 그것은 이미 문학이 아니다.

길 — 시인의 정원

길은 시인의 정원이다. 길 위에는 모든 문자가 있다. 문자는 기표가 아닌 그 자체가 흔적이다. 손짓이며 발짓이다. 길 위에 새겨진 모든 문자에는 음성이 있다. 문자에는 음성언어의 어법이 녹아 있다. 정체된 고속도로에서 사람들은 정체된 시간만큼 자신의 흔적을 길 위에 남긴다. 적는다. 소변을 보고, 침을 뱉으며 쓸데없이 긁는다. 무엇인가를 끊임없이 기술한다. 그렇다면 무엇이 우리를 길 위로 당기는가?

그것은 상상이다. 미지의 공간을 향한 여행, — 그 여행에서 긁히며, 흠집 내며 가는 몸. 그것이 바로 **상상의 몸**이다. 말하자면 유체이탈이다. 상상의 몸에서 현실의 몸이 분리되고 현실의 몸 속에서 상상의 몸이 분리된다. 그 흔적이 일으켜 세운 가설의 공간에서는 무수히 많은 몸이 여행을 일삼는다. 나는 곳곳에 있다. 푸르른 정원에 있으며 파도의 해변에 있고 해저에 있다. 나는 별들과 함께 울고 있다. 그러나 나는 꽃 속에서 이 비밀한 줄기의 생장을 쳐다본다. 나는 죽는다. 상상의 몸은 일종의 바르도체이다. 그러나 바르도 상태에서의 나는 환상을 보지만 상상의 몸은 환상/현실에 의해 내가 분열된다. 상상의 몸은 상처 입고 긁힘으로써 기술된다. 긁힘의 방식으로 기술된다.

문장은 망설인다. '나는 좀, 더, 가까이, 다가가서, 똑똑히, 무엇을, 보고 싶었다'는 기술은 하나의 상처이다. 이 문장은 '나는 좀 더 자세히 보고 싶었다'라는 문장에 비하면 사족이고, 비문에 가깝다. 일종의 과잉이다. 그러나 앞의 문장이 뒤의 문장보다 더 상처가 깊다. 거기에는 두려움과 망설임의 태도가 있고, 어지러운 발자국과 흠집이 있다. 그래서 길은 그 자체가 과잉이다.

길에 놓인 발자국의 수는 절제되지 않는다. 그것이 물리적인 길이든 무형의 길이든 간에 아니면 다른 무엇이든 간에 흔적은 남는다. 우리가 무엇을 보고 진리를 찾는가, 하고 물으면, 거기에는 발자국이 있을 것이다. 진리로 말해지기 위해 버려진 상처와 과잉의, 이 흔적이 우리를 가설로 이끈다.

    나의 기술(describe)은 나의 여행의 기술(scratch)이다. 그 기술(scratch)이 문자다. 따라서 문자는 기표와 기의의 관계를 벗어나 있고, 바로 그 자체 흔적이며 사유의 방식이다. 그것은 결론적으로 언어 이전의 언어를 지적한다. 의미도 존재하지 않고 따라서 기호도 존재하지 않는 그 순간의 이전을 문자는 이야기한다. 그것은 마치 우리의 의식 속에 잠재하고 있는 집단 무의식의 상처와 같은 것이다. 문자는 우리의 잠재된 의식을 일깨운다. 그 잠재된 의식이 문자에 의해서 자각될 때 우리의 언어는 기호와 의미의 동시적 출현에서 벗어날 수 있다. 의미가 충분히 전달되었음에도 계속해서 말해지고 있는 말은 말의 의미 전달을 넘어서 말의 정서를 준다. 그것은 곧 화자의 상처이며 긁힘이고, 여행의 기록이며 길의 노래이다. 아직 다 오지 않은 것이다. 그것은 아직 그 청자들도 다 오지 않았다는 것을 말해준다. 우리가 길 위에서 만났다는 사실을 일깨우는 그 순간 우리는 모두 어느새 각자의 길 위에 다시 서 있다. 흔적은, 그 사유는, 가설은, 모든 것이 길 위에 있다. 우리가 진정 피할 수 없는 운명은 객사이다.

    느껴라(선입견 없이), 생각하라(자신에 대해서), 꿈꾸라(다른 것에 대해서)

    나에게 있어 건축은 일상의 향기이다. 예술이 삶의 이면에서 일상의 수면에 파문을 준다면 건축은 파문 자체라고 할 수 있다. 파문이 일상의 수면에서 부딪치고 흐르며 나아갈 때 예술은 일상이 되고 일상은 예술이 된다. 아름답든 아름답지 않든 거리에는 수많은 건물이 서 있고, 나는 항상 그런 건물들에 마음을 빼앗긴다. 좋아서 그러는 수도 있지만 대부분 가벼운 비평을 하며 걷고, 흘러간다. 건축은 우리의 일상이고 우리 삶의 일부이다. 그림이나 음악처럼 미술관에 가야 있고, 콘서트홀에 가야 있는 것이 아니다. 사람이 사는 곳에는 언제나 건축이 있다. 거기에는 건물 사이를 지나가는 사람들도 있고, 이용자들도 있다. 나는 자연스럽게 그들이 입고 있는 옷에 주목한다. 패션은 그렇게 건축처럼 우리에게 가장 가까이 있는 예술이다. 더군다나 건축과 달리 매일 우리는 입고 나갈 옷에 대해 고민한다. 그런 그들이 입고 있는 옷을 보며 또 건축을 생각한다. 그들이 입고 있는 옷과 건축이 입고 있는 옷, 그 옷이 내포하고 있는 몸이라는 것에 대해.

 패션은 몸이다. 아프리카의 원주민들은 우리가 옷을 입듯이 옷을 입을 필요가 없다. 고온 건조한 기후에 옷은 불필요한 장식에 지나지 않을지도 모른다. 하지만 장식의 욕구 또한 인간의 기본적인 욕망이다. 옷이라는 또 다른 피부가 없으므로 그 대신 그들은 몸에 상처를 내어, 흉터로 자신의 몸을 디자인한다. 직조와 날염을 통해서 옷을 디자인하고 그것을 걸치는 것이 아니라 직접 피부에 무늬를 새겨 넣는다. 피부에 새겨 넣는 무늬를 통해 그는 이전의 그와는 다른 사람이 된다. 성인으로 통과하기도 하고, 보이는 몸 자체도 다른 몸이다. 그런 의미에서 패션은 지금의 몸과 다른 몸이 되는 것이며 다른 세계를 입는 것이다. 우리가 매일 아침 무슨 옷을 입을까, 고민하는 것은 오늘은 어떤 사람이 될까 고민하는 것과 같다. 몸은 패션을 통해서 다른 공간으로 진입한다. 그것이 건축이다.

    거리에서 볼 수 있는 가지가지의 옷들과 건축들은 나를 흥분시킨다. 이상하게도 옷은 기성복일 텐데도 같은 옷을 찾기가 어렵고, 건축은 기성품이 없는데도 다들 비슷비슷하다. 둘 다 기후라는 환경에 적응하고 있지만 그 구조의 가능성이 다르기 때문일 것이다. 아름다운 옷을 입은 사람을 보면 그 사람이 자신의 몸을 잘 알고 있기 때문에 아름답게 보이는 거라고 생각한다. 자신의 몸 어디가 예쁜지 잘 알고 있는 사람은 그 장점을 드러내는 옷을 입는다. 그러나 건축에는 그러한 몸이 처음부터 정해져 있다. 자연이다. 건축에는 자연으로서의 몸이 없다. 단지 자연이 몸일 뿐이다. 그래서 기성품이 없는데도 건축은 일정한 환경을 몸으로 하여 거기에 디자인되기 때문에 창의 모습도 비슷하고, 형태도 비슷해진다. 그런 와중에서 좋은 건축을 구별해내는 것은 쉽지 않다. 거기에 경제적인 조건까지 생각하면 더 그렇다. 그래서 나는 건축을 볼 때 세 가지 마음가짐으로 대한다. 느껴라(선입견 없이), 생각하라(자신에 대해서), 꿈꾸라(다른 것에 대해서). 이 세 가지는 비단 건축에만 국한된 것은 아니다. 모든 예술이나 사람을 대할 때도 마찬가지다. 여기서 조금 더 나아가서 왜 좋은가를 생각할 때 나는 여지없이 그것이 건축이든, 미술이든, 패션이든, 음악이든, 그 대상이 내재하고 있는 물리학의 수학적 상상력과 생물학의 변화를 견주어본다. 아름다운 것에는 수학적 정확함이 있고, 생물학적으로 그렇게 될 수밖에 없는 절실함이 있다. 혹은 그런 절실함과 정확함이 있기 때문에 아름답다고 생각한다. 그래서 모든 폐허는 아름답다.

공간과 장소, 그리고 시간

미국의 소설가 노먼 매클라인(Norman Maclean)은 그의 자전적인 소설 『강은 실려 간다(A River Runs Through It)』에서 아버지 매클라인 목사의 말을 빌려 이렇게 얘기한다(브래드 피트가 주연한, 유명한 영화 〈흐르는 강물처럼〉을 인용한다). "…이렇게 서로 이해 못하는 사람과 산다는 걸 알아야 한다. 그렇다 해도 우린 서로 사랑할 수 있다. 완전한 이해 없이도 우리는 완벽하게 사랑할 수 있다." 어떻게 이럴 수 있을지 몰라도 만약 그렇다면 정말 불가사의한 것이 우리의 삶이다.

우리의 언어 습관만 보더라도 이것은 명확하다. 우리는 윤리와 도덕을 정확히 정의 내리지도 못하면서도 '직업 도덕'이라고 말하지 않고, '직업윤리'라고 말한다. '사랑한다'는 말의 정의 없이도 정확한 상황에서 그 말을 쓸 줄 안다. 우리 몸 어딘가에는 언어를 활용하는 자동 장치가 돌아가고 있는 것이 틀림없다. 공간과 장소도 그런 한 예이다. 우리는 공간과 장소를 정확히 구분하지 못하면서도 정확히 활용한다. 누구도 '우주 장소'라고 얘기하지 않는다. '공간을 꾸민다'고 하지 '장소를 꾸민다'고는 잘 말하지 않는다. 어떻게 이런 일이 가능한지는 몰라도 소쉬르는, 우리는 무엇을 정의 내리기보다는 단지 차이를 알 수 있을 뿐이라고 말했다. 차이를 알려면 당연히 대상이 있어야 한다. 나에 대해서는 정의하기 어렵다. 너에 대해서도 마찬가지다. 그러나 우리는 나와 너의 차이가 무엇인지는 알 수 있다. 나에 대한 정의 없이, 너에 대한 정의 없이도 말이다.

그렇다면 장소(場所)와 공간(空間)의 차이는 무엇일까? 이 두 단어는 모두 영어로 하자면 place와 space로, 1860년 이후 일본에서 성립한 번역어이다. 그 이전의 한자 문화권에서는 이 말들을 찾기 힘들다. 쓰이지 않던 말들이다. 그에 상응하는 한자로는 굳이 장소와 비교해서 곳[處]이 있고, 공간과 비교해서는 우주(宇宙)라는 말이 있다. 곳은 '머무르다'는 뜻이 강하다. 우주는 시간[宙]과 공간[宇]이라는 말이다. 동아시아의 고대인들은 시간과 공간을 분리될 수 없는 것으로 파악했다. 이 한자의 뜻이 둘 다 집을 뜻하는 것은 집이라는 것을 우주의 축소된 형태로 축약했기 때문이다. 지상 주거의 가장 오래된 방식은, 지금도 시베리아의 유목민들이 그렇게 하고 있듯이 나무를 둥그렇게 모아 세우고 거기에 짐승의 가죽을 두른 형태였다. 나무를 모아 세우는 것은 곧 시간을 세우는 것이고, 거기에 짐승의 가죽을 덮는 것은 공간을 두른다는 의미다. 즉 시간을 세우고 공간을 둘러서 우리가 사는 3차원의 공간과 시간을 더해 4차원 시공간이 완성되는 것이다.

'space'를 '공간(空間)'으로 번역한 것에는 시간과 공간이라는 차원에 대한 고려보다는 사물의 성격을 드러내려는 의도가 강하게 보인다. '공(空)'은 비어 있다는 뜻이 아니라 '스스로 아무 성격을 가지지 않음'을 뜻한다. 즉 '무자성(無自性, none self-identity)'이다. 그렇게 존재하는 것이 공간이다. 장소는 우리말이 있으므로 쉽다. '곳'이다. 어떤 특정한 지역이나 지형, 혹은 인위로 만들어진 지리적인 실재다. 그렇다면 공간이 장소에 포함되는가, 장소가 공간에 포함되는가라는 함의로 이 둘의 관계를 생각해볼 수도 있어 보이지만 사실은 대단히 모호하고, 그래서 그렇게 간단하게 이 둘의 관계를 놓고 볼 수가 없다. 크고 작음으로

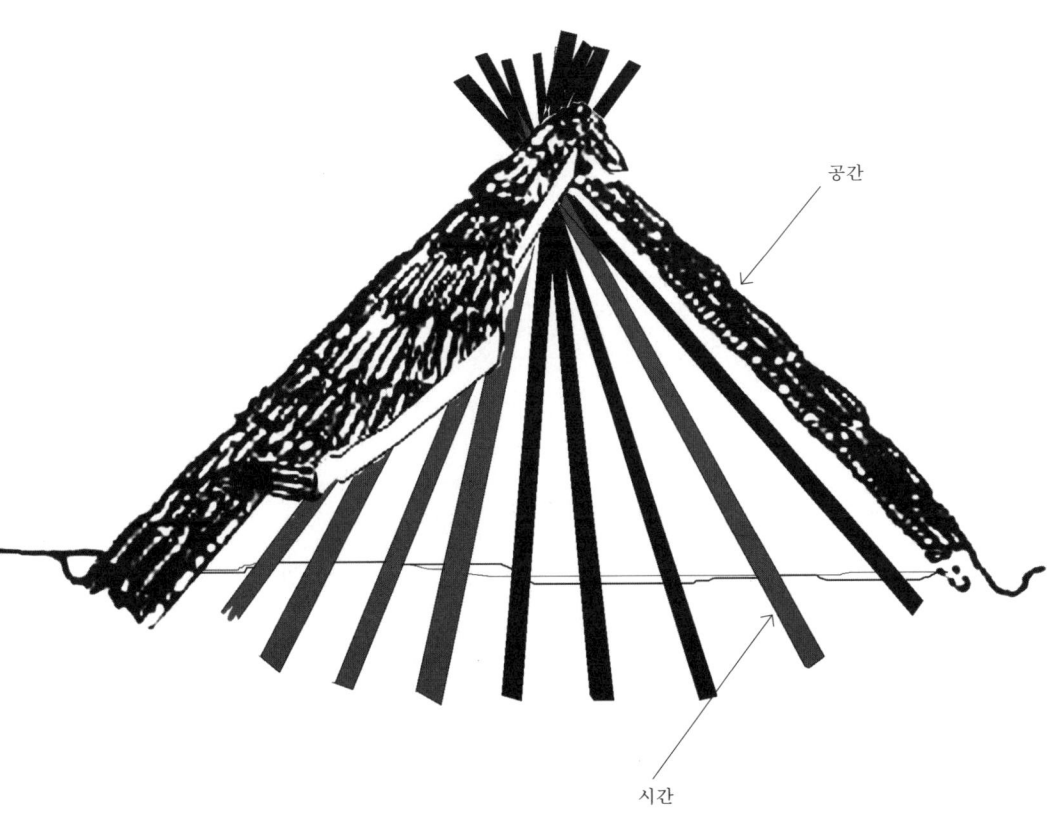

그림 2. 지상 주거의 가장 오래된 방식

구분하려 해도 장소 안에 공간이 있을 수 있고(예: 인사동에 새로운 공간이 생겼다), 공간 안에 장소가 있을 수 있다(예: 서울이라는 공간에서 인사동이라는 장소의 중요성). 선후로 봐도 반드시 공간이 먼저 존재할 것 같지만 장소가 만들어지고 거기에 다시 공간이 생길 수도 있다(예: 그 카페에서는 2층 공간이 제일 편하다). 스스로 아무 성격을 가지지 않는 것이 공간이라고 했지만 그건 단지 번역어의 성립에 관한 문제고, 우리의 언어 작용은 그렇게 간단하지 않다. 그렇다면 우리가 혹시 이 두 단어를 잘못 쓰고 있는 것인가? 그렇지 않다. 언어는 정해지지도 않고 정할 수도 없다. 중요한 것은 그것이 우리의 인식 안에서 어떤 작용을 하고 있는가이다. 그래서 지금 우리가 그 단어를 어떻게 쓰고 있는 것인가가 중요하다. 지금 우리는 공간을 장소와 혼용하고 있다. 그래서 두 단어의 차이를 알기 위해서는 여기에 시간을 넣어서 다시 언어를 작용시키는 것이 필요하다. 왜냐하면 우리는 시간과 떼려야 뗄 수 없는 4차원 시공간에서 살고 있기 때문이다.

    이제 문제는 좀 더 간단해졌다. 공간은 시간이 배제된 장소다(물론 개념상 그렇다는 말이다). 그리고 장소는 시간이 개입된 공간이다. 공간은 시간이 배제되어 있으므로 선후가 없다. 우리 인식 속에서도, 어떤 공간이 마음에 들고 아니고는 그래서 아주 자의적인 것이다. 그럴 때 우리는 공간이라고 말한다. 왜냐하면 시간이 빠져 있으므로 논리적인 증명이 필요 없어지기 때문이다. 그러나 장소에는 반드시 시간이 작용한다. 거기에는 시간과 함께 우리가 같이 지내온 추억이나 때 같은 것이 묻어 있다. 그래서 논리적 인과가 정확하게 작용한다. 시간 때문이다. 그러나 시간이 개입되었다고 장소가 끝까지 장소로 남는 것은 아니다. 모헨

조다로의 유적이 그 누구에 의해서도 발견되지 않았고, 거기에 누구도 발을 들여놓은 사람이 없다고 가정해보자. 그러면 모헨조다로의 장소는 우리의 인식 속에서 사라져버린다. 그러면 장소는 다시 공간이 된다. 그럴 수 있는 이유는 역시 시간이라는 특수한 물리적 사건에서 비롯된다.

이러한 공간과 장소, 시간의 문제를 도상으로 나타내보았다. O-O´ 축을 공간 S의 가상 축으로 삼고 공간 S를 시간 T의 축으로 굴리면 △OO´T의 면적을 그려볼 수 있다. 이 공간 S의 면적이 장소 P의 면적과 같다. 장소 P는 시간 T에서 다시 공간이 된다. 이 지점이 바로 우리의 인식 안에서 장소가 사라지는 지점이다. 그렇다면 건축가가 만드는 것은 공간일까? 장소일까? 건축가는 장소를 만들지는 못한다. 시간을 만질 수는 없는 노릇이기 때문이다. 건축가는 어디까지나 공간을 만들면서 그것이 시간의

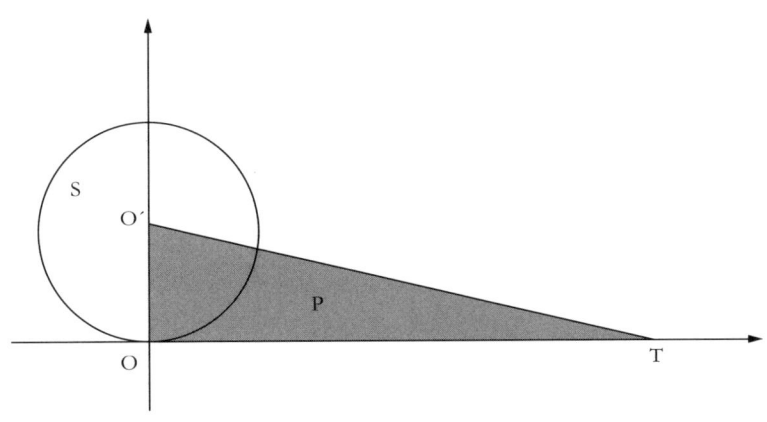

그림 3. 공간과 장소, 시간의 문제

흐름에 따라 좋은 장소가 되길 예상하고 바랄 뿐이다.

시간은 시계판 위의 바늘처럼 일정한 존재가 아니다. 아인슈타인 이후 시간에 대한 인식은 크게 바뀌었다. 마이너스 시간도 존재하고, 광속에 가까운 속도로 진행하는 물체의 시간은 그렇지 않은 상태보다 더디 간다. 뮤온이라는 입자가 그것을 실제로 증명하고 있다. 뮤온은 우주 광선이 대기 상층부와 충돌하면서 생기는 입자인데 수명이 2/1,000,000초밖에 안 돼 지상에서는 검출이 안 돼야 하는 입자다. 그런데 뮤온은 지상에서 수시로 검출된다. 이유는 뮤온 입자의 속도에 있다. 뮤온의 속도는 광속에 가까워서 지상의 시간보다 상대적으로 느리다. 그래서 지구 시간으로 따지면 고작 수백 미터 내려오다가 사라져야 할 입자가 수 킬로미터를 도달해 지상에서 검출되는 것이다. 생물학적으로도 젊은이와 늙은이가 느끼는 시간은 다르다. 흔히 늙으면 시간이 빨리 간다고 하는데 그것은 바로 우리 뇌의 중심에 자리 잡고 있는 생체 시계 때문이다. 젊은이는 이 생체 시계가 늙은이보다 빠르기 때문에 시간이 늦게 가고, 늙으면서 생체 시계 또한 느려지기 때문에 상대적으로 시간이 빨리 가게 된다. 물리적인 시간도 상대적이고, 생물학적인 시간도 역시 상대적이다. 우리에게 시계판 위를 흐르는 시간 같은 것은 없다는 말이다. 양자의 세계로까지 들어가면 거기에선 같은 입자가 동시에 두 곳에서 나타나기까지 한다.

시간에 관한 한 과학적 사실은 어떤 문학적 상상력보다 어리둥절하고 뛰어나다. 그러나 이 모두 공간/장소와 시간에 대한 문제들이다. 그렇다면 시간과 공간을 떨어뜨려서 생각할 수 있을까? 시간이 없는 공간을 상상해볼 수 있을까? 한국어에서 '일어나다'는 것은 시간의 축에서, '벌어지다'는 것은 공간의 축에서 나타나는 사건을 말한다. 이것을 한자로는 '주(宙)'라고 하며 시간을 뜻하고, '우(宇)'라고 하며 공간을 뜻한다. 동아시아에서는 이 일어나고 벌어지는 사건의 무대를 우주(宇宙)라고 일컫는다. 우주는 공간과 시간이 결합된 장소이며 공간과 시간의 집이다. 한자 宇는 중국어 발음으로 yǔ라고 읽으며 '공간의 집'이라는 뜻을 갖고 있다. 한자 宙는 중국어 발음으로 zhòu라고 읽으며 '시간의 집'이라는 뜻을 갖고 있다. 그래서 동아시아에서 건축은 시간이라는 구조를 세우고 거기에 공간이라는 벽을 두르면서 이루어지는 우주다. 인류의 가장 기본적인 집의 형태인 움집은 나무 기둥을 원추형으로 세우고(시간을 세우고) 거기에 짐승의 가죽을 두르면서(공간을 두르면서) 완성된다. 우리는 3차원 공간과 시간을 더한 4차원 시공간에서 살고 있다. 시간과 공간은 떨어질 수 없으며 그래서 우리는 장소를 경험할 수 있게 된다. 우리가 느끼는 장소의 경험은 시간과 공간이 따로 떨어져 있지 않음으로써 이루어진다.

시적 사건은 이러한 시간과 공간의 일치가 분리되는 순간적인 경험에 의해 이루어진다. 우리는 시간이 배제된 공간을 상상할 수 없고, 공간이 배제된 시간 역시 상상할 수 없다. 그러나 그럴 수 없음에도, 시는 공간과 시간이 찢어지는 틈을 만들면서 시의 집을 세운다. 그래서 시의 우주는 굳건하지 않고 물렁물렁하며, 고정되어 있지 않고 출렁댄다. 하나의 의미가 여러 단어 사이를 타고 넘어가며, 하나의 단어가 여러 의미를 피워내고 터뜨린다. 시적 사건이란 이런 불가능한 경험이 총체적으로 이루어지는 공간이다.

　　대부분 우리가 느끼는 시간은 움직임에서 발생한다. 여기서부터 저기까지 이동하면서 시간을 느끼는 것이다. 그것은 움직이지 않는다고 해서 달라질 문제는 아니다. 숨을 쉬고, 피부가 살아 있는 동안 우리는 끊임없이 시간이라는 가느다란 줄에 걸려 있는 물방울 같은 존재다. 종종 예술은 이 시간을 배제하고 자기 얘기를 한다. 예술이 우리에게 다른 경험을 주는 이유가 이것이다. 물론 현실에서 시간을 배제하는 것은 상상하기조차 불가능할 것 같지만 사실, 우리는 매일 밤 시간이 사라진 공간을 경험한다. 그것은 꿈이다. 꿈이야말로 우리에게 불가능할 것 같은, 시간이 사라진 공간을 경험하게 한다. 꿈이 늘 어리둥절한 이유는 시간이 사라져 인과관계가 없기 때문이다. 푸줏간 주인이 아내가 되고, 갑자기 와본 적 없는 공간에 있고, 이빨이 우수수 빠지고, 칫솔에 치약을 묻혔는데 변기솔로 바뀌는 등, 도대체 의미 불명이고, 맥락 불통인 세계, 그것이 꿈이고, 시간이 사라진 공간의 모습이다. 그러나 꿈에서 깨면 우리는 언제나 시간과 같이 공간을 경험한다. 꿈에서 깨이 우리는 안도의 한숨을 쉰다. 그리고 꿈이라서 다행이라고 말한다. 예술이 그 어리둥절함을 의미로 간직하는 것은 시간의 한계를 떨쳐버릴 수 있기 때문이다. 그러나 장소가 시간의 의미 작용이듯이 모든 예술이 시간을 배제하는 것은 아니다. 건축가는 그 한계에서 자유를 꿈꾸고, 시인은 언제나 그 한계에서 벗어나 자유를 꿈꾼다. 언제나 예술은 현실에서는 가능하지 않은 언어를 꿈꾼다. 그 일탈이야말로 인식의 새로운 지평을 보여주기 때문이다. 인간 인식의 새로운 지평을 펼치는 일, 그것이 예술이 존재하는 이유이다.

그래서 문학은 경계이다. 초월과 세속의 경계에서 그 둘을 가르는 것이 아닌, 이쪽과 저쪽을 미세한 진폭으로 넘나드는 긴장이 일 초에 수억 번에 이르는 떨림이다. 누가 그 길에서 홀리지 않고, 누가 그 길에서 상상하지 않겠는가? 그 상상의 몸, 그리고 그 설렘과 망설임의 길이야말로 바로, 당신들의 정원이다.

참고 문헌

김채수, 2012, 「생명현상과 지구의 우주공간이동」, 『인문과학연구』 제35집, 강원대학교인문과학연구소.

알랭 바디우,
수학적 존재론과 그 너머의 시

장태순

1. 들어가며

과학과 예술, 수학과 시의 만남이 철학에서 이루어지는 것이 드문 일은 아니지만, 알랭 바디우(Alain Badiou)의 경우는 그중에서도 특별하다. 개인사적으로뿐 아니라[1] 철학 내적으로도 바디우에게 수학과 시는 필요 불가결할 뿐 아니라 본질적이다.

이 글에서는 바디우가 수학과 시를 중요시하는 이유는 무엇인지, 그리고 각각은 그의 철학에서 어떤 위치를 차지하는지를 살펴볼 것이다. 이를 위해 먼저 바디우가 말하는 '철학의 조건들'로서의 과학과 예술의 위치를 살펴보고, 다음으로 이 조건들이 실제로 구현된『존재와 사건』에서 시와 수학의 역할을 검토할 것이다. 마지막으로 바디우의 주체 이론에서 등장하는 '주체어'와 시적 언어의 유사성을 생각해볼 것이다.

2. 과학과 예술: 철학의 조건들

『존재와 사건』의 이듬해에 출판된『철학을 위한 선언』에서 바디우(2010b: 51-59; Badiou, 1989: 13-20)는 철학이 과학, 예술과 가지는 관계를 '조건'이라는 말로 표현한다. 철학은 진리[2]를 다루

---

[1] 바디우의 아버지는 고등학교 수학 교사였고 어머니는 불어 교사였다고 한다. 바디우는 자신이 아버지와 어머니의 지적 유산을 모두 이어받는 길은 철학을 하는 것뿐이라고 말한다(Centre national d'art et de culture Georges Pompidou, 2004: 138).

[2] 바디우의 진리 개념은 일상 언어나 철학에서 쓰는 의미와는 약간 거리가 있는 특별한 개념이므로 주의를 요한다. 일반적으로는 진리를 '언어와 세계의 일치'로 이해하지만, 바디우가 말하는 진리는 일치라는 개념과는 거리가 멀며 반드시 언어로 표현될 수 있는 것도 아니다. 바디우의 진리 개념에 대해서는 졸고(장태순, 2015)를 참고할 것.

는 분야이지만 스스로는 진리를 생산할 수 없으며, 진리는 철학이 아닌 네 분야, 과학, 예술, 정치, 사랑이 생산한다. 철학은 이 네 분야에서 생산된 진리를 갈무리하고, 네 분야가 서로를 억압하지 않으면서 공존하도록 하는 것을 임무로 한다는 것이다. 바디우는 철학은 자기 시대의 진리들을 아우르는 일을 한다고 말한다.

이러한 바디우의 철학 규정은 '학에 대한 학', '메타 학문', '의미와 가치에 대한 학' 또는 '인생관과 세계관의 제시' 등의 상식적인 철학에 대한 이해와 부합한다. 바디우가 조건이라고 말하는 네 분야는 인간의 활동 중에서 가장 창조적인 분야들이며, 이 분야에서 만들어진 새로움을 갈무리하는 작업은 당대 학문의 집대성이자 그 시대의 의미와 가치를 다루는 일과 다름없을 것이다. 또한 네 분야를 무리 없이 공존하게 만드는 작업은 그것을 포함하는 세계와 그 세계에 살고 있는 사람들의 삶에 대한 통합적인 비전을 제시하는 일이 될 것이다.

다른 한편으로 바디우의 철학 규정은 동시대 철학자인 질 들뢰즈(Gilles Deleuze)의 철학 규정과는 많은 차이가 있다. 들뢰즈(Deleuze, 1990: 166-168)는 철학의 역할이 반성이라는 전통적 규정을 거부하고, 철학을 과학, 예술과 함께 창조를 담당하는 세 분야라고 규정한다.[3] 들뢰즈는 철학을 과학, 예술과 동일한 위계에 놓는 반면, 바디우는 철학이 과학과 예술을 포함하는 네 조건을 아우르는 메타적인 위치에 놓임을 명백히 한다. 이는 철학을 네 가

---

3. "내가 관심을 가지는 것은 예술, 과학, 철학 사이의 관계이다. 이 분야들 중 어떤 것도 다른 것에 대해 특권적 지위를 가지지 않는다. 이들 각각은 창조적이다. 과학의 진정한 목적은 함수를 창조하는 것이고, 예술의 진정한 목적은 감각 가능한 집합체를 창조하는 것이며, 철학의 목적은 개념을 창조하는 것이다."(Deleuze, 1990: 168)

지 조건보다 상위에 놓는 것처럼 보일 수도 있지만, 다른 한편으로는 철학은 진리를 생산하지 못한다고 규정함으로써 철학을 네 가지 조건들보다 하위에 놓는다고 이야기할 수도 있다. 바디우에게 진리는 새로움의 본질이며 한 체계의 진정한 새로움은 진리의 형태로만 생산되므로, 철학을 창조적인 것으로 보고자 하는 이들에게 바디우의 철학 규정은 부족한 것일 수 있다.

그런데 철학의 네 가지 조건 중에서도 수학과 시는 독특한 위치를 차지한다. 바디우는 네 가지 조건 모두가 철학의 필요조건임을 분명히 하지만, 그중에서도 수학과 시의 존재가 철학을 시작하게 하는 데 결정적임을 강조한다. 소크라테스 이전에는 시의 언어와 사유(철학)의 언어가 둘이 아닌 하나였다고 말하는 하이데거와는 달리, 바디우(Badiou, 1992: 94-95)는 시가 만들어내는 신비의 베일을 찢으려 할 때 철학은 비로소 존재하기 시작한다고 말한다.

> 희랍인들은 시를 발명하지 않았다. 그들은 오히려 수학소(mathème)로 시를 **방해했다**. … 하지만 희랍의 사건에 의해 방해를 받은 시는 한 번도 중단된 적이 없다. 사유의 "서양적" 짜임은 벗어남의 존재론[수학]이 반복을 통해 만들어내는 무한과 자연의 현존이라는 시적 주제의 결합으로 이루어져 있다(Badiou, 1988: 144).

마지막으로 언급해야 할 것은 철학에 대한 바디우의 규정 자체도 이 시대의 조건의 영향하에 있다는 사실이다. 그가 위에서 이야기한 철학의 조건들을 처음으로 명시한 것은 『철학을 위한 선언』에서였으며, 따라서 이 규정 자체가 『존재와 사건』의 영향 아래에 있음은 명백하다.[4] 철학에 대한 규정도 철학의 일부임을 생각할 때 그의 철학 규정은 자신의 시대의 진리들을 아우르는 과정을 통해 나온 것임을 알 수 있고, 더 나아가 철학이 어떤 것인지에 대한 규정 자체도 새로운 시대가 되어 새로운 진리가 나타난다면 그것들의 아우름을 통해 달라질 수 있음을 알 수 있다.

3. 『존재와 사건』의 진리들

이제 시와 수학이라는 철학의 조건들이 『존재와 사건』이라는 책에서 어떻게 종합되는지를 살펴보자. 바디우에게 철학은 조건들이 생산한 우리 시대의 진리를 발견하고(바디우의 용어로는 "포착하고repérer") 그것들이 서로를 억압하지 않고 계속될 수 있는 정합적 이론 체계를 만드는 일이다. 이런 작업의 첫 결과물이라고 할 수 있는 『존재와 사건』의 서론에서 바디우는 우리 시대 철학의 상황을 다음 세 가지로 정리한다(Badiou, 1988: 7-8).
1. 우리 시대에 철학은 한 시대를 마감하고 새로운 시대를 열었으며, 그 개시는 존재론을 통해 가능하다. 이를 이야기한 것은 하이데거이다.

---

[4] 바디우(Badiou, 1988: 9)는 『존재와 사건』이 현대 집합론, 프로이트와 맑스의 주체 이론, 그리고 철학사를 종합했다고 말한다. 이 가운데 집합론이 과학, 맑스의 이론이 정치에 해당하며 프로이트는 라캉을 우회하여 사랑에 대한 사유를 제공한다고 볼 수 있으므로 바디우는 자신의 첫 주저가 과학, 정치, 사랑, 철학사의 종합이라고 말하고 있는 셈이다. 이 책에서도 과학, 정치, 예술, 사랑이 등장하지만 이것은 '진리의 절차'로서이며, 진리의 절차가 철학의 조건들이기도 하다는 점이 명시된 것은 『철학을 위한 선언』이 처음이다.

2. 과학적 합리성을 철학에 도입하려는 시도 역시 현 시대가 거부할 수 없는 주요 흐름이다.
3. 프로이트와 맑스의, 다시 말해 좌파 정치와 정신분석의 이론과 실천을 통해 만들어진 주체에 대한 사유가 있으며, 현 시대의 철학은 이를 거스르거나 무시하는 주체 이론을 전개할 수 없다.

    이 세 가지 요청을 만족시키기 위한 바디우의 기획은 다음과 같다. 먼저 존재론을 철학의 중심에 놓는다. 그런데 존재론은 이제 더 이상 철학의 분야가 아니다. 존재에 관한 사유는 수학이 오래전부터 행해왔다. 다만 그 사실을 철학자들이 알게 된 것은 최근의 일이며, 그것은 집합론을 비롯한 현대 수학의 성과 덕분이다. 현대 수학에서 존재론을 가장 잘 보여주는 분야는 집합론이며, 따라서 집합론은 『존재와 사건』의 골격이 된다. 존재론이 철학의 한 분야에서 수학으로 옮겨졌다는 사실은 철학자와 수학자 모두를 불편하게 하는 일이지만, 그로 인해 철학이 무력해지거나 철학의 지위가 떨어지는 것은 아니다. 이제 철학은 수학자들이 행하는 존재론이 어떤 의미가 있는지를 해명하는 역할을 담당한다. 그뿐만 아니라, 철학이 다루어야 할 것들 중에는 존재가 아닌 것[5]도 있다. 위에서 언급한 주체가 바로 대표적인 경우이다. 바디우(Badiou, 1988: 8, 10)에 따르면 존재론을 현대적인 주체 이론과 양립 가능하게 만드는 것은 철학의 중요한 목표이다. 이 일이 중요한 까닭은 존재가 아닌 것들이 변화와 혁신을 설명하

---

5. 엄밀하게 말하자면 "존재 자체로서의 존재가 아닌 것, 그러나 비존재도 아닌 것"이며, 바디우는 진리와 주체가 여기에 해당한다고 말한다. '존재 자체로서의 존재'가 무엇인지를 설명하는 것은 이 글의 범위를 넘어선다. 진리와 주체에 대해서는 뒤에서 설명할 것이다.

는 중요한 개념들이기 때문이다. 바디우는 들뢰즈와 함께 창조 또는 진정한 새로움이란 어떻게 가능한지를 사유하는 철학자이다. 그리고 바디우에게 있어 창조는 독특함을 보편화하는 과정을 통해 가능하다.

1) 존재

『존재와 사건』의 주요 골격은 현대 집합론(또는 공리적 집합론)이며, 이는 집합론의 주요 공리들에서 시작하여 폴 코언(Paul Cohen)의 강제법(Forcing)[6]으로 끝난다. 이 책을 구성하는 37개의 '성찰'은 세 가지 종류로 이루어져 있는데, 집합론의 내용 자체를 설명하는 경우와 집합론의 의미를 철학의 언어로 논하는 경우, 그리고 철학자들의 텍스트와 수학적 존재론을 비교 검토하는 경우가 그것이다.[7] 그러므로 『존재와 사건』에서 수학의 역할은 이 책을 차례를 따라 읽어나가면 자연스레 밝혀질 수 있다. 반면 이 책에서 시가 어떤 위치를 차지하는지에 대해서는 별도의 언급이 필요하다.

바디우는 현대 집합론의 존재론적 의의를 '일자(一者) 없는 존재 사유'로 본다. 전통적으로 철학에서 존재론은 언제나 존재를 일자로 가정하면서 시작해왔으며, 라이프니츠는 "하나의 존재가 아닌 것은 진정한 의미의 존재가 아니다"라는 말로 이를 표

---

6. 『존재와 사건』에는 집합론의 용어들이 불어로 되어 있지만, 이 글에서는 국내외의 수학자들 사이에서 통용되는 영어 용어들을 병기하였다.
7. 그러나 이 세 종류의 성찰이 차례대로 나타나는 것은 아니며 동일한 비율로 나타나지도 않는다. 37개의 성찰 중 집합론을 다루는 것은 14개, 철학적 개념을 다루는 것은 13개, 철학사를 다루는 것은 10개이다.

현하였다. 그러나 바디우는 존재를 하나로 보는 것이 근본적으로 해결할 수 없는 딜레마를 던진다고 지적하며, 일찍이 플라톤의 대화편 『파르메니데스』에서 제기된 이 문제를 상세히 고찰한다(Badiou, 1988: 41-47). 이런 딜레마에 빠지지 않기 위해, 바디우(Badiou, 1988: 31)는 "일자는 존재하지 않는다"는 선언으로 『존재와 사건』을 시작한다. 이 "결단"은 그럼에도 불구하고 존재가 우리 앞에 하나로 나타난다는 사실에 대한 설명을 필요로 한다. 이를 설명하기 위해 바디우는 "일자는 존재하지는 않지만 실존한다"고 말한다. 이는 일자가 존재가 아니라 작용이라는 의미이며, 바디우는 이 작용을 '하나로 셈하기(compte-pour-un)'라고 부른다.

집합론을 존재론으로 고려할 때, 하나로 셈하기는 단순히 어떤 것을 하나로 본다는 데에서 끝나는 것이 아니라 그것의 구성 요소를 어떻게 셈할지 그리고 구성 요소의 구성 요소는 무엇인지까지를 모두 결정한다는 의미이다. 따라서 이 '셈'은 한 존재의 구조 전체를 결정하는 작용이며, 하나로 셈하기에 의해 원자에서 전체까지가 모두 결정된다고까지 말할 수 있다. 바디우는 하나로 셈해진 모든 것을 '상황'이라고 부른다. 상황은 하나로 나타난 모든 것을 가리키는 말로, 뒤에서 살펴볼 '사건'이 벌어지고 '진리'가 만들어지는 장소이기도 하다.

일자를 존재가 아닌 작용으로 간주하는 바디우에게 존재의 본질은 '하나'가 아닌 '여럿'이다. 다만 여기서의 '여럿'은 하나를 반복한 결과물이 아니라 하나 이전의 것이다. 존재가 우리 앞에 일자의 모습으로 나타나는 것이 하나로 셈하기라는 작용의 결과라면 하나로 셈해지기 이전의 존재는 하나일 수는 없고, 그렇다면 '여럿'이라고 부를 수밖에 없기 때문이다. 바디우가 '순수 다자', '비정합적 다자' 또는 '여럿의 여럿'이라고 부르는 이 여럿은 하나 이전[前一] 또는 하나가 아님[非一]으로서의 여럿이다.[8] 순수 다자는 그 자체로는 우리 앞에 나타날 수 없다. 나타나는 존재는 언제나 하나로 셈해진 존재뿐이기 때문이다. 바디우는 순수 다자를 나타내는 유일한 방법은 집합론뿐이라고 말한다. 집합론에서 존재는 집합으로 나타나는데, 그중 공집합은 어떤 원소도 갖지 않는 유일한 집합이다. 집합에 대해서 우리가 알 수 있는 것은 그것의 원소들뿐인데, 공집합은 원소가 없으므로 그것에 대해 아무것도 알 수 없는 존재이다. 존재로서 나타나기는 하지만 어떤 것인지 전혀 알 수 없는 존재야말로 하나로 셈해지기 전의 순수 다자를 나타내는 유일한 방법이라는 것이 바디우의 생각이며, 바디우는 이를 '공백'이라고 부르고 존재를 가리키는 고유한 이름이라고 본다. 공백 또는 공집합이 비어 있다는 것은 그것이 아무것도 아니라는 의미가 아니다. 다만 그것을 어떤 합리적인 언어로 표현할 수 없다는 것, 따라서 학(學)의 대상이 될 수 없다는 것이다. 하이데거는 서양 형이상학의 역사가 존재 망각의 역사라고 말하면서, 합리적인 언어로는 존재 자체에 다다를 수 없다고 하였다. 하이데거에게 시는 합리성의 언어를 뛰어넘어 존재 자체에 다다르는 길이었다. 그러나 바디우는 이런 생각을 받아들이지 않는다. 존재 사유는 어디까지나 정합적

---

8. 때로 바디우는 "존재 자체는 하나도 여럿도 아니다"(Badiou, 1988: 32, 71)라고 말하는데, 이때의 '여럿'은 하나 이전의 여럿이 아니라 하나를 누적시킨 결과로서의 여럿이라고 해석해야 한다.

으로 나타난 것들, 즉 '하나로 셈하기'를 거친 존재들을 합리성의 언어로 다루는 것이며, 그 이전의 존재에 대한 신비적인 접근은 사유의 영역에 들어올 수 없다. 하나로 셈해지기 이전의 존재에 대해 우리가 할 수 있는 유일한 말은 '그것은 정합적으로 나타낼 수 없다'이며, 나타낼 수 없음을 나타낸 것이 공백 또는 공집합이다. 나타난 모든 존재는 공백으로 이루어져 있거나 공백을 포함하고 있다.

2) 공백과 사건

그렇다면 바디우에게 시는 어떤 의미를 지니는가? 공백이 하나로 셈하기 이전의 존재를 가리키는 말이라면, 나타난 모든 존재는 공백으로 이루어져 있거나 공백을 포함하고 있다고 할 수 있다. 존재가 하나로 셈하기라는 구조를 가지고 있다고 말한다면 공백은 그 구조의 맨 밑바닥에 해당하는데, 구조의 맨 밑바닥에 대해서 거의 아무것도 알 수 없다는 것은 매우 놀라운 일이다. 비유하자면 한 건물을 지을 때 기초 부분이 텅 비어 있거나 견고하지 않은[9] 상태라는 말인데, 불안정한 기초 위에 놓인 건물의 안정성을 믿기는 힘든 일이다. 이런 까닭에 공백은 모든 상황에 포함되어 있지만 모든 상황은 기초의 취약함을 감추기 위해 공백의 존재를 드러내지 않으려고 한다.

공백은 그것이 무엇인지 알 수 없는 수수께끼 같은 존재이며, 따라서 혼란스러운 존재, 혼돈 그 자체라고도 말할 수 있다. 혼돈

---

9. '비정합적 다자(multiple inconsistant)'라는 말은 '견고하지 않은 다자'라고 해석할 수도 있다.

으로부터 새로운 질서가 창조된다는 들뢰즈의 관점에서 본다면 공백은 새로움의 시발점인데, 실제로 바디우에게도 그러하다. 다만 두 사람의 사유에는 분명한 차이가 있다. 들뢰즈의 경우 존재 자체가 언제나 새로움의 생성을 내포하고 있어서 존재론이 곧 생성론인 반면, 바디우의 존재론은 변하지 않는 수학적 존재들로 이루어져 있으므로 존재론에서 직접 새로움의 창조를 이야기할 수는 없다. 새로움을 이야기하는 것은 존재론을 다루지만 존재론 자체는 아닌 사유인 메타 존재론, 즉 전통적인 의미의 철학이다.

메타 존재론으로서의 철학이 맨 처음 이야기하는, 존재 아닌 것은 사건이다. 사건은 하나로 셈해진 것, 즉 상황 안의 독특한 지점에서 일어나는 독특한 일이다. 먼저 사건은 '있는(존재하는)' 것이 아니라 '일어나는' 것이므로, 잠시 동안 모습을 보였다가 사라진다. 사건을 존재론, 즉 집합론의 언어로 표현하는 것이 불가능하지는 않으나, 집합론은 그렇게 표현된 것은 집합이 아니라고 명시적으로 규정한다. 존재론인 집합론은 존재가 아닌 사건에 대해서는 아무 할 수 있는 말이 없다. 그러므로 사건에 관해 이야기하려면 수학이 아닌 다른 사유가 필요한데, 사건을 사유하는 가장 대표적인 것이 시이다. 『존재와 사건』에서는 집합론이 사건을 형식화할 수 없음이 밝혀진 후 말라르메(Stéphane Mallarméé)의 「주사위 던지기」를 읽으며 거기에 담겨 있는 사건에 대한 사유를 길어낸다(Badiou, 1988: 213-220). 사건은 상황의 특별한 지점에서 일어나며, 이 지점은 상황 안에서 공백에 가장 가까운, 따라서 가장 불명료하고 규정할 수 없는 지점이라는 점, 아무도 이름을 붙이지 않는다면 사건은 아무것도 남기지 않고 사라져버린다는 점 등은 수학이 아닌 시를 통해서만 얻을 수 있는 사유이다.

3) 진리와 주체

이제 다시 변화, 새로움 또는 창조에 대해 생각해보자. 위에서 말했듯이 수학적 존재론에서 존재는 생성하거나 변화하지 않는다. 그렇다고 해서 상황이나 존재에 변화를 일으키는 초월적이거나 내재적인 주체를 상정하는 것은 현대적 주체 이론이 받아들일 수 없는 것이다. 사건은 상황 내의 독특함이지만, 존재하는 것이 아니라 발생하는 것이므로 그 자체로 상황을 변화시키거나 새로움이 되지는 못한다. 변화는 사건을 출발점으로 하지만 사건 자체는 아닌 과정을 통해 이루어지며, 이 과정을 바디우는 '진리 절차' 또는 '유적 절차'라고 부르고 변화의 핵심이 되는 것을 '진리'라고 부른다. 진리는 존재한다기보다는 만들어지는 것이지만, 사건의 경우와는 달리 진리가 완성된 모습은 집합으로 나타낼 수 있다. 집합론에서는 유적 부분집합(generic subset)[10]이라는 개념이 진리에 해당하는데, 이 집합은 상황 내의 어떤 술어로도 규정할 수 없다는 특징을 지니며, 바디우는 이 특징이 진리의 보편성을 의미한다고 말한다. 다시 말해 바디우에게 한 상황의 변화 또는 새로움의 탄생은 사건의 독특성이 진리의 보편성으로 옮겨지는 과정이라고 말할 수 있다.

진리를 완성해가는 과정은 한 상황 내의 요소들을 일일이 검토하여 그것이 유적 집합에 속하는지 그렇지 않은지를 검토하는 과정이다. 이 과정은 바디우적 의미의 주체에 의해 이루어진다. 그러나 바디우가 말하는 주체는 전통적인 의미의 주체와 혼

---

10. 「집합론, 강제법, 가상과 실제의 대화」에서 김병한(2017: 70-105)은 generic subset을 '근원적 부분집합'이라고 번역하였다.

동해서는 안 된다. 『존재와 사건』에서 주체를 설명하면서 바디우(Badiou, 1988: 429-430)는 먼저 자신의 주체 개념이 전통적인 주체 개념과 어떻게 다른지를 시간을 들여 설명한다. 주체는 실체가 아니며, 공백의 지점(point vide)도 아니고, 경험의 의미를 조직하는 초월론적 기능도 아니다. 주체는 현시의 불변항(un invariant de la présentation)도, 무엇인가의 결과나 근원도 아니다. 이런 주체를 바디우는 진리 절차의 국지적 짜임(configuration locale) 또는 상황의 잉여적 짜임이라고 부른다. 지나친 단순화를 무릅쓰고 이야기한다면, 주체는 진리가 만들어지는 과정의 일부이다. 정치적 진리를 예로 들자면, 하나의 혁명이 진행될 때 어떤 식으로든 거기에 참여하는 이들의 활동은 혁명의 주체를 구성한다.[11] 그러므로 인간은 근대 철학에서처럼 그 자체로 주체가 아니라 그의 활동 중 진리와 관련된 일부만이 주체의 구성 요소가 된다. 따라서 바디우의 관점에서는 어떤 사람은 여러 진리의 주체(또는 주체의 일부)가 될 수 있고, 어떤 사람은 일생 동안 단 한 번도 주체로서의 삶을 살지 못할 수도 있다. 바디우에게 진리의 정언명령은 "주체가 되어라!"이며,[12] 주체로서의 삶만이 제대로 된 삶이고, 그렇지 않을 때 인간은 두 발 달린 동물(animal humain)에 불과하다고 말한다(Badiou, 1993: 52-53).

---

11. 바디우에게 정치적 주체는 개인이 아니라 집단을 통해 나타난다. 예술과 과학에서는 개인과 집단의 성격을 모두 가진 혼합된 주체가 나타나며, 사랑의 주체는 개인을 통해 나타난다(Badiou, 1988: 374-376).
12. 1993년에 출간된 『윤리학(L'Éthique)』에서 바디우는 "계속하라!"라는 정언명령을 제시하는데, 이것은 '진리 절차를 계속하라' 또는 '진리의 생성 과정에 주체로서 참여하기를 계속하라'라는 의미이므로 위의 맥락과 같은 것이다(Badiou, 1993: 48, 79).

진리를 만들어가는 주체는 집합론을 통해 나타낼 수 있을까? 주체의 활동을 집합론적으로 말하자면 한 상황 안의 원소들을 검토하여 그것이 특정한 유적 부분집합의 원소인지 아닌지를 결정하는 행위이다. 그러나 이 과정 자체는 집합론으로 사유할 수 없는데, 이는 그 과정이 정해진 규칙을 따르지 않고 완전히 우연한 방식으로 이루어지기 때문이다. 우연성은 주체를 단순한 상황의 부분과 구분하는 중요한 기준이다(Badiou, 1988: 432-434). 그러나 주체의 활동을 집합론으로 설명할 수 있는 다른 방법이 있다고 바디우는 말하는데, 코언이 창시한 강제법이 그것이다.[13]

진리는 상황 내에서는 식별 불가능한 부분집합이며, 진리는 상황 전체에 걸쳐 있는 반면 주체는 국지적이므로, 주체는 자신이 만드는 진리의 전모를 알 수는 없다. 그러나 주체는 진리가 있다고 믿고 있다. 진리를 지탱하고 주체 자신을 지탱하는 이 믿음은 지식, 즉 참과 거짓을 말할 수 있는 문장들의 형태를 띤다. 주체가 진리에 대해 말할 때, 주체가 발화하는 문장에는 현 상황에는 존재하지 않지만 진리가 도래한 후의 새로운 상황에서는 나타나는 대상들을 가리키는 단어들이 포함되어 있다. 이런 단어는 진리 밖에 있는 현 상황의 거주자들의 관점에서는 지시 대상이 없는 단어이며, 공허한 말이다. 진리 밖에서 볼 때 "모든 혁명적 정치는 유토피아적(비현실적) 담론이고, 모든 과학혁명은 회의적으로 받아들여지거나 실험 없는 추상화로 간주되며, 사랑의 밀어는 현명한 이에게는 멀리해야 할 철부지의 광기이다." (Badiou, 1988: 436) 그러나 주체의 관점에서 이런 단어들은 진리가

---

13. 강제법에 관해서는 이 책에 수록된 김병한의 글(김병한, 2017) 참조.

도래한 후의 미래 상황에서는 분명한 지시 대상을 가지는 것이 므로, '진리 안에서' 명확한 단어들이다. 바디우는 주체가 사용 하는 이런 언어를 주체어(langue-sujet)라고 부른다.

주체어의 진술이 맞는지 틀린지를 확인할 수 있는 방법은 존재하는가? 위에서 이야기한 것처럼 주체어에는 상황 내에 지시 대상이 존재하지 않는 단어들이 포함되어 있다. 이런 단어가 포함되어 있는 진술은 언어와 지시 대상 간의 관계를 엄격하게 검토하는 논리실증주의의 관점에서 보면 무의미한 진술이다. 이런 관점에서 혁명 이후에 건설하게 될 새로운 사회의 모습에 관한 논의는 날개 달린 말의 날개 길이에 대한 논의처럼 무의미하다. 그러나 바디우는 전자의 경우 진리가 도래하여 새로운 상황이 나타날 것임을 상정한다면 엄격하게 맞고 틀림을 판단할 수 있는 기준이 존재한다고 말한다. 이것이 바로 강제법이다.

강제법은 집합론의 한 모델(표준 모델의 서브 모델(submodel)이 그보다 큰 모델(유적 부분집합을 통해 확장된 모델)의 대상들에 관한 명제의 참과 거짓을 알 수 있는 방법에 관해 이야기한다.[14] 바디우는 이것을 기존의 상황과 진리가 도래하게 될 새로운 상황 사이의 관계로 해석한다. 집합론에서 한 모델이 $P-$이름을 통해 자신보다 큰 모델(유적 부분집합을 통한 확장 모델)에 관한 정보를 얻을 수 있듯이, 주체어는 기존의 상황 안에서도 진리가 도래한 새로운 상황에 대한 진술의 맞고 틀림을 결정할 수 있게 해준다.[15]

---

14. 자세한 내용은 앞의 글(김병한, 2017)을 참조.
15. 이 결정은 주어진 진술과 어떤 관계가 있는 기존 상황의 원소가 유적 부분집합(= 진리)의 원소이기도 할 때에만 가능하다. 따라서 그런 원소가 존재하는지, 그리고 그 원소가 어떤 유적 부분집합의 원소인지에 따라 이 결정은 전혀 불가능할 수도 있고,

그런데 언어를 이렇게 사용하는 것은 시가 언어를 사용하는 방식과 일맥상통하는 것이 아닐까? 바디우가 스스로 이야기하고 있듯이, 진리 밖에 있는 이들에게 주체어로 된 진술은 "시적 언어의 난해함"(Badiou, 1988: 438)으로 간주될 수 있으니 말이다.[16]

3. 나가며

위에서 본 것처럼 바디우 철학에서 수학과 시는 각기 다른 역할을 하고 있다. 수학은 전통적으로 철학의 한 분야로 인식되었던 존재론을 직접 수행하는 분야이다. 20세기에 한 시대를 마감한 철학의 새로운 시대를 여는 것이 존재 사유를 통해서라면, 수학이 행한 존재론에 대한 재사유는 이 시대 철학이 수행해야 할 가장 중요한 과업이며, 바디우는 『존재와 사건』에서 현대 집합론에 대한 사유를 통해 이를 잘 보여주고 있다.

그러나 수학이 사유하는 존재는 변하지 않는 것으로서의 존재, 파르메니데스적 존재이며, 따라서 수학을 존재론으로 받아들일 때 변화나 새로움에 대한 사유는 수학 이외의 것을 필요로 한다. 바디우에게 여기에 해당하는 철학의 조건은 예술과 정치이며, 바디우의 철학에서 변화에 관한 주요 개념인 사건, 진리, 주체 중에서 시는 주로 사건에 대한, 정치는 진리와 주체에 대한 사유를 제공한다. 정리하자면 바디우 철학에서 시가 첫 번째로 등장하는 지점은 사건에 대한 사유로서이다. 『존재와 사건』에서

유적 부분집합이 어떤 것이냐에 따라 결정이 가능하거나 불가능할 수도 있으며, 유적 부분집합의 모습과 무관하게 결정이 가능할 수도 있다.

16. 그러나 여기서 '시적 언어'라는 말은 다소 경멸적인 의미로 쓰인 것이므로, 주체어와 시어의 관계에 대한 검토는 이 글의 범위를 넘어서는 상세한 연구가 필요하다.

는 말라르메의 「주사위 던지기」를 통해 사건을 개념화하고 있으며, 『조건들』에서는 말라르메와 랭보의 여러 시를 통해 사건과 그것의 결정 불가능성을 확인한다(Badiou, 1992: 108-154). 그런데 사건에 관한 사유는 순수한 합리성, 즉 수학만으로는 전개하는 것이 더 이상 불가능한 지점이며, 따라서 시는 사유의 어떤 도약을 가능하게 하는 근거가 된다.

『비미학』에서 바디우(1998: 36; 2010a: 41-42)는 플라톤의 예를 통해 논증적 사유의 한계 지점에서 시가 등장하는 경우를 보여준다. 플라톤의 대화편에서 최고의 원리인 선의 이데아는 이데아 세계 안에 없으며, 따라서 추론을 통해 파악하거나 도달할 수 있는 것이 아니다. 이런 '존재자를 넘어선 존재'가 사유에 주어지는 것은 추론을 통해서가 아니라 신화나 이야기를 통해서, 다시 말해 언어의 수학적, 논리적 역량이 아니라 시적 역량을 통해서이다. 바디우는 현대에 와서 시와 수학의 관계가 플라톤의 시대와는 달라졌다고 설명하지만, 적어도 사건에 대한 사유에 관한 한 플라톤에게서 볼 수 있는 시와 수학의 관계는 유지되고 있는 것이다.

시가 등장하는 또 다른 지점은 주체가 사용하는 언어인 '주체어'와 관련해서이다. 주체어란 한 상황에서 진리 생산에 참여하는 주체들이 사용하는 언어로, 진리와 관련해서는 참과 거짓이 명확한 언어이지만 진리를 모르는 상황 내의 다른 '거주자'들에게는 의미를 파악할 수 없는 언어이다. 바디우는 주체어를 통해 시적 언어의 가능성을 보여준다. 논리실증주의자들을 따라 의미 있는 언어의 기준을 '사태와 문장의 일치'라고 전제한다면, 시가 사용하는 언어는 지시하는 사태가 명료하지 않거나 이 세계에 존재하지 않으므로 올바른 언어가 아니다. 전기 비트겐슈타인의 관점에서 보면 시는 언어를 잘못 사용하는 대표적인 경우이다. 그러나 바디우는 강제법을 통해 한 상황에서 무의미해 보이는 언어가 그 상황을 벗어나지 않고도 의미 있게 쓰일 수 있음을 보였으며, 이는 시적 언어가 과학적 언어 또는 논리적 언어만큼이나 정확하고 명료한 언어로 이해될 수 있는 가능성이 있음을 보여준다.

참고 문헌

김병한, 2017, 「집합론, 강제법, 가상과 실제의 대화」, 박영선 엮음, 『체계와 예술』, 고등과학원 초학제연구총서 6, 서울: 이학사.

바디우, 알랭, 2010a, 『비미학』, 장태순 옮김, 서울: 이학사.

바디우, 알랭, 2010b, 『철학을 위한 선언』, 서용순 옮김, 서울: 길.

장태순, 2015, 「진리, 주체, 강제: 알랭 바디우 철학에서 새로움의 문제」, 김상환·장태순·박영선 엮음, 『동서의 학문과 창조: 창의성이란 무엇인가?』, 고등과학원 초학제연구총서 4, 서울: 이학사.

Badiou, Alain, 1988, *L'Être et l'événement*, Paris: Seuil.

Badiou, Alain, 1989, *Manifeste pour la philosophie*, Paris: Seuil.

Badiou, Alain, 1992, *Conditions*, Paris: Seuil.

Badiou, Alain, 1993, *L'Éthique: essai sur la conscience du mal*, Paris: Hatier.

Badiou, Alain, 1998, *Petit manuel d'inesthétique*, Paris: Seuil.

Centre national d'art et de culture Georges Pompidou(Paris) (ed.), 2004, *La vocation philosophique*, Paris: Bayard.

Deleuze, Gilles, 1990, *Pourparlers*, Paris: Minuit.

Deleuze, Gilles and Félix Guattari, 1991, *Qu'est-ce que la philosophie?*, Paris: Minuit.

집합론, 강제법,
가상과 실제의 대화

김병한

1. 들어가는 말

　이 글에서는 칸토어(Georg Cantor)가 창시한 현대 집합론의 시작과 이와 관련한 공리적 집합론의 발전상, 특히 연속체 가설의 독립성을 증명하는 데 사용된 코언(Paul J. Cohen)의 강제법(Forcing)을 소개하고 그 철학적 의미를 짚어보려 한다. 그렇다고 이 글이 전문적 수리철학을 주제로 삼는 것은 아니다. 수학적 대상의 존재나 진위 여부에 대한 존재론적 또는 의미론적 특정 입장을 논의의 주제로 삼는 것은 아니지만, 기본적으로는 실재론적 입장에서 서술하였다. 사실 이 글은 수리철학자가 아닌 수학자의 입장에서 쓴 글이기에, 보통의 수학자들이 일반적으로 가지고 있는 수학에 대한 관점에 근거하여 썼다.

　수학과 철학은 서양의 수학이 학문으로서의 입지를 구축하는 단계에서 상호 보완적으로 발전하여왔다. 물론 철학적 입장으로 인해 수학적 발견을 숨겼던 피타고라스학파나 중세철학의 영향으로 자연과학의 발전이 멈추었던 경우 등도 있지만 궁극적으로 철학적 성찰은 수학의 발전에 기여해왔다. 그리스 시대부터 철학자는 수학을 연구하였고 수학이 단지 농상(農商) 활동이나 건축 측량에 필요한 계산, 계측을 넘어서 연역적 학문 체계를 구성하게 된 것은 철학적 사유에서 출발한 것이다. 특히 증명 개념의 도입과 이에 따른 논리학의 연구는, 수학을 플라톤(Plato)처럼 선험적인 것으로 보든 또는 아리스토텔레스(Aristoteles)처럼 경험적 입장으로 인식하든 간에 그리스철학이 인류에게 선사한 선물로, 오늘날 수학을 하는 방식의 기초가 되었다. 이의 최고의 예로 유클리드(Euclid)의 『원론』을 들 수 있는데, 이는 지금까지도 초등기하학의 내용으로 고스란히 다루어진다. 수학이나 철학이 고도로 발달한 현대에는 두 분야를 넘나들며 학문적 권위를 확보하는 것이 쉽지 않으나, 역사적으로 많은 수학자와 과학자는 그들 일생의 일정 기간에 철학이나 신학을 매우 전문적으로 연구하였다. 파스칼(Blaise Pascal), 데카르트(René Descartes), 오일러(Leonhard Euler), 라이프니츠(Gottfried Wilhelm von Leibniz), 뉴턴(Isaac Newton) 등 일일이 다 열거할 수 없을 정도이다. 때론 그들의 저술이 철학과 과학의 내용을 같이 다루었고, 수학의 새로운 발전을 열기도 하였다. 데카르트의 『방법서설』에 담긴 좌표평면 개념을 사용한 해석기하학의 시작은 오늘날의 표준이 되었으며, 라이프니츠의 연속성, 균질성의 철학은 20세기 수리논리를 적용한 비표준 해석학이라는 수학 분야를 통해 구체화되었다(Eves, 1990; Dawson, 2005).

사실 수학의 역사에서 철학적 입장 차이로 수학자들이 가장 첨예하게 대립한 경우는 19세기 말과 20세기 초 현대 수리논리와 집합론의 발전 도상에서 찾을 수 있다. 고틀로프 프레게(Gottlob Frege)는 현대논리학의 선구자로 볼 수 있다. 그는 형식 체계라는 것에 엄밀한 의미를 부여하여 공리적 기호논리학의 초석을 닦았다. 형식 체계를 기호화하는 새로운 기호들을 도입하여 공리적 술어논리를 제안하였고 이를 기반으로 산술을 재구성하려 시도하였다. 하지만 그의 야심 찬 기획을 담은 저술『산술의 기본 법칙(Grundgesetze der Arithmetik)』(1권 1893, 2권 1903)은 버트런드 러셀(Bertrand Russell)이 지적한 패러독스(역리, 역설, 모순)로 인하여 좌초하게 된다. 또한 그의 2차원적 기호 체계는 그 복잡성으

게오르그 칸토어　　　　　　　다비드 힐베르트

로 인해 계속 쓰는 이가 없었다. 하지만 그의 기본 구상과 철학은 러셀과 화이트헤드(Alfred North Whitehead)의 『수학 원리』로 옮겨져 오늘날까지 인정받고 있다. 러셀과 화이트헤드는 프레게의 기호 대신 퍼스(Charles Sanders Peirce)의 기호들을 발전시켜 사용하였고, 패러독스의 방지를 위해 유형론(타입 이론)을 도입한다(Kneale and Kneale, 2008). 이것의 발전된 형태가 오늘날 증명론이나 프로그래밍언어 분야에서 계속 사용되고 있다.

한편으로 19세기 말, 수학에서는 칸토어가 집합론을 도입한다. 그는 푸리에 급수의 표현에 대한 연구를 하다가 예기치 않게 집합 개념과 기수, 서수 개념을 제안하게 된다. 하지만 이 이론 역시 프레게의 경우와 마찬가지로 여러 가지 패러독스를 만난다. 특히 러셀의 역리는 칸토어의 집합론에도 동일하게 나타나는데,

이에 대한 설명은 2절에서 하겠다. 칸토어의 집합론은 당시 강력한 반대에 부딪치기도 하지만 20세기가 시작되면서 수학을 재구성하는 토대 역할을 할 것으로 기대되며 각광 받는다. 즉 집합론을 통해 산술의 체계를 구축하고, 그 기반 위에 확장된 수 체계와 해석학, 기하학 등을 엄밀히 구성할 수 있을 것으로 예상되었다. 하지만 모순의 발견으로 인해 수학 커뮤니티에서는 이를 해결하는 것이 시급한 문제로 대두되기에 이른다. 당시 서구 수학자들의 지도자 격이었던 힐베르트(David Hilbert)는 1900년 파리에서 열린 세계수학자대회(International Congress of Mathematicians, ICM)에서, 새로 맞이하는 20세기에 해결해야 할 수학 문제들의 목록을 제시하고 그 첫째로 2절에서 언급할 연속체 가설의 해결, 둘째로 산술의 무모순성 증명을 제안한다.

수학의 기초를 건설하려는 도상에서 발견된 모순들을 해결하는 데에는 잘 알려진 대로, 수학에 대한 철학적 관점에 따라 대략 세 가지 주장이 등장한다. 프레게와 러셀 등의 논리주의자들은 수학을 논리학으로 환원할 수 있다고 생각하였고 이 견해는 특히 러셀과 화이트헤드 공저의 『수학 원리』를 통해 표출된다. 하지만 그들이 모순을 피하기 위해 제안한 유형론은 그 자연스럽지 않음으로 인해 비판을 받는다. 좀 더 극단적인 견해를 표출한 학자들은 위상수학자였던 브라우어(Luitzen E. J. Brouwer)가 주도한 직관주의자들이다. 브라우어는 배중률의 사용을 강력히 거부하였고 비구성적 증명을 비판하였다. 이러한 관점은 무한을 다루는 수학에 많은 제약을 가하였다. 결과적으로 그가 제안한 수학은 전통적 수학의 주요 결과들을 잃거나 또는 그것들과 배치되는 것이어서 대부분 수학자들의 동의를 얻기 힘들었다. 하지만 그의 철학적 입장은 철저한 구성주의로 수리철학자들의 관심을 불러일으키며 이들에게 영향을 미쳤다. 그의 제자 헤이팅(Arend Heyting)에 의해 발전되고 보완된 직관주의 논리는 (발전된 유형론과 함께) 현대에 프로그래밍언어의 오류를 확인하는 전산학 분야에서 폭넓게 사용되고 있다. 주류 수학자들은 직관주의를 배격하였지만 이 견해는 철학과 전산학 분야에서 생생히 살아 있다고 하겠다.

수학자들이 가장 넓게 받아들인 것은 힐베르트의 형식주의이다. 언급한 것처럼 그는 산술의 일관성(consistency. 무모순성) 문제를 해결되어야 할 중요한 문제로 제시했고, 그 스스로 이를 해결할 프로그램을 제안한다. 즉 언어의 모호성에서 오는 문제를 해결하고자 수학을 형식화하여 기호로 표기하고, 증명과 연역의 개념을 기계적으로 명확히 하며, 수학의 기본 공리들을 모순이 생기지 않도록 세심히 설계하면 일반적으로 납득할 수 있는 방법(그는 이를 유한적 방법이라 불렀다)을 통해 이 체계 내에 모순이 없다는 것을 증명할 수 있을 것이라 주장했다. 그는 수학에서 해결되지 않을 문제란 존재하지 않으며 인류는 모든 수학의 문제를 궁극적으로 해결하여 알 수 있다고 보았기에, 이의 기초가 되는 산술 수학의 무모순성은 그로선 반드시 선결되어야 할 과제였다. 결국 그의 주장대로 현대 수학은 형식화 과정을 거치고 수학기초론의 전문가든 아니든 간에 수학자들은 형식화된 집합론이 현대 수학의 토대가 되는 것을 인정하며 수학을 하고 있다. 그렇지만 잘 알려진 대로 쿠르트 괴델(Kurt Gödel)은 1930년대 초 불완전성정리를 통해 힐베르트의 프로그램이 그가 계획했던 대로 진행될 수는 없으며, 모든 진리를 다 형식적으로 증명할 수는 없

쿠르트 괴델

다는 것을 보였다. (하지만 괴델은 수학의 고갈되지 않는 특성과 한계에 도전하는 인간 이성의 잠재력을 신뢰하였다.)

힐베르트의 형식주의와 괴델의 불완전성정리에 대해서는 내가 쓴 짧은 논평(김병한, 2006)을 포함하여 국내에서도 많은 저술을 찾을 수 있고, 또한 그것이 이 글의 주 주제는 아니기에 이 정도로 서술을 마치겠다. 다만 직관주의, 특히 브라우어의 철학적 입장과 주장에 대해서는 국내에 상대적으로 알려진 바가 적어 좀 더 깊이 있는 평론이 요구된다. 20세기 중, 후반의 수리철학의 문제와 현대 집합론의 발전과 관련한 철학적 문제는 3절에서 언급하겠다.

2. 집합론과 강제법

이제 본격적으로 칸토어로부터 시작된 집합론과 연속체 가설 문제, 그리고 이의 해결과 관련한 괴델과 코언의 업적, 특히 코언이 연속체 가설의 부정의 무모순성을 증명하며 사용한 강제법에 대하여 요약하겠다.

　형식화되지 않은 소박한 개념의 집합론을 주창한 것은 독일의 수학자 칸토어이다. 칸토어가 집합의 개념을 도입하여 집합론을 전개하였을 때 처음부터 공리적 방법을 택한 것은 아니었다. 사실 칸토어가 활동하던 시기인 19세기 말과 20세기 초는 형식적 논리 체계의 구축에 대한 논의가 시작되던 단계여서 집합론을 공리들을 사용하여 형식적으로 연구하는 것은 아직 시기상조였다. 오히려 그의 소박한 집합론이 가지는 문제점들이 발견되면서 모순을 일으키지 않는 공리적 방법론의 필요성이 대두되게 된 것이다. 칸토어는 '임의의 성질 P가 주어지면 이를 만족하는 대상 전체를 모은 집합이 있다'고 전제하였다. 집합론 기호를 쓰면 집합 $\{x \mid P(x)\}$가 존재한다는 것이다. 여기서 $P(x)$란 'x가 P를 만족한다'는 의미이고 $\{x \mid P(x)\}$는 P를 만족하는 대상 x들을 다 모은 집합을 의미하는 표기이다. 따라서 집합 $\{x \mid P(x)\}$를 A라고 놓으면 $a \in A$, 즉 a가 A의 원소라는 말은 $P(a)$, 즉 a가 P를 만족한다는 말과 동치(同値)가 된다. 여기서 우리가 $P(x)$를 $x \notin x$, 즉 자기 자신을 원소로 갖지 않는다는 조건으로 놓으면, 칸토어의 전제에 따라 집합 $R = \{x \mid x \notin x\}$이 존재해야 한다. 그렇다면 방금 논의한 것에 의해 $R \in R$이라는 명제와 $R \notin R$이라는 명제가 동치가 돼야 하는 모순이 발생한다. 이것이 잘 알려진 대로, 1절에서 언급한 러셀의 패러독스다. 러셀의 역리 외에도 다양한 형태의 문제점이 칸토어의 집합론에서 발견된다. 집합들

을 다 모은 $V = \{\, x \,|\, x = x \,\}$ 역시 그 존재성이 문제가 되었다. 칸토어에 의하면 이것도 집합으로 존재해야 하는데 그렇다면 이의 부분집합들을 다 모은 멱집합이 (그 원소도 집합이기에) 다시 V의 부분집합이 되는 모순이 발생한다. 칸토어의 정리에 의하면 한 집합의 멱집합이 그 집합의 부분집합이 될 수는 없기 때문이다. 종합해서 보면 칸토어의 소박한 전제는 수정되어야 했다.

이러한 모순이 발생하지 않는 집합론을 건설하기 위해 처음으로 집합론의 공리들을 제안한 사람은 역시 독일의 수학자였던 체르멜로(Ernst Zermelo)다. 그가 제안한 공리들을 현대적으로 정리하여 나열하면 다음과 같다.[1]

1. 외연공리: 임의의 두 집합이 같을 필요충분조건은 두 집합의 원소들이 같은 것이다.
2. 짝공리: 임의의 두 집합 a, b를 원소로 가지는 집합이 존재한다.
3. 합집합공리: 임의의 집합 A에 대해 이의 합집합 $\cup A$, 즉 A의 원소늘의 원소들을 다 모은 집합이 존재한다.
4. 멱집합공리: 임의의 집합 A에 대하여 이의 부분집합들을 다 모은 멱집합 $\wp(A)$가 존재한다.

---

1. 체르멜로는 처음에는 '근원소(urelement)'라는 개념을 도입하여 집합의 일부 원소인 근원소는 집합이 아닐 수도 있다고 하였다. 그러나 현대 집합론은 근원소 개념을 배제한다. 즉 현대 집합론에서는 집합의 원소들도 모두 집합이다. 여기 서술한 공리들은 이를 기반으로 한 것이고, 체르멜로가 나중에 다른 학자들의 제안을 받아들여 보완, 확장한 것에 근거한다(Moore, 2013).

에른스트 체르멜로   페터 프렝켈

5. 무한공리: 무한집합[2]이 존재한다.

6. 기초공리: 공집합이 아닌 임의의 집합은 자신과 서로소인 원소를 가진다.[3]

7. 분리공리[4]: 임의의 조건 P와 집합 A에 대하여, A의 원소들로 P를 만족하는 것을 모은 부분집합 $\{x \in A \mid P(x)\}$가 존재한다.

---

2. 무한집합이란 공집합을 원소로 갖고 있으며, 그 집합의 임의의 원소 x에 대해, x^+ (즉 $x \cup \{x\}$)도 원소로 가지는 집합이다.

3. 두 집합이 서로소(disjoint)란 말은 공통 원소가 없다는 (즉 교집합이 공집합이라는) 것이다. 기초공리에 의하면 자기 자신을 원소로 갖는 집합은 존재하지 않게 된다.

4. 분리공리(separation axiom)는 내포공리(comprehension axiom), 또는 부분집합공리(subset axiom)로도 불린다.

여기서 분리공리는 칸토어의 부주의한 전제를 대치하여, 위에서 언급한 러셀의 역리가 발생하는 것을 방지해준다. 분리공리 아래서는 $R = \{x \mid x \notin x\}$이 아닌, (존재성이 이미 보장된) 임의의 집합 A에 대하여 집합 $R_A = \{x \in A \mid x \notin x\}$의 존재만이 보장될 뿐이다. 이 경우 $R_A \in R_A$라는 명제는 '$R_A \in A$이고 $R_A \notin R_A$이다'라는 명제와 동치가 되어, $R_A \notin R_A$이고 $R_A \notin A$이라는 결론을 얻을 뿐이어서 앞서와 같은 모순이 유도되지 않는다.

후에 프렝켈(Abraham Fraenkel)은 위의 일곱 가지 공리만 가지고는 집합론 전개에서 필요한 $\{A, \wp(A), \wp(\wp(A)), \cdots\}$ 같은 집합을 얻어낼 수 없다는 사실을 발견하고 다음 공리를 추가하였다.

8. 대체공리: $P(x, y)$가 함수 성질을 만족하는 (즉 임의의 집합 a에 대하여 $P(a, b)$를 만족하는 유일한 집합 b가 있다는) 조건이라면, 임의의 집합 A에 대하여 이의 P에 대한 이미지, 즉 $\{y \mid P(x, y)$를 만족하는 x가 A에 있다$\}$는 집합이 된다.

오늘날은 이상의 여덟 가지 공리들을 일컬어 체르멜로와 프렝켈의 머리글자를 따서 ZF 공리계라고 부른다. 체르멜로는 또한 논란의 대상이 되었던 선택공리를 제안한다.

9. 선택공리: 집합 A의 모든 원소가 각각 서로소이고 공집합이 아니면, A의 원소들에서 각각 한 원소씩만 뽑아 모은 집합이 존재한다.

ZF 공리 체계에 위의 선택공리(choice axiom)를 추가한 것을

바나흐-타르스키 현상

ZFC라 부른다. 선택공리는 한편으로 너무 자연스러운 것이어서 다른 공리들로부터 유도되는 것이 아닌가 하는 의심을 갖게 한다. 동시에 정반대로 선택공리를 통해 체르멜로가 증명한 정렬 정리(모든 집합은 정렬 가능하다(4절 참조))나 그 외에 선택공리와 동치인 초른(Zorn)의 보조정리를 통해 증명되는 여러 존재 증명이 비구성적이어서 — 즉 어떻게 찾아낼 수 있는가에 대한 방법이나 원리를 알려주지 않은 채 다만 존재한다고만 하는 증명이기에 — 일부의 수학자들은 철학적 견해로 이 선택공리를 받아들이지 않게 된다. 또한 바나흐-타르스키(Banach-Tarski) 현상, 즉 속이 찬 하나의 구슬을 유한 조각으로 분리한 후 다시 합치면서, 각각 원래 구슬과 같은 부피를 가지는 두 개의 구슬로 만드는 것이 선택공리를 통해 가능하기에 이에 대한 부정적 견해를 더하게 된다.[5] 따라서 선택공리는 ZF 체계 내에서 부정되지 않는가 하는 의문도 가지게 되는 것이다. 후에 더 얘기하겠지만 결국 선택공리는 ZF 체계와 독립임(증명도 부정도 되지 않음)이 밝혀지고 따라서 선택공리를 인정하거나 부정해도 모순이 발생하지 않

---

[5]. 이는 분리된 조각들이 측도(測度) 불가능하기에 패러독스를 유발하는 것은 아니다.

기에 서로 독립된 수학의 전개가 가능하다. 물론 현대 수학의 대부분의 영역에서 초른의 보조정리를 통해 기초 개념들의 존재가 보장되어 더 고급의 수학을 진행할 수 있기에 절대다수의 수학자들은 선택공리를 당연하게 사용한다.

위에서 아홉 가지 집합론 기본 공리들을 일상 언어로 표기했지만 체르멜로 이후 좀 더 체계화되고 형식화된 현대 수리논리에서는 이들을 모두 기호로 표기한다. 이러한 기호논리학으로의 전환은 수리논리학의 발전을 가속화시켰는데 아이러니하게도 체르멜로는 처음 집합론의 공리를 제안한 사람임에도 불구하고 집합론의 형식화를 반대하였다(Moore, 2013; Dawson, 2005). 그가 반대했던 가장 큰 이유 중의 하나는 형식화 과정에서 파생되는 뢰벤하임-스콜렘(Löwenheim-Skolem) 정리를 받아들일 수 없었기 때문이다. 특히 이 정리에 의하면 스콜렘 패러독스(실제 패러독스인 것은 아니다)라고 불리는 다음과 같은 결과를 얻게 된다. ZFC에 모순이 없다면 ZFC의 모델(즉 ZFC의 모든 공리를 만족하는 구조)로 추이적(推移的, transitive. 즉 모델의 모든 원소의 원소가 다시 그 모델의 원소가 되는)이면서 셀 수 있는(countable. 유한이거나 또는 자연수 집합 N과 일대일대응이 되는) 것이 존재한다. 이 경우 ZFC의 정리로 셀 수 없는 집합 u가 그 모델의 원소로 존재해야 하는데, 모델이 추이적이면서 셀 수 있는 것이기에 사실 u는 셀 수 있는 집합일 수밖에 없다. 다시 말해 u는 실제로는 셀 수 있는 집합임에도, 모델은 셀 수 없는 집합으로 u를 인식한다는 것이다. 어떻게 이런 일이 가능한 것일까? 집합 u가 셀 수 있다는 의미는 자연수 집합 N에서 u로 가는 일대일대응 함수가 있다는 것이다. 문

토랄프 스콜렘

제는 이 함수가 모델 내부에 있지 않기에 모델은 u를 셀 수 있는 집합으로 여기지 못하는 것이다. 즉 '셀 수 있다'라는 개념이 상대적이라는 얘기고, 이러한 현상이 체르멜로에게는 분명 자연스럽지 않은 것이었다. 하지만 과학의 발전 도상에서 한 분야를 창시한 대가들이 종종 자신의 연구가 예기치 않은 방향으로 발전하면서 새로운 결과들이 나오는 것을 쉽게 받아들이지 못하여 후일에는 해당 분야의 중심에서 멀어지는 일이 있곤 한데, 체르멜로가 바로 그 경우였다.

선택공리와 함께 당시 집합론 연구자들이 집중하여 연구한 문제는 연속체의 기수와 관련한 것이다. 집합의 기수(基數, cardinality)란 집합이 가지는 크기 또는 원소들의 개수로 이해할 수 있다. 즉 공집합의 기수는 0이고, 원소가 하나뿐인 집합의 기수는 1, 두 개면 2라고 보는 것이다. 칸토어의 획기적 시도는, 이러한 유한집합들뿐만 아니라 무한집합에도 기수 개념을 도입한 것이다. 두 유한집합의 개수가 같은 것은 두 집합 사이에 일대일대응이 있는 것이다. 이를 무한집합에까지 확장하여 임의의 두 집합의 기수가 같다는 것은 두 집합 사이에 일대일대응이 있는 것으로 정의한다. 예를 들어 자연수 집합 $\mathbb{N}$은 유리수 집합 $\mathbb{Q}$의 진부분집합임에도 일대일대응이 두 집합 사이에 존재하기에 두 집합의 기수는 같다. 0이 아닌 임의의 유리수는 $\pm\frac{n}{m}$ 꼴로 유일하게 나타나고(여기서 m, n은 서로소, 즉 공약수가 1뿐인 자연수들이다), 이때 $n + m$이 임의의 자연수 k가 되는 유리수는 유한개만 있다. 예를 들어 $k = 3$인 경우는 $\pm\frac{1}{2}, \pm\frac{2}{1}$ 네 가지다. 따라서 $k = 1, 2, 3,$ ...으로 증가시키며 해당되는 유한개의 유리수들을 차례로 나열한 후, 자연수 순서대로 1, 2, 3, 4, ... 번호를 대응시키면(0은 0을 대응시킴) 집합 $\mathbb{N}$과 $\mathbb{Q}$ 사이의 일대일대응이 이루어진다. 이러한 현상은 유한집합들 사이에서는 발생하지 않기에, '자신의 진부분집합과 일대일대응이 가능하다'는 것은 무한집합이 가지는 고유의 특성이 된다. 그렇다면 모든 무한집합은 같은 기수를 가지는 것이 아닌가, 즉 두 무한집합 사이에는 항상 일대일대응이 존재하지 않는가 하는 질문을 하게 된다.

칸토어의 놀라운 발견은 임의의 집합과 그 집합의 멱집합 사이에는 일대일대응이 절대로 존재할 수 없기에, 멱집합의 기수가 원래 집합의 기수보다 항상 크다는 것이다. 유한집합의 경우 n개의 원소를 갖는 집합의 멱집합의 원소의 개수는 2^n이 되기에 이는 당연한 사실이다. 칸토어는 이를 무한집합에까지 확장한 것이다. 특히 실수 집합 $\mathbb{R}$(또는 실수 직선)은 자연수 집합 $\mathbb{N}$의 멱집합 $\wp(\mathbb{N})$과 일대일대응이 되어 $\mathbb{N}$과 $\mathbb{Q}$의 기수인 $\aleph_0^6$(ω 또는

ω_0로 표기하기도 한다)는 $\mathbb{R}$과 $\wp(\mathbb{N})$의 기수인 $2^{\aleph_0}$보다 작아 $\aleph_0 < 2^{\aleph_0}$가 성립하는 것이다. 이 실수 직선의 기수 $2^{\aleph_0}$를 연속체라 부른다. 여기서 자연스럽게, 그러면 두 기수 $\aleph_0$와 $2^{\aleph_0}$ 사이에 있는 기수가 있겠는가라는 질문을 할 수 있다. $\aleph_0$는 무한집합의 기수 중 가장 작은 것이기에 이는 $\aleph_1$과 $2^{\aleph_0}$이 같은지의 여부를 묻는 질문으로 볼 수 있다. '연속체 가설(continuum hypothesis, CH)'이란 $\aleph_1 = 2^{\aleph_0}$을 의미한다. 즉 $2^{\aleph_0}$이 $\aleph_0$의 바로 다음 기수여서 $\aleph_0$와 $2^{\aleph_0}$ 사이에 있는 기수는 없다는 것이다.

후에 하우스도르프(Felix Hausdorff)는 이를 좀 더 일반화하여, 기수가 κ인 임의의 무한집합이 있을 때 이의 멱집합의 기수가 κ 바로 다음의 기수인지에 대해 질문하였고, '항상 그렇다'는 것을 '일반 연속체 가설(generalized continuum hypothesis, GCH. 기호로 표기하면 $\kappa^+ = 2^\kappa$, 여기서 κ^+는 κ보다 큰 바로 다음의 기수를 뜻하고 2^κ는 언급한 멱집합의 기수를 나타낸다)'이라 부른다. 즉 일반 연속체 가설은 임의의 무한집합과 그 멱집합 사이의 크기(기수)를 갖는 집합은 없다는 것이다. 여기서 연속체 가설은 일반 연속체 가설에서 κ가 가장 작은 무한기수 $\aleph_0$인 때를 뜻한다. (일반) 연속체 가설의 해결은 당시 집합론 연구자들의 초미의 관심사였고, 1절에서 얘기한 대로 힐베르트는 연속체 가설의 해결, 즉 이의 증명이나 반증을 다가올 20세기에 해결해야 할 첫째 문제로 두었다. 칸토어 자신이 생애를 마감하기까지 이의 해결에 매달리는 등 이 문제는 한동안 주요 미해결 문제였다. 이 와중에 린덴바움(Adolf

---

6. $\aleph$는 히브리어의 첫째 문자이고 '알레프'라고 읽는다. 따라서 $\aleph_0$은 '알레프 영'이라 읽는다.

Lindenbaum)과 타르스키(Alfred Tarski)는 일반 연속체 가설이 선택공리를 유도한다는 놀랄 만한 결과를 1926년에 발표하였다.

괴델은 1930년대 말 드디어 일반 연속체 가설과 선택공리가 기존의 공리 ZF와 모순을 일으키지 않는다는 것(즉 일관적이라는 것)을 증명하였다. 이 증명 과정에서 그는 재귀적으로 정의되는 구성 가능 집합(constructible set) 개념을 도입한다. 그는 이러한 구성 가능 집합들을 다 모은 클래스(class)인 L이 ZF의 모든 공리와 선택공리, 또한 일반 연속체 가설도 만족하는 것을 보임으로써 이의 ZF에 대한 상대적 무모순성(즉 ZF에 모순이 없다면 ZFC+GCH도 모순이 없다)을 확립한 것이다. ZF 자체의 일관성은 괴델의 불완전성정리에 의해 증명이 불가능하기에 이러한 상대적 무모순성 증명이 최적의 결과였다. 이후 괴델을 포함한 많은 이가 선택공리나 연속체 가설이 ZF 또는 ZFC와 독립(즉 각각의 부정이 ZF나 ZFC와 상대적으로 일관적)일 것으로 예상하였고, 괴델 자신은 이러한 독립성 증명으로 힐베르트의 첫 문제 해결을 완수하기 위해 노력하였다. 하지만 그 영예는 1960년대가 되어서야 수리논리학이 아닌 해석학을 연구했던 젊은 학자 코언에게 돌아간다. 즉 그는 연속체 가설의 부정인 ¬CH가 ZFC 체계와 일관적이라는 것과, 선택공리의 부정 역시 ZF 공리들과 모순을 일으키지 않는다는 것을 증명하였다.[7]

코언이 증명을 위해 도입한 강제법은 실로 획기적이다. 나

---

7. 이후로 이 글에서 ZF나 ZFC는 일관적인 것으로 가정한다.

폴 코언

름대로 나도 여러 다양한 수학을 접했지만 강제법처럼 신기하게 느껴지는 수학은 그리 많지 않았고, 그 내용과 증명 과정에 이렇게 많은 은유를 품고 있는 것을 보지 못했다. 감히 가장 아름답고 신비한 수학의 한 부분에 해당한다고 얘기할 수 있겠다. 비유가 가득 담긴 한 편의 시를 읽는다거나, 무라카미 하루키의 『해변의 카프카』나, 루이스 캐럴의 『이상한 나라의 앨리스』 등을 읽었을 때의 느낌과 비슷했다. 그러나 시나 소설은 당연히 연역적이거나 과학적이기보다는 상상의 세계를 신비롭게 글로 풀어내는 것이다. 하지만 수학은 그 무엇보다도 논리적이고 철두철미하게 검증하지 않고는 한 걸음도 내디딜 수 없는 정밀한 학문이 아니던가? 너무나도 아름답고 믿기지 않는 결과들이 한 치의 오차도 없이 연역되어 나오는 것, 더더군다나 그 연역의 방법이 분명 옳음에도 상상을 초월하는 형태로 진행되는 것을 바라보고 있으면, 공상 속에 풀어낸 가상의 세계보다도 더 환상적이라는 느낌을 가지게 된다. 수학자로서 학문적 글을 쓰면서 이러한 표현을 담는 것에 부담을 가지면서도 어떻게 해서든 그 느낌을 표현하고 싶어 적는 것이다.

강제법을 사용한 코언의 증명을 따라가보자(Kunen, 1992). 기호들의 나열로 이루어진 ZFC 공리들을 해석하는 구조를 모델이라 부른다. 이 가운데 셀 수 있는 크기의 추이적 가상 모델 M을 생각한다. 이는 '실제' 집합론의 모델로 볼 수는 없다. 앞서 언급한 대로 M에는, 셀 수 있는 집합임에도 M 자신은 셀 수 없는 집합으로 인식하는 원소가 있다. 여기서 M의 원소로 임의의 순서집합 P를 생각한다(4절 참조). M이 추이적이기에 P의 원소는 다시 M의 원소가 된다. 또한 M이 셀 수 있는 집합이기에 P의 부분집합들(이는 셀 수 없이 많다) 중 일부는 M의 원소가 되지만 일부는 M의 원소가 아니다. P의 특정 부분집합 중 M의 원소는 아니지만 M에 의존하여 결정되며 동시에 P의 특성을 보존하는 부분집합을, **M 위에서 P의 근원적 부분집합**(자세한 정의는 역시 4절을 보라)이라 부른다. 중요한 것은 이러한 근원적 부분집합 G가 항상 존재하게 되는데 이는 M이 셀 수 있는 집합이기 때문에 가능한 것이다. 이러한 이유로 ZFC의 모델로 셀 수 있는 집합 M을 생각하는 것이다. 이제 M에는 들어 있지 않은 이러한 근원적 집합 G를 추가하여 M의 확장 모델 $M[G]$를 구성한다. 우선 우리는 $M[G]$도 역시 ZFC의 모델이 됨을 확인해야 한다. 그리고 최종적으로 P와 G를 잘 선택하여 $M[G]$가 $\aleph_1 < 2^{\aleph_0}$를 만족하는 것을 확인하면 된다.

M은 $M[G]$를 다 알 수 없다. 단적으로 G는 $M[G]$의 원소이지만 M의 원소는 아니기 때문이다. 하지만 M은 이러한 확장 모

델들에 대해 다음의 두 가지를 안다. 우선 P의 원소 p와(p는 M의 원소이기도 하다) 임의의 집합론의 명제 σ에 대하여 'p가 σ를 강제한다'($p \Vdash \sigma$로 표기한다)는 것은 p를 원소로 갖는 M 위에서 P의 모든 근원적 부분집합 G에 대해 $M[G]$가 σ를 만족한다는 뜻이다. 첫째, M은 P의 임의의 원소 p와 임의의 집합론 명제 σ에 대하여, p가 σ를 강제하는지의 여부를 안다. 이는 매우 놀라운 사실이다. p가 σ를 강제한다는 것의 정의에 근원적 집합 G가 매개로 사용되나 M은 G를 알 수 없다. 하지만 그럼에도 M은 p가 σ를 강제하는지 여부를 아는 것이다. 이는 마치 보이지 않는 도움의 손길이 작용하여 과정이 이루어졌고, 누구에게서 온 것인지는 모르나 적어도 그 결과는 알고 있다는 것이다. M 밖에서 바라보는 우리는 어떻게 M이 $p \Vdash \sigma$를 인지하는지의 과정을 알고 있지만, M은 p가 σ를 강제한다는 것을 결론적으로 알고 있어도 어떠한 연역 과정을 거치는지는 알 수 없을 것이다. 둘째, 임의의 근원적 집합 G에 대하여 만일 $M[G]$에서 명제 σ가 성립(만족)한다면 이를 강제하는 P의 원소를 찾을 수 있다. 이 두 가지는 가상 모델들 사이 또는 가상과 실제(이에 대해서는 3절 참조)와의 일종의 정보교환, 대화로 간주할 수 있다. 대략적으로, 첫째 사실로 인해 M의 정보를 $M[G]$에서 사용할 수 있고 둘째 사실로 인해 $M[G]$의 정보를 M이 이용하게 된다. 이 두 논거를 잘 활용하여 우리는 $M[G]$도 역시 ZFC를 만족하는 것을 보일 수 있다.

이제 남은 작업은 P와 G를 잘 선택해서 $M[G]$가 $\aleph_1 < 2^{\aleph_0}$를 만족함을 보이는 것이다. 우선 M의 원소로서 M이 그 기수를 $\aleph_2$로 인식하는 집합을 택한다. 사실 기수 $\aleph_2$도 집합이기에 M이 $\aleph_2$로 인식하는 원소를 찾으면 충분하다. 이를 보통 $\aleph_2^M$으로 표기하

는데 편의상 이를 κ로 쓰자. 이 κ는 M이 ZFC의 모델이기에 반드시 M에 유일하게 존재한다. M은 κ를 셀 수 없는 집합으로 인식하지만 실제로 이는 셀 수 있는 집합이다. 이제 P를 $\kappa \times \mathbb{N}$의 유한 부분집합에서 $\{0, 1\}$로 가는 함수들 전체를 모은 집합으로 놓는다. 이 집합에 순서 $\leq_p$는, $p, q \in P$에 대하여 $q \subseteq p$면 $p \leq_p q$인 것으로 정한다. 이때 G가 M 위에서 P의 근원적 부분집합이면 G의 합집합인 $\cup G$는 $\kappa \times \mathbb{N}$에서 $\{0, 1\}$로 가는 함수가 되는 것을 쉽게 살펴볼 수 있다. 따라서 κ의 임의의 원소 α에 대하여, $f_\alpha(x)$를 $(\cup G)(\alpha, x)$로 놓으면 f_α는 $\mathbb{N}$에서 $\{0, 1\}$로 가는 함수이다. 여기서 G와 M의 관련성을 적용하면, κ의 서로 다른 원소 α, β에 대하여 $f_\alpha \neq f_\beta$임을 알 수 있고 이는 곧 $M[G]$에서 ($M[G]$가 ZFC의 모델이 되며 $G \in M[G]$이기에) κ의 기수가 $2^{\aleph_0}$보다 작거나 같게 된다는 것이다. 이러면 $M[G]$에서 연속체 가설이 성립하지 않는다는 것을 보인 것 같으나 아직 아니다. κ의 기수를 $M[G]$에서도 동일하게 $\aleph_2$로 인식하는지 확인해야 하는 문제가 남아 있다. 거듭 얘기하지만 기수의 개념은 모델에 따라 상대적이다. κ를 M이 $\aleph_2$로 인식한다고 해서 $M[G]$에서도 그럴 것이라는 보장은 없다. (실제로는 κ는 셀 수 있는 집합이지 않은가!) 이를 보장하기 위해서는 '셀 수 있는 사슬 조건(countable chain condition, c.c.c.)'이 필요하다. 이 조건하에서 기수 개념이 M과 $M[G]$ 사이에 보존된다는 것을 역시 강제법을 통해 증명할 수 있기 때문이다. 즉 최종적으로 P가 c.c.c.를 만족하는 것을 보여야 하는데 이는 기초 조합론적 풀이를 통해 가능하다. 역시 강제법을 통해 ZF를 만족하는 셀 수 있는 모델의 확장 모델로 선택공리를 만족하지 않는 것을 찾아 선택공리의 부정이 ZF 공리들과 모순되지 않음도 증명할 수 있다.

여기서 한 가지 지적할 것이 있다. 괴델의 불완전성정리에 따르면 셀 수 있는 ZFC의 모델의 존재를 ZFC에서 증명할 수는 없다. 그렇다면 지금까지 그러한 모델 M이 존재한다고 가정하여 위의 논의를 이끌어간 것은 어떻게 된 것인가? 엄밀하게는 ZFC의 임의의 유한한 부분집합이 주어지면 그것을 다 만족하는 셀 수 있는 모델이 존재하는 것을 ZFC에서 증명할 수 있다. 실은 이 약한 경우이면 위의 논의를 전개하기에 충분하다. 문제는 이 약한 경우를 증명하는 것에 여러 과정이 필요하다는 것이다.

후일에 스콧(Dana Scott)과 솔로베이(Robert Solovay)는 새로운 부울 값의 모델 이론을 제시하여 코언의 강제법을 재정립하는 이론을 내세웠다. 이에 따르면(Jech, 2006), 그냥 클래스 모델(예를 들면 $V = \{x \mid x = x\}$, 즉 집합 전체를 다 모은 클래스 V. 이는 ZFC에서 집합이 아니기에 괴델의 불완전성정리와 모순을 일으키지 않는다)을 사용하면 되기에, 이를 셀 수 있는 모델로 축약시키는 과정을 생략할 수 있다. 이 새로운 관점의 증명 또한 강제법의 신비로움을 더하게 한다. 여기서 이 이론을 자세히 설명하는 것은 무리가 있다. 대략 얘기하자면 부울 값을 가지는 집합론의 모델에서 한 명제의 만족성은 참(1 값)과 거짓(0 값)만 있는 것이 아니고 0을 가장 작은 원소로, 1을 가장 큰 원소로 가지는 부울 대수 구조의 임의의 원소를 취한다. 즉 그 값이 1이라면 참이 분명하고 0이 아니라면 거짓은 아니지만 반드시 참일 필요도 없는 것이다. 이는 실은 그리 낯선 개념은 아니다. 만일 이러한 모델(이는 언급한 것처럼 집합일 필요가 없고 클래스이면 충분하다)에서 ZFC의 모든 명제가 참이라면(즉 부울 값을 1로 가진다면), ZFC에서 연역되는 모든 명제 또한 참이기에 1의 부울 값을 가진다.

만일 임의의 명제가 ZFC에서 연역되지는 않지만 모순을 일으키지도 않는다면 어떠할까? 이는 ZFC 체계에서 참이 아니지만 거짓도 아닌 것으로 생각할 수 있다. 사실 임의의 명제 σ의 부울 값이 0이 되지 않는 것을 확인할 수만 있다면 이 명제는 ZFC와 모순을 일으키지 않는다. 모순을 일으킨다는 것은 이의 부정 명제 ¬σ를 ZFC에서 증명할 수 있다는 것이고 그렇게 되면 언급한 대로 ¬σ의 부울 값이 1이 되기에 σ의 부울 값은 0이 될 수밖에 없다. 즉 ZFC를 '참'으로 인식하면서(즉 부울 값을 1로 가지는) 동시에 CH의 부울 값이 0이 되지 않는 모델을 찾으면 되는 것이다. 이는 역시 ZFC의 모델을 찾은 후(위에서 언급한 V를 잡으면 된다), 이를 확장하여 찾는다.

확장 모델을 찾는 나머지 증명은 역시 강제법을 통해 비슷하게 전개된다. 우선 동일하게, $\aleph_2 \times \mathbb{N}$의 유한 부분집합에서 $\{0, 1\}$로 가는 함수들 전체를 모은 집합 P를 생각하고 같은 방식으로 순서를 준다. 다음 역시 마찬가지로, V 위에서 P의 근원적 부분집합 G를 생각해야 하는데, 문제는 V가 셀 수 있는 집합이 아니기에(사실은 집합조차 아니기에) 그러한 G가 존재하는지 알 수 없다. 앞에서는 G의 존재성을 확인하기 위해 ZFC의(정확히는 이의 적당한 유한 부분집합의) 모델로 셀 수 있는 것이 필요했던 것이다. 여기서는 실제 G가 존재하든 안 하든 만일 확장 모델 $V[G]$에서 $\aleph_1 < 2^{\aleph_0}$를 만족한다면 $\aleph_1 < 2^{\aleph_0}$의 부울 값은 0이 될 수 없음을 보이는 것이 전체 증명의 핵심 사항이다.

이 과정에서 근원적 집합 G의 역할은 앞서 코언의 증명의 경우보다도 더 미스터리다. 앞서의 경우 셀 수 있는 ZFC의 모델 M은 G를 모르지만, 최소한 우리는 (또는 V는) G의 존재성과 역할을 안다. 하지만 여기서는 V는 G가 존재하는지 모름에도 원하는 결과를 얻는 것이다. G가 치고 빠지는 역할을 하는 것은 두 경우가 같지만, 이번 경우는 그러한 G가 실제 있는지 없는지 우리조차 몰라도 되는 것이다. 물론 이 경우에도 P가 c.c.c.를 만족하기에 $V[G]$에서도 기수 개념이 변하지 않는다는 사실이 사용된다. 여하튼 이 전체 과정은, 비유하자면 외계 생명체가 실제 있든 없든 간에, 있다고 가정하고 얻은 논리적 결과가 이 생명체의 존재 여부와 관계없이 참이 되는 경우라 하겠다.

여기서 그렇다면, 이러한 근원적 집합 G의 존재 여부는 ZFC와는 독립이어야 하지 않겠는가를 예상해볼 수 있다. 실제로 이러한 집합 G가 존재한다는 명제를 마틴(Donald Martin)의 공리(4절 참조)라고 부르고, 이 마틴의 공리는 기존 ZFC 공리들과 독립임이 알려져 있다.

3. 실제와 가상의 대화

요즘의 수학자들은 대부분 수학에 대한 철학적 입장에 대하여 큰 관심을 두지 않는 것이 사실이다. 실제로 1897년 이래 수학자들의 최대 모임인 세계수학자대회(ICM)에서 수리철학 분과는 1950년 미국 케임브리지 대회를 마지막으로 자취를 감추었다. 물론 수학기초론과 수리논리 분과는 ICM에서 지금까지도 계속되고 있지만 현대에 가까워올수록 이 분야 초청자들의 연구 주제는 철학과는 관계가 없는 순수 수리논리 분야이거나 기초론의 수학, 전산학, 조합론 분야에서의 응용을 다루고 있다. 수학기초론의 문제와 이의 해결이 수학자, 논리학자, 철학자 모두에게 대두되었던 20세기 초반을 지나, 중반 이후로는 수학과 수리철학은 거의 실체적 접점이 없이 일견 독립적으로 발전해왔다고 볼 수 있다. 오히려 수학을 대상으로 하는 수리철학이 20세기 후반, 수학자들의 참여나 비평이 점점 얕아지는 상황에서, 어찌 보면 수리철학을 위한 수리철학으로 발전하며 일반 수학자들이 받아들이기 어려운 견해들(예를 들면 필즈(Field, 1980)의 수학이 필요 없는 과학)이 출몰하는 것에 수학자들의 괴리감이 더 커졌을지도 모른다. 여하튼 이러한 정황에서 수리철학의 전문가는 아니지만 실재론의 입장에서 강제법을 바라보는 논의를 전개해보고자 한다.

수학적 대상이 물리적 대상처럼 실재한다는 실재론(實在論, realism)은 수리철학에서 플라톤주의와 맥을 같이하며 꾸준히 제기되어왔고 오늘날 그 여러 변형이 주장되고 있다(Shapiro, 2000; 2007; Benacerraf and Putnam, 1998). 그러나 실재론은 인식론적 관점에서의 문제점으로 인해 폭넓게 받아들여지는 것은 아니었다. 즉 인간은 물리적 존재자이기에 물리적 접촉을 통하지 않고는 대상을 인식할 수 없는데, 그렇다면 만일 수학적 대상인 집합이나 수가 물리적 대상처럼 실재한다면, 인간이 수학을 인식하는 제6의 감각이라도 가지고 있다는 것인가를 질문하게 된다. 수학적 대상이 존재하더라도 물리적으로 존재하는 것이 아니기에 인간은 간접적으로라도 그 대상을 인식할 수 없다는 것이다(Shapiro, 2000: 205). 이러한 문제점에도 불구하고 실재론은 사실 수학자들에게 매우 적절한 철학이라고 생각한다. 실재론을 곧이곧대로 받아들이는지의 여부를 떠나, 최소한 수학 연구에서 수학적 대상이 물리적 대상처럼 이미 선험적으로 존재하는 것이고 그러기에 수학자들은 이 대상의 구조들을 밝히는 '발견'을 하는 것이라는 관점은 수학 연구자에게 있어 매우 '실용적인' 관점이다. 존재론적 실재론은 아니더라도, 최소한 수학적 진술의 참, 거짓 여부는 선험적으로 결정되어 있다는 입장의 실재론도 역시 같은 이유로 수학자들에게 유용하며 수학자들은 기실 이를 암묵적으로 인정하고 수학을 하고 있다.

철학적 입장으로 인해 통상적 수학의 결과들을 받아들이지 않았던 직관주의자 브라우어와 같은 극단적인 예가 있고 그 외 현대 집합론자들의 '올바른 수학'을 형성하는 ZFC를 넘어선 공리들에 대한 논의가 일부 있기도 하지만(현우식·김병한, 2003), 보편적 수학자들에게 있어 통상의 수학 문제 해결은 철학적 입장에 따라 갈리는 것이 아니다. 혹여 그것이 CH와 같이 결정 불가능하다는 것을 알게 되더라도. 물론 실재론을 받아들이는 수학자들이 절대다수인 것도 아니다. 2006년 오스트리아 빈(Wien)대학에서 열린 괴델 탄생 100주년 기념 학술 대회에 참석했을 때 사회자가 강연자들과 청중에게 수학을 보는 관점에 대해 물어본 적이 있었다. 절반 정도의 사람들이 손을 들어 수학이 선험적으로 존재한다고 생각한다 했고, 수학은 인간 정신의 산물이라고 생각하는 사람들도 또한 절반 정도였던 것으로 기억한다. 재미있는 것은 현재 집합론의 최고 대가라고 알려진 우딘(Hugh Woodin)은 전자의 경우였고, 강제법의 창시자 코언은 나중에 손을 들었다.

다시 말하지만 나는 이 글에서 실재론을 옹호하는 논증을 하려는 것은 아니다. 다만 실재론의 입장에서, 어떻게 강제법을 이해할 수 있을 것인지를 논하고 강제법이 내포하는 은유의 해석을 분석하려 한다.

실재론의 입장에서 볼 때 수학의 '표준적' 모델이 있다고 할 수 있다. 이는 우리가 사는 물리적 공간을 대변하는 모델이라 볼 수 있다. 따라서 그 모델에서 셀 수 있는 집합은 실제로 셀 수 있는 집합이고 셀 수 없는 집합은 실제로 셀 수 없으며, 표준적 모델의 집합의 실제 기수는 표준적 모델 내에서 인식하는 기수와 같아야 한다. 즉 상대적인 수학적 개념들이 최소한 그 표준 모델 내에서는 절대적으로 인식되어 변함이 없어야 한다. 이 표준 모델에서는 연속체 가설과 그 부정 두 가지 중 단 하나만 성립한다. 그렇다면 어떻게 이 표준 모델을 인식할 것인가? 특히 이 표준 모델에서는 연속체 가설이 참인가 거짓인가? 수학적으로 표현하자면 $V = \{x \mid x = x\}$의 실체가 무엇인가에 대한 질문이라 할 수 있겠다. 만일 괴델의 구성 가능 집합을 다 모은 클래스 L이 V와 같다면, 연속체 가설은 참이다. 하지만 실재론의 인정이나 연속체 가설의 진위(眞僞) 판별 가능성 여부와 관계없이 나를 포함한 대부분의 수리논리학자들은 $V = L$이라는 것에 회의적이어서, L에서 표현하지 못하는 집합이 있을 것으로 보는 것이 더 자연스럽다고 생각한다.

여하튼 이러한 표준 모델을 인식하는 것에 대해 이미 괴델은 새로운 공리를 ZFC에 추가하자는, 논란이 되었던 방법을 제시한다. 그렇다면 그 새로운 공리가 표준 모델에서 '올바른' 공리인 것을 어떻게 알 수 있는가? 이에 대하여, 일종의 경험적 방법론으로, 새로운 공리가 내재적 필연성을 전혀 가지고 있지 못하다고 할지라도 그 새 공리가 (표준 모델에서) 참인 것이 그에 의해 나타나는 검증 가능한 논리적 결과들(이들은 새 공리 없이도 증명할 수 있으나 그 새 공리로 인해 더욱 간결하고 쉬운 증명을 발견할 수 있다)에 근거하여 귀납적으로 인정될 것이라고 하였다. 즉 파생되는 검증 가능한 결과들이 풍성하여 관련 주제 전체에 훨씬 더 큰 조망을 주고, 주어진 문제들의 해결에 더 강력한 방법들을 제공하기에 (잘 정립된 물리학 이론에서와 마찬가지로) 그 새로운 공리는 반드시 전제되어 사용되어야 하는 것이다(Gödel, 1990: 182).

실제로 괴델의 후예라 할 수 있는 하버드대학의 우딘을 중심으로 하는 일단의 집합론자들은 사영결정공리가 그러한 예로, 이는 괴델의 판별 방법에 근거하여 '참'인 공리라고 주장한다. 하지만 이들도 괴델이 좀 더 전문적으로 주장했던 '거대기수공리들의 첨가로 연속체 가설의 참, 거짓 여부가 판명될 것'이라는 견해에 대해서는 지금까지 성공적이지 않았다고 인정하고 앞으로도 회의적이라 보고 있다. 그럼에도 이들은 연속체 가설의 진위를 괴델이 제시한 것보다 진일보한 방법으로 판별할 수 있을 것으로 기대하며 연구를 계속하고 있다. 물론 수학자들이 괴델의 견해에 다 동의하는 것은 아니며, 괴델의 견해에 지지를 보내는 전통적 수리논리학자들도 우딘의 주장과 연구에 대해 견해가 나뉜다. 즉 표준 모델이 있다고 해도 꼭 유일한 표준 모델이 있을 필요는 없기에, ZFC를 뛰어넘는 일부의 올바른 공리가 있을지라도 일부의 새로운 공리들은 양방향(즉 긍정과 부정)의 연구가 건설적으로 가능하다는 것이다(현우식·김병한, 2003).

강제법의 해석을 위해서는 표준 모델이 존재한다는 전제만으로도 충분하다. 이 표준 모델 내에 많은 가상의 ZFC의 모델이 표준 모델의 서브 모델로 존재한다. 가상의 모델은 표준 모델이 아님에도 표준 모델에서 이루어지는 모든 현상이 그대로 이루어진다. 뢰벤하임-스콜렘 정리에 의하면 이러한 가상의 모델로 정확히 표준 모델의 성질을 그대로 가지면서 셀 수 있는 것이 존재한다. 표준 모델은 자신의 내부에 존재하는 서브 모델을 인식할 수 있다. 하지만 서브 모델은 표준 모델은커녕 자신을 포함하는 자신보다 큰 서브 모델도 인식할 수 없다. 그럼에도 서브 모델은 자신보다 큰 모델이 가지는 주요 정보를 알고 있다. 강제법은 표준 모델과 그 내부의 서브 모델들 사이 또는 크고 작은 서브 모델들 사이의 정보 교환으로 해석할 수 있다.

예를 들어 3절에서 설명한 것처럼 M이 V의 추이적 서브 모델로 ZFC를 만족하는 것이라 하자. 이때 M의 근원적 부분집합 G를 생각하면, G가 M의 원소가 아니기에 M은 G를 알 수 없다. 앞 절에서 살펴본 것처럼 예를 들어 κ가 M이 인식하는 특정의 무한 기수일 때 P를 $\kappa \times \mathbb{N}$의 유한 부분집합에서 $\{0, 1\}$로 가는 함수들 전체를 모은 집합으로 놓고, 순서 $\leq_P$는, $p, q \in P$에 대하여 $q \subseteq p$이면 $p \leq_P q$인 것으로 정한다. 이때 G가 M 위에서 P의 근원적 부분집합이면 G의 합집합인 '$\cup G$는 $\kappa \times \mathbb{N}$에서 $\{0, 1\}$로 가는 함수'가 된다. M은 G와 $\cup G$를 알 수 없지만, 이들의 P-**이름**(name)을 가지고 있다. 여기서 P-이름이 무엇인지 정의하지는 않겠지만, M의 특정 근원적 집합 G에 대한 확장 모델 $M[G]$를 구성하는 방법은 M에서 P-이름인 것들을 다 모은 $M^P(\subseteq M)$의 원소들에 G-값을 대응시켜 얻어진다($\tau \in M^P$일 때, 이의 G-값을 τ_G라 쓴다). 즉

$$M[G] = \{\tau_G : \tau \in M^P\}$$

인 것이다. 또한 여기서 임의의 M의 원소 a에 대하여 이의 P-이름 $ǎ(\in M^P)$을 대응시킬 수 있는데, 일반적으로 이러한 M의 원소들의 이름들을 다 모은 $Ṁ$은 M^P의 진부분집합으로 M^P보다 작다. M의 원소에, P-이름을 주고 다시 G-값을 주는 것은 자기 자신으로 돌아오는 작용이 된다. 즉 임의의 $a \in M$에 대하여 $ǎ_G = a$가 되기에, $M \subseteq M[G]$임을 알 수 있다. 하지만 G의 P-이름인 $Ǧ$도 M^P의 원소이고(물론 $G \notin M$이기에 $Ǧ \notin Ṁ$이다), 이의 G-값은 다시 G가 되기에 $G \in M[G]$이다. M은 사실 G의 P-이름뿐 아니라, $\cup G$의 이름도 가지고 있다. 따라서 위에서 언급한 '$\cup G$는 $\kappa \times \mathbb{N}$에서 $\{0, 1\}$로 가는 함수이다'라는 명제는 $\cup G$가 M의 원소가 아니기에, M에서 진위는커녕 문장도 성립할 수 없다. 하지만 이 명제의 명사들인 $\cup G$와 $\kappa \times \mathbb{N}$, $\{0, 1\}$을 이의 P-이름으로 바꾼 명제는 M이 이해할 수 있는 명제이다. 이렇게 바꾼 명제를 M이 이해할 수 있다는 것은 매우 획기적인 사실이다. 이 논거를 바탕으로 강제법을 사용하면, 놀랍게도 M이 '어떠한 근원적 집합에 대한 확장 모델에서도 원래 명제가 항상 참이 되는 것'을 안다는 것이다.

M은 자신의 세계가 표준 모델의 세계인지 아닌지를 스스로 알 수는 없지만, 이를 짐작하거나 또는 자신에게 한계가 있고 이를 외부 세계가 알지도 모른다는(예를 들어 실은 자신의 세계가 셀 수 있는 크기이고, 자신이 (자신의 세계에서) 셀 수 없는 집합으로 인식하는 것들이 외부 세계에서는 셀 수 있는 것일지도 모른다는) 상상을 할 수 있을 것이다. 최소한 M은 G를 모르지만 이것의 이름은 가지고 있다. 일종의 외부 세계의 자신의 세계로의 현현 또는 그림자인 이 이름을 가지고 고심하면 M이 외부 세계(여러

$M[G]$가 가지고 있는 공통적인 성질)에 대한 일정 정보를 알 수 있는 길이 강제법을 통해 열리는 것이다. 강제법은 M에게 있어 초월적 존재와 만나는 길이고, 교류할 통로를 제공한다. 엄밀하게 확인된 절차가 아니면 한 치 앞도 나아갈 수 없는 수학의 연구 성과가 어찌 보면 인간과 초월자에 대한 이러한 유비를 드러낸다는 사실만으로도 강제법이 가지고 있는 시적 요소를 음미해볼 수 있다.

이러한 강제법은 그러면 연속체 가설이 참인지 거짓인지에 대한 결정에 대해 어떠한 실마리를 제공하는가? 실재론을 배경으로 하여 논의를 전개한 것은 실재론의 입장에서 괴델의 주장처럼 표준 모델 내에서 연속체 가설의 참 거짓 여부가 둘 중 하나로 결정되어야 한다는 입장을 받아들인다면, 강제법이 무엇을 말하고 있는가를 살펴보기 위함이었다. 하지만 이에 대한 집합론자들의 연구 성과는 매우 놀랍다. 강제법을 통해 학자들이 얻은 결과는, 표준 모델이 있다고 할지라도 이것의 서브 모델들은 너무나도 변화무쌍하여 ZFC를 만족한다는 공통적 사실 외에는 $2^{\aleph_0}$의 크기에 대해 전혀 가늠할 수 없다는 것이다. 즉 어떠한 서브 모델에서는 연속체 가설이 참(즉 $\aleph_1 = 2^{\aleph_0}$)이지만, 좀 더 발전된 형태의 강제법을 사용하면 다른 서브 모델에서는 $2^{\aleph_0}$가 그야말로 (ZFC의 결과인 $2^{\aleph_0} \neq \aleph_\omega$인 경우 등을 제외하고) 어떠한 기수로도 나타나며, 심지어 거대 기수로 나타나는 경우까지 있는 것이다. 따라서 강제법을 통한, 이러한 통상적 상대적 무모순성의 확립으론 표준 모델의 존재를 받아들인다 해도 연속체의 크기를 결정하는 것에는 소득이 없다고 보인다. 강제법의 실재론적 해석은 그래서 연속체 가설을 결정하는 것에 목적을 두기 어렵다. 오히려 실재론적 입장으로 보더라도 표준 모델의 내부에서 일어나는 현상이나 이의 서브 모델들 사이의 연결에 대하여, 제한적인 인간과 초월자 사이의 관계와 같은, 때론 시적이거나 환상적이고 신학적이기까지 한 유비가 강제법을 통해 가능하다는 것이다. 강제법의 실재론적 해석이 연속체 가설의 결정에 도움을 주기는 어렵더라도, 실재론적 관점에서 연속체 가설이나 이의 부정 중 하나만이 참이라는 관점은 여전히 의미가 있다. 하지만 실재론적 입장으로 살펴본다고 하더라도 모든 집합론의 명제에 결정론적인 답을 기대하는 것에 대해서는, 현실 공간에서 일어나는 현상이나 집합론의 연구 결과 모두가 그다지 호응하고 있지는 않은 것으로 보인다.

4. 보충: 기초 개념들의 정의

이 절에서는 앞에서 언급된 기초 집합론 또는 수리논리 기초 개념들의 정의를 요약하겠다.

형식논리 체계에서 $P(x)$란 '(변수) x가 조건 P를 만족한다'는 의미이다. 집합론에서 변수의 대상들은 모두 집합이고 집합의 원소들도 모두 집합이다. 그러므로 집합론에서 $P(x)$란 '집합 x가 조건 P를 만족한다'는 뜻이다. 따라서 $\{x \mid P(x)\}$는 P를 만족하는 집합들을 다 모은 것이다. 집합론 형식 체계에서 이러한 형태로 표시할 수 있는 것을 클래스라 부른다. 그러나 클래스가 항상 형식적으로 존재하는 것(즉 항상 집합인 것)은 아니다. 예를 들어 본문에서 언급한 것처럼 $P(x)$를 $x \notin x$로 놓으면 $\{x \mid x \notin x\}$는

집합론 형식 체계에서 존재하지 않는다는 결론이 얻어진다. 즉 $\{x\,|\,x\notin x\}$는 집합이 아니고 클래스일 뿐이다. 물론 역시 앞에서 언급한 것처럼 만일 A가 집합이면 $\{x\in A\,|\,x\notin x\}$도 분리공리에 의해 집합이 된다. 한편으로 공집합 $\emptyset = \{x\,|\,x\neq x\}$는 집합임이 형식적으로 확인된다.

집합 A와 B가 주어졌을 때, $a\in A$란 집합 a가 A의 원소란 뜻이다. 또 $A\subseteq B$란 A가 B의 **부분집합**, 즉 A의 모든 원소들이 B의 원소라는 뜻이다. B의 부분집합이지만 B와 같지는 않은 집합을 B의 **진(眞)부분집합**이라고 한다. 두 집합 A, B의 **합집합** $A\cup B = \{x\,|\,x\in A,\ \text{또는}\ x\in B\}$는 두 집합의 원소들을 다 모은 것이고, **교집합** $A\cap B = \{x\,|\,x\in A \text{이고}\ x\in B\}$는 두 집합에 공통으로 속한 원소들을 모은 것이다. 집합 A, B가 **서로소**(disjoint)란 $A\cap B$가 공집합임을 뜻한다. **곱** $A\times B$는 $\{(x,y)\,|\,x\in A,\ y\in B\}$를 뜻한다. 여기서 (a, b)란 집합 a와 b의 **순서쌍**인데 $(a, b) = \{\{a\}\{a, b\}\}$로 놓으면 a를 먼저 놓고 b를 나중에 놓은 쌍으로 볼 수 있다. 곱, 합집합, 교집합 모두 집합으로, 즉 형식적으로 존재한다는 것을 보일 수 있다. 집합 A 자신의 **합집합** $\cup A$는 A의 원소들의 원소들을 다 모은 것이다. 즉 $A = \{a, b, c, ...\}$라 하면 $\cup A = a\cup b\cup c...$가 되는 것이다.

만일 $A\times A$의 적당한 부분집합 R이 있어 R이 **순서 관계**를 만족하면, 집합 A를(정확히는 (A, R)을) **순서집합**이라 부른다. R이 **순서 관계**를 만족한다는 것은 이것이 **반사적**(reflexive. 즉 모든 $a\in A$에 대해 (a, a)가 R에 있다)이고, **반대칭적**(antisymmetric. 즉 $(a,$

b), $(b, a) \in R$이면 $a = b$이다)이며, **추이적**(transitive. (a, b), $(b, c) \in R$이면 $(a, c) \in R$이다)이란 것이다. 때로 $(a, b) \in R$임을 aRb로도 표기한다. R이 순서 관계이면 aRb를 'a가 b보다 작거나 같다'로 읽는다. $(P, \leq)$가 순서집합이라 할 때, 이 순서가 **정렬**(well-ordered)이라는 것은, P의 임의의 공집합이 아닌 부분집합 B에 항상 최소 원소 b (즉 $c \leq b$이고 $c \in B$이면 $c = b$이다)가 있는 경우이다.

$f \subseteq A \times B$일 때 f가 다음을 만족하면 이를 A**에서** B**로 가는 함수**($f: A \to B$로 표기)라 부른다.

즉 '모든 $a \in A$에 대하여 유일한 $b \in B$가 있어 $(a, b) \in f$이다.' 이때 b를 'f에서 a의 함수 값'으로 부르고 $f(a)$로 표기한다. 역으로 모든 $b \in B$에 대하여 유일한 $a \in A$가 있어 $(a, b) \in f$인 것도 만족하면, 함수 f를 두 집합 A, B 사이의 **일대일대응**이라 부른다. 집합 A가 **셀 수 있다**는 것은 유한집합이거나 또는 자연수 집합 $\mathbb{N}$과 일대일대응이 된다는 것이다.

순서집합 $(P, \leq)$가 주어지고, $D \subseteq P$라 하자. 만일 모든 P의 원소에 대하여 이보다 작거나 같은 원소가 D에 항상 있으면 D를 P의 **조밀한**(dense) 부분집합이라 부른다.

한편 D가 다음 두 가지 성질을 만족하면 D를 P의 **필터**(filter)라고 부른다.
1. 모든 $p, q \in D$에 대하여 적당한 $r \in D$이 있어 $r \leq p, q$이다.
2. 모든 $p \in D, q \in P$에 대해, 만일 $p \leq q$이면 $q \in D$이다.

순서집합 P가 **셀 수 있는 사슬 조건**을 만족한다는 것은, 만일 B가 P의 임의의 셀 수 없는 부분집합이라면 반드시 B의 서로 다른 두 원소가 있어 이 두 원소보다 작은 원소가 P에 있다는 것이다.

클래스 M이 ZFC의 모델이고 순서집합 P가 M의 원소로 주어졌을 때, P의 필터인 부분집합 G가 다음을 만족하면 G를 **M 위에서 P의 근원적 부분집합**이라 부른다. 만일 D가 P의 조밀한 부분집합이면서 M의 원소이면, G와 D는 서로소가 아니다.

'마틴의 공리'는(Kunen, 1992) 연속체 기수 $2^{\aleph_0}$보다 작은 임의의 기수 κ에 대하여 다음이 성립한다는 것이다. P를 공집합이 아닌 c.c.c.를 만족하는 순서집합이라 하고, Δ는 P의 조밀한 부분집합들을 κ개 이하로 모은 집합이라고 하자. 이때 필터인 P의 부분집합 G가 존재하여 Δ의 모든 원소와 서로소가 아니다. 연속체 가설은 마틴의 공리를 유도한다. 하지만 마틴의 공리는 연속체 가설의 부정과 모순을 일으키지 않으며, ZFC 공리들과도 독립이다 (Kunen, 1992).

참고 문헌

김병한, 2006, 「괴델과 그의 불완전성정리」, 『대한수학회소식』 107: 7-14.
현우식·김병한, 2003, 「신학과 수학에서의 진리와 믿음: 사영결정공리의 신학적 함의」, 『신학사상』 123: 263-291.
Benacerraf, Paul and Hilary Putnam, 1998, *Philosophy of Mathematics: Selected Readings*, Cambridge: Cambridge University Press.
Dawson, John W. Jr., 2005, *Logical Dilemmas: The Life and Work of Kurt Gödel*, Wellesley: A K Peters.
Eves, Howard, 1990, *An Introduction to the History of Mathematics*, Philadelphia:

Saunders Publishing.

Fields, Hartry H., 1980, *Science without Numbers: A Defense of Nominalism*, Princeton: Princeton University Press.

Gödel, Kurt, 1990, *Collected Works: Volume II: Publications 1938-1974*, edited by Solomon Feferman et al., New York and Oxford: Oxford University Press.

Jech, Thomas, 2006[1978], *Set Theory*, Berlin: Springer.

Kneale, William and Martha Kneale, 2008[1962], *The Development of Logic*, Oxford: Oxford University Press.

Kunen, Kenneth, 1992[1980], *Set Theory*, Amsterdam: North-Holland.

Moore, Gregory H., 2013[1982], *Zermelo's Axiom of Choice: Its Origins, Development, & Influence*, New York: Dover Publications.

Shapiro, Stewart, 2000, *Thinking about Mathematics: The Philosophy of Mathematics*, Oxford: Oxford University Press.

Shapiro, Stewart(ed.), 2007, *The Oxford Handbook of Philosophy of Mathematics and Logic*, Oxford: Oxford University Press.

인디트랜스 정기 세미나 '수학+존재+시'의 토론 시간. 2014년 2월 17일 고등과학원 세미나실 1423호.

2

몸, 소리, 과학

$$\hat{R}_{ij} = d\hat{\Omega}_{ij} + \hat{\Omega}_{ik}\wedge\ldots$$

$$= \cdots + (-\tfrac{1}{4}L^2 F_{ij}\ldots$$

$\hat{R}_{ij} - \tfrac{1}{2}\hat{R}_{jpq}$ 의 합

$$\hat{R}_{jpq} = -\tfrac{1}{2}L^2 F_{ij}F_{pq}$$

$$\Downarrow$$

$$(-\tfrac{1}{2}L^2 F^2 - $$

물리학자 이필진 교수의 칠판, 2015년 7월 6일 고등과학원 연구실.

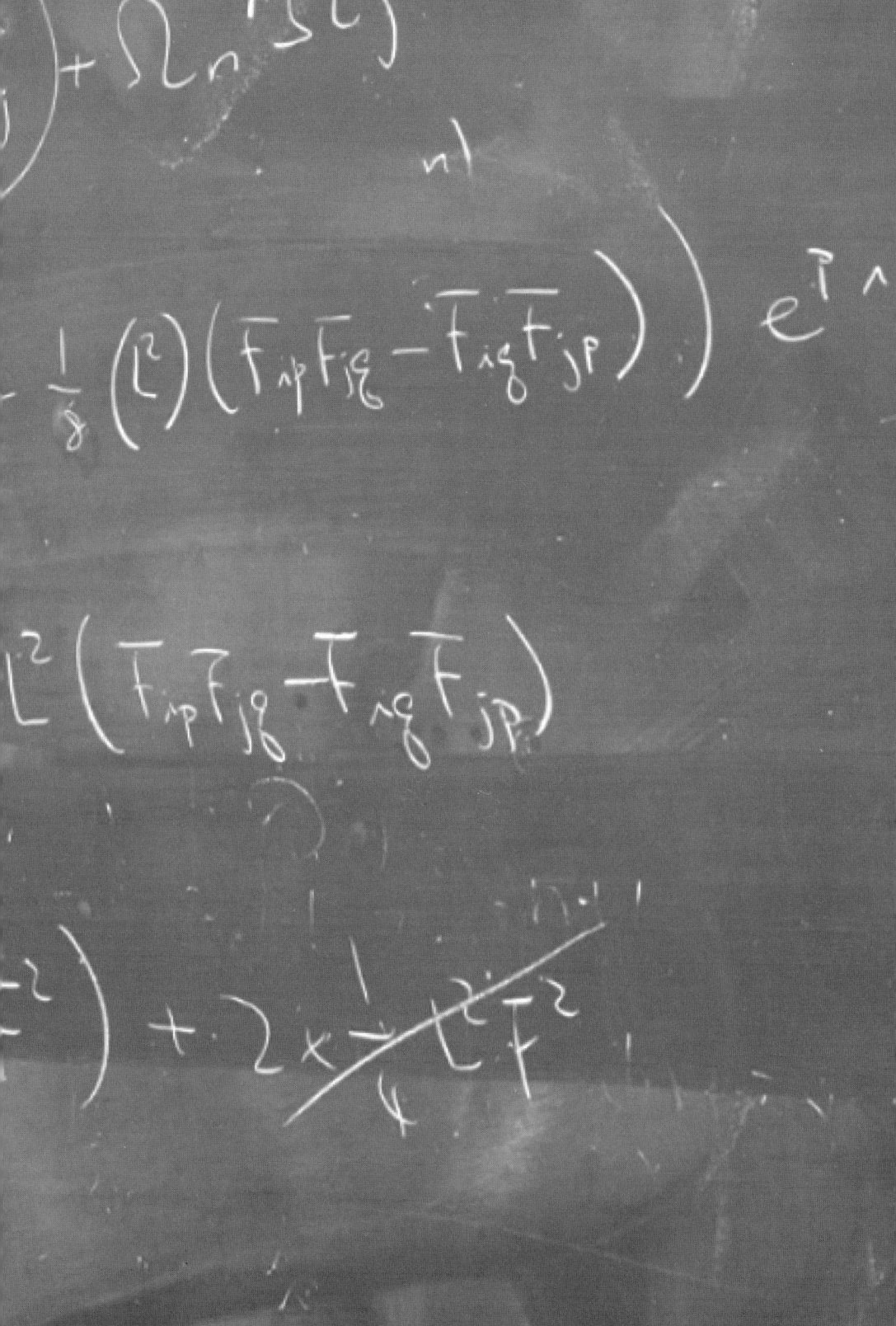

중력과 몸 사이에서
말하기

정영두

저만치 가을이 다가오는 소리가 들리는 것 같다. 점점 변해가는 나뭇잎들의 색깔과 선선한 바람, 그리고 사람들의 옷차림에서 우리는 가을을 조금씩 느낄 수 있다. 하지만 무엇보다도 가을을 떠올리면 쓸쓸함과 고독을 빼놓을 수 없다. 트렌치코트로 몸을 감싼 채 지나버렸거나, 혹은 아직 다가오지 않은 것들에 대해 지긋하게 생각하고 있는 모습은 영락없는 가을이다. 그리고 어깨를 스치며 떨어지는 낙엽은 가을을 더 진하게 만든다. 싹을 틔우고 하늘을 향해 마음껏 뻗어왔던 나뭇잎들이 더 이상 뻗어 나갈 곳이 없어서인지 아니면 충분하게 뻗었다고 느꼈기 때문인지 모르겠지만, 가을이라는 계절이 오면 나뭇잎들은 하늘을 포기하고 땅으로의 아름다운 추락을 시도한다. 주렁주렁 가지 끝에 매달려 있던 감, 대추, 밤, 은행 등 많은 열매가 아름다운 추락에 동참한다. 그리고 그 추락을 목격한 사람들 마음속에는 어떤 기분 하나가 만들어진다. 목격한 사람들마다 마음속에 돋아난 기분이 다르겠지만, 대부분의 사람들은 그 광경을 통해 시간의 변화를 경험하고 자신의 변화를 느끼게 될 것이다. 왜 땅으로 떨어지는 낙엽을 보면 쓸쓸한 마음을 가지게 되는 것일까? 떨어진다, 추락한다는 것은 도대체 우리에게 무엇일까?

사람의 감정이나 생각은 몸과 따로 분리될 수 없다. 몸이라는 구체적인 틀이 있어야 그곳에 마음을 담을 수 있다. 그러므로 추락하는 것은 낙엽만이 아니다. 그것을 목격한 그 사람의 기분, 그리고 그 기분을 담고 있는 몸도 역시 함께 추락하는 것이다. 사람은 본능적으로 자연에 반응하고 자연과 교감한다. 이것은 사람이 자연의 일부로 살아가고 있고 자연과 원초적인 관계를 맺고 있다는 것을 말해준다.

사람이 현재의 몸의 구조와 그에 따른 기능들을 가지게 된 가장 큰 이유는, 지구라는 자연환경에서 적응하고 살아남고자 했기 때문이다. 지구가 가지고 있는 환경적 조건 중에 중력은 가장 강력하게 사람의 몸에 영향을 미친다. 중력은 지구가 스스로 가지는 조건이 아니라 우주의 조건 안에서 만들어지는 힘이다. 그러므로 사람의 몸은 결국 우주의 조건과 깊은 관계를 맺고 있다고 해도 결코 과언이 아닐 것이다.

손에서 미끄러져 떨어진 접시, 땅에 떨어져 개울을 만드는 빗방울, 처마를 타고 아래로 향해 매달리는 고드름, 나뭇가지를 놓쳐 떨어진 원숭이. 모두 중력이라는 마법 때문에 생기는 현상들이다. 걷기, 달리기, 뛰기, 매달리기 등의 모든 움직임이 중력이 존재하기 때문에 가능한 움직임들이다. 사람의 움직임만이 아니다. 어둠을 밝혀주는 가로등부터 높은 빌딩들까지 모든 문명은 중력과의 투쟁으로 얻어진 산물이다. 하지만 현실에서 우리는 중력 안에 존재하고 있다는 것을 잊어버리고 살아간다. 넘어지거나 떨어져서 상처를 입을 때, 또는 잘못된 자세로 뼈와 척추에 문제가 생길 때 중력이라는 힘에 아주 잠시 관심을 가지게 될 뿐이다. 사람이 태어나서 죽음을 맞이할 때까지의 과정은 중력으로부터 자유를 얻기 위한 과정이라고도 말할 수 있을 것이다.

사람들은 두 발로 서서 활동하다가 힘들고 피곤하면 앉거나 눕는다. 중력에 저항하지 않고 순응하는 것을 통해 무게를 골고루 분산시켜서 긴장된 근육들을 이완시키는 자연스러운 반응이다. 사람들이 밤하늘의 움직임이나 계절의 변화를 통해 우주의 이치를 깨닫고 싶어 하는 것처럼, 사람의 몸을 통해 우주의 비밀을 풀고자 하는 것 역시 지극히 당연하다고 할 수 있다. 지구라는

정영두 작가가 몸과 중력이 무용에서 어떻게 관계 맺는가에 대해 동작으로 보여주며 이야기했다.
2014년 4월 18일 고등과학원 세미나실 1503호.

환경에서 살아남기 위해서는 지구의 중력을 이용할 수 있어야만 한다. 중력의 존재 이유와 사람의 존재 이유를 따로 떼놓고 설명하기는 어려울 것이다. 중력을 통해 사람의 몸을 이해할 수도 있지만, 거꾸로 사람의 몸을 통해 중력을 이해할 수도 있다.

사람의 행위 중에 가장 기본적인 행위라고 할 수 있는 "두 발로 서기"는 중력이라는 괴물과 싸워 몸을 완벽한 수직의 형태를 만들지 않으면 안 되는 자세이다. 그래서 아기들이 뒤집기에 성공할 때, 손과 발로 바닥을 밀면서 이동할 때, 스스로 척추를 세워 앉을 때 부모들은 기쁨의 박수를 보낸다. 하지만 무엇보다도 가장 기쁜 순간은, 드디어 벽이나 물건에 몸을 지지하면서 아기가 두 발로 처음 서게 되는 바로 그 순간이다. 그 순간에는 기쁘다는 말로는 도저히 표현할 수 없을 정도의 환희와 여러 감정을 경험하게 된다.

아기가 스스로 두 발로 섰다는 것은 중력을 이겨내고 수직과 균형을 이해했다는 뜻이다. 섰다, 서 있다는 것은 단순하게 몸의 형태를 수직으로 만들었다는 것을 넘어서서 드디어, 하나의 독립된 존재로 살아갈 수 있는 가능성을 인정받는 것과도 같다. 어쩌면 사람에게 있어서는 가장 힘들고도 큰 변화의 순간일 것이다.

땅을 딛고 수직으로 서는 행위를 통해 우리는 균형을 알아간다. 가만히 서 있는 동작은 얼핏 쉬워 보이지만, 결코 쉬운 동작이 아니다. 무수히 많은 뼈와 관절, 그리고 근육들이 수직으로 관통하는 중력의 중심을 찾아 끊임없이 일하는 과정을 통해서만 이 비로소 수행될 수 있는 동작이나. 자신의 몸에 집중해서 서 있는 상태를 느껴보면 누구라도 금방 알 수 있을 것이다. 미세하게

흔들리는 중심에 넘어지지 않기 위해 발가락, 발목, 종아리 근육 등의 수많은 신체기관이 최선을 다해 일하고 있다. 눈을 감으면 더 잘 느낄 수 있다. 두 발로 서는 행위는 모든 인간의 가장 기본이 되는 행위이자 많은 무용에서 바른 자세를 확인하는 첫 번째 단계이기도 하다. 발레, 한국무용, 현대무용 할 것 없이 무용을 하는 많은 무용가가 바르게 서 있기 위해서 수없이 반복해서 훈련한다. 서 있는 자세만으로도 그 무용가의 실력을 알 수 있을 정도이다.

인간은 사소한 움직임 하나를 위해 중력의 힘을 이용 또는 역이용하면서 살아가고 있다. 중력을 거부하면서 살아갈 수는 없다. 다른 행성이나 우주로 가지 않는다면 말이다. 중력은 자연의 일부이다. 그러므로 자연스러운 움직임을 위해서는 결국 중력을 잘 느끼고 거기에 반응하는 것이 필요하다. 뼈가 바로 선 상태에서 근육이 편안하게 이완되어 있을 때 호흡은 부드럽고 편안해진다. 호흡이 편안해지면 움직임의 흐름이 자연스러워진다. 움직임이 자연스러워지면 많은 에너지를 사용하지 않고도 간결하면서도 효율적인 움직임을 이끌어낼 수 있다. 이 상태에 도달하기 위해서는 중력의 부름에 순수하게 응답할 수 있어야 한다.

무용에서 가장 먼저 배우는 동작 중의 하나는 바로 무릎을 구부렸다 펴는 행위일 것이다. 종류를 불문하고 모든 무용에서 중요하게 여기는 훈련이라고 할 수 있다. 다리 힘이 튼튼하지 않고 중심 이동이 자연스럽지 않으면 상체 움직임 역시 자유롭지 못하다.

또 무용에서 가장 많이 사용하는 단어는 "땅"일 것이다. 땅

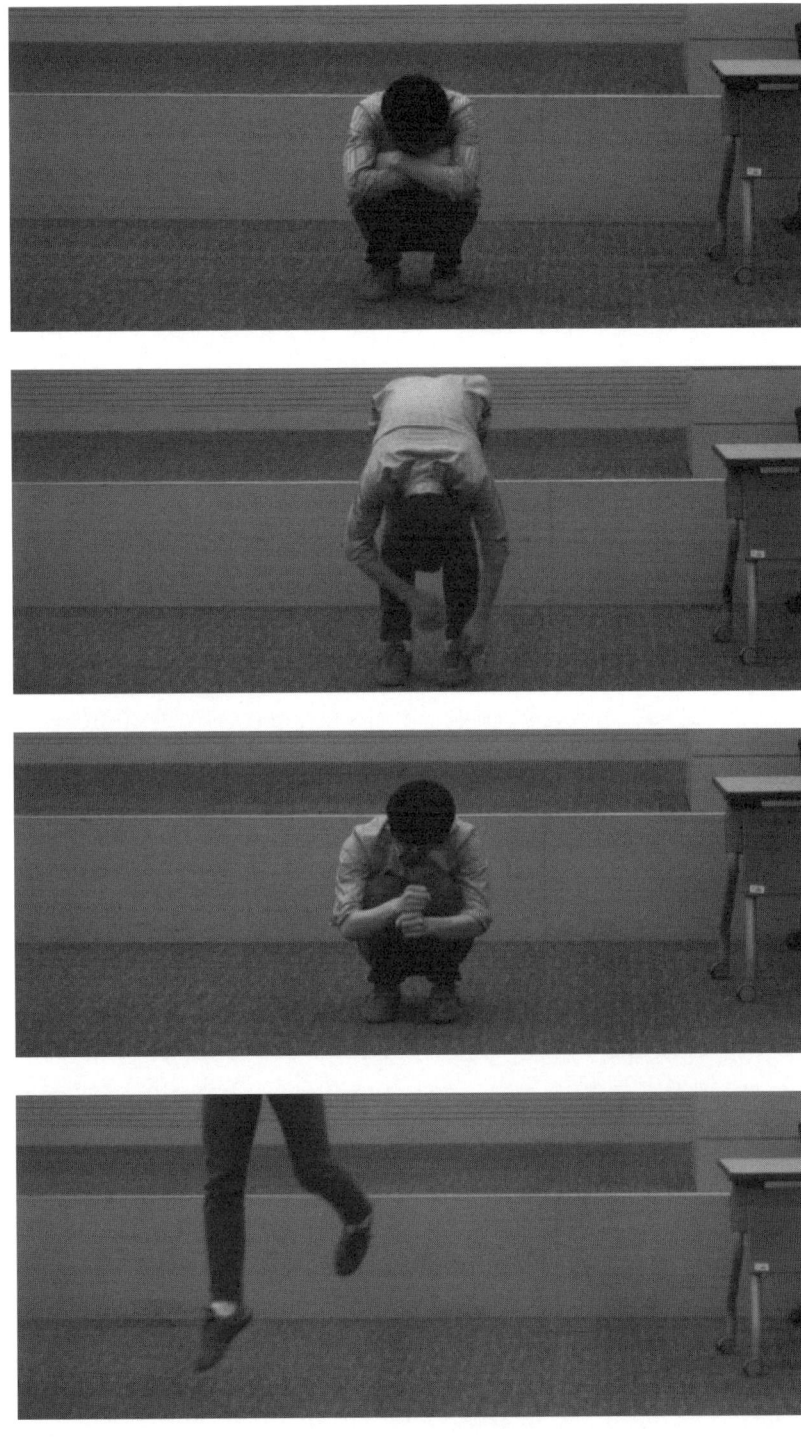

을 깊이 밟듯이, 땅을 밀듯이, 땅에 스치듯이, 땅을 힘껏 밀어내듯이, 땅의 기운을 느끼면서, 땅을 박차고 등 무수히 많은 동작을 설명하는 과정에서 땅이라는 단어는 결코 빠질 수 없다. 땅을 느끼고 이용한다는 것은 곧 중력을 느끼고 이용한다는 것과 같은 표현이다. 균형을 잘 찾게 되면 아주 적은 힘만을 사용하고도 무게를 잘 이용할 수 있지만, 반대로 균형을 정확하게 찾지 못하면 불필요한 힘을 많이 사용하게 되고 움직임도 딱딱해지고 흐름도 부드럽지 못하게 된다. 발바닥으로 땅의 기운을 깊이 느끼고 손끝, 머리끝까지 끌어올릴 수 있어야 움직임에 힘이 생기고 존재감이 명확해진다. 이렇게 중력이라는 과학적 사실을 깨닫기 훨씬 이전부터 인간은 몸을 통해 중력을 이해하고 인정하고 있었다.

현대무용은 여러 특징을 가지고 있지만, 그중에서도 동작이 스스로 독립성을 가지는 것이 큰 특징이라고 할 수 있다. 고전발레에서는 동작이 이야기나 메시지를 전달하는 수단으로 사용되지만, 현대무용에서는 동작 그 자체를 무용의 본질로 여기기 시작했다. (물론 이야기나 메시지를 담아내고 고전발레의 동작들을 적극적으로 이용하는 현대무용도 있다. 고전발레에 비해 상대적인 특징을 얘기하는 것이니 오해 없기를 바란다.)

현대무용에서는 중력, 무게, 방향 등의 단어를 훨씬 자주 구체적으로 사용한다. 신과 자연을 숭배하거나 감정과 이야기를 전달하고자 했던 과거의 무용들과 달리 자신이 속해 있는 어떤 체재에서 벗어나 개인과 순수한 움직임 그 자체에 집중하려고 한다. 근현대를 거치면서 발견된 많은 과학적 사실이 그러한 요구를 이끌어내는 데 좋은 역할을 했다. 즉 어떤 절대적인 기준으로부터 벗어나 자기 자신에게 더욱 집중할 수 있는 여건이 만들

어진 것이다. 이렇게 현대무용에서는 과학적 발견들을 몸과 움직임을 이해하는 조건으로 적극적으로 적용하고 수용했다. 현대무용에서는 바닥(floor)을 이용한 움직임이 많이 발달해 있다. 단순히 발바닥이나 특정 부분만을 바닥에 닿게 하는 것이 아니라 거의 모든 몸의 면이 바닥과 만나도록 훈련한다. 이것은 중력이 이끄는 대로 몸을 맡기는 데에 중요한 훈련이다. 좀 더 자연스러운 움직임과 이완을 느끼고 이용하기 위해서는 중력을 충분히 이용하지 않으면 안 된다.

결국 몸을 이해한다는 것은 중력을 이해한다는 것과 같고 중력을 이해한다는 것은 자연, 자연스러움을 이해한다는 것과 같다. 자연스러운 연기, 자연스러운 발성, 자연스러운 움직임. 여기서 자연스럽다는 것은 뭔가 억지스러운 것이 아닌 모두가 납득할 만한 편안한 흐름을 얘기한다. 어딘가 불편하고 인위적인 것들을 우리는 자연스럽다고 표현하지 않는다. 많은 현대무용의 메소드들이 근육을 과도하게 사용하기보다는 힘이 느껴지지 않을 정도로 이완된 상태를 추구한다. 즉 자연스러운 움직임을 추구하는 것이다. 발레가 중력을 이겨내고 하늘을 지향하는 동작이 많은 예술이라면, 현대무용에는 중력에 순응하고 땅을 지향하는 동작이 많다. 발레에서는 땅을 박차고 얼마나 높이 하늘로 뛰어오를 수 있는가에 따라 무용수의 기량을 평가하기도 한다. 거꾸로 현대무용에서는 얼마나 부드럽게 바닥에 쓰러지는가를 통해 기량이 드러나기도 한다. 하지만 결국 발레든 현대무용이든 중력을 이용한다는 것은 똑같다. 중력을 이용하는 방법이 서로 다를 뿐이지, 본질적인 부분은 서로 다르지 않다.

중력을 잘 느끼기 위해서는 움직이고 있는 신체 부위의 무

게를 느끼는 것도 중요하다. 무게를 느끼지 못한다는 것은 중력을 느끼지 못한다는 것이고, 중력을 느끼지 못한다는 것은 내 몸을 감싸고 있는 근원적인 힘을 느끼지 못한다는 것이다.

정수리부터 목을 타고 등과 허리로 흘러 골반과 허벅지를 지나 무릎과 종아리, 발목과 발바닥을 지나 땅으로 관통하는 중력을 느끼는 순간은, 무용가들에게도 쉽게 허락되지 않는 순간이다. 같은 동작을 수없이 반복해서 훈련하는 이유도 완벽한 수직, 완벽한 균형을 만나기 위해서다. 많은 무용가가 자연의 움직임을 탐한다. 웅덩이와 돌을 자유롭게 타고 넘는 물, 바람을 자유자재로 받아내는 나뭇가지, 물의 흐름을 읽어내는 물고기의 지느러미, 중력이 이끄는 대로 순수하게 떨어지는 낙엽, 모두 무용가에게는 질투의 대상들이다.

중력은 뉴턴이나 우주 비행사들만의 것이 아니다. 지금 이 순간에도 중력은 우리 몸을 타고 지구의 중심으로 흘러들어가고 있다. 상상할 수 없을 정도로 오랜 시간 동안 중력은 우리의 몸을 만들어왔고 우리는 거기에 맞춰 진화해오고 있다. 사람은 자연에서 독립해서 따로 살아갈 수 없다. 그 어떤 새로운 움직임을 만들었다 해도 결국 중력이 허락한 가능성 안에서 벗어날 수 없다. 우리는 중력을 조금 더 섬세하게 느끼고 존중함으로써 새로운 몸을 느낄 수 있고 그로 인해 몸이 새롭게 사고하는 방식을 얻을 수 있다. 흔히 "사고"와 "행위" 둘 중에 항상 사고하는 과정이 선행되고 나서야 행위가 뒤따른다고 생각하기 쉽다. 하지만 행위를 통해서 사고가 달라지는 경우도 많다는 것을 잊지 말아야 한다.

자신이 추락하는 것을 통해 가을을 알리는 나뭇잎들, 그리고 많은 열매, 거기에 내 몸을 담아서 함께 땅으로의 추락을 시도해보자. 추락한 그곳에 지금 내 몸의 상태와 위치를 파악할 수 있는 좌표가 있을지도 모를 일이다.

가능한 조건과
새로운 미신

류한길

하나의 빈 공간이 있고 소리가 발생하는 몇 개의 오브제가 있다.

각각의 오브제로부터 연속적이고 작은 소리가 들린다.

이때 관객은 입장과 동시에 가장 가까이에 있는 오브제들의 소리와 모든 오브제의 소리가 공간 안에서 반사되는 전체적인 음향의 상(像)을 경험하게 된다. 이는 우리에게 어떤 음향적 풍경에 대한 관조적인 시선을 먼저 제공해준다. 여기까지는 관객은 관객이라는 자신의 위치를 포기하지 않는다.

관객은 공간을, 오브제 사이를 자유롭게 걸어 다닐 수 있다. 오브제에 다가감으로써 오브제가 내는 소리를 더 선명하게 들을 수 있다.

만일 오브제가 내는 소리의 음정과 음색, 공간 속의 위치에 따른 반사가 매우 정교하게 조정된 것이라면, 관객은 자신의 시선의 방향, 움직이는 방향, 걸음걸이의 속도, 걸음걸이의 속도 변화, 한자리에 머무는 시간과 자신이 있는 위치에 따라 변화하는 서로 다른 소리들의 배치와 구성을 경험할 수 있게 된다.

이제 관객은 스스로 자신의 위치, 이동 속도 등을 바꾸어가면서 자신에게 들려오는 소리의 구성을 조직할 수 있게 된다. 이제 관객은 단순히 감상자가 아니라, 주체적인 작곡가이자 연주자가 된다. 동시에 이 과정에서의 관객의 주체적 이동성과 시간성은 하나의 악보로서 표기될 수도 있을 것이다. 나아가서 그 악보는 관객의 취향, 관심사, 전문성에 따라 오선지의 방식을 필요로 하지 않을 수도 있다. 텍스트 스코어, 다이어그램, 문학적 서술, 화살표와 시간 기록, 추상적인 지도 등 모든 방식이 가능할 것이고 오선지 위의 음표들이 아니어도 충분히 악보라는 사실을 인지할 수 있을 것이다.

　최초에 이 공간을 구성하는 사람은 소리가 나는 오브제를 선택하고 공간 안에서, 그리고 청각적 환경 안에서 오브제가 잘 작동하도록 배치와 구성을 한다. 이때 오브제의 배치에 따른 소리 변화를 더 선명하게 하기 위한 방법 또는 선명도를 오히려 떨어뜨리려는 방법을 선택할 수 있다.

　이 배치와 구성의 단계에서 여러 가지 예상 변수(시간, 계절, 기후, 습도, 공간을 구성하는 재질 등 소리에 미세한 변화를 줄 수 있는 모든 요소)들을 고려할 수도 있고 거기에 일종의 음악적 기준을 적용할 수도 있으며 오브제가 어떤 소리를 내느냐에 따라 공간과 소리를 통한 문학적 서사 구조, 건축적 방향성을 생각하거나 적용해볼 수 있다.

　이 공간을 구성하는 사람은 적어도 이 상황에 대한 통제와 선택을 할 수 있다는 점에서 초월적 권력을 가진 것이지만 한 가지 그의 권력이 미치지 않는 것이 있다. 즉 제한적인 공간이라고 해도 정도의 차이만 있을 뿐, 관객의 주체적 이동성 그 자체는 그가 통제할 수 없는 것이다. 오히려 그는 관객에 의해 주체적으로 생성될 수 있는 음악, 문학, 건축 기타 등등에 대한 '가능한 조건'을 공간적으로 디자인하게 된다.

　이제 우리는 음악, 문학, 건축과 기타 등등의 '가능한 조건'을 발생시키는, 그러나 인간의 삶의 편안함을 고려하지 않을 수 있는 건축가, 공간 디자이너 그리고 인테리어 디자이너의 존재를 생각할 수 있다. '가능한 조건' 속에서 배치되는 객체들 모두

류한길 작가가 이필진 교수, 정영두 작가와 세미나 전에 만나서 나눈 대화 내용을 고려해 새로운 장치를 만들었고, 세미나 현장에 가져와서 즉흥 연주를 했다. 2014년 4월 18일 고등과학원 세미나실 1503호.

스스로의 추상화를 통해 또 다른 '가능한 조건'의 연쇄를 일으키는 존재로 파악할 수 있다.

전통적으로 '삶의 편안함'을 우선적으로 고려하던 특정 영역 전문가가 아닌, '삶의 편안함'이 우선적인 고려 대상이 아닌 특정 영역 전문가의 '가능한 조건'의 기획이란 수많은 악보가 특정 조건 속에서 즉흥적으로 생성되는 텅 빈 주크박스, 아직 작곡되지 않은 음악의 저장고, 아직 쓰이지 않은 문학, 음악과 문학의 가능성을 탑재한 도면의 청사진이 될 것이다.

'가능한 조건'은 이런 식으로 무한히 확장될 수 있는데 천문학, 생명공학, 화학 그리고 당연히 물리학, 음향학 등을 통해서도 '가능한 조건'은 끊임없이 생성된다.

이제 음향 오브제가 배치되는 공간을 만들어내는 사람이 어떤 합리적 효율성에만 입각하여 오브제 배치를 했다고 가정하자. 효율성에 대한 믿음과 필요는 분명한 목적을 가질 때 나타난다. 효율성을 경험적 패턴의 증폭으로 생각하면 그것은 하나의 목적을 향해 작동하는 시스템이 될 것이다. 효율적 시스템은 효율적 효과, 즉 목적을 정확히 전달하기 위해 여러 갈래로 뻗어나가려는 '가능한 조건'의 일부를 일종의 노이즈로 판단한다. 따라서 많은 통제, 제한, 여과 장치를 둘 수밖에 없어진다. 예를 들어 공간을 통해 정확하게 전달되는 전체적 음향 풍경 자체가 소위 공간을 창조한 사람의 것, 즉 그의 작품으로 크레딧을 가져야 하는 경우 또는 전체적 음향 풍경 자체를 하나의 작곡된 음악, 하나의 완료된 건축 등으로 생각할 때 특정한 제한선 이상의 접근,

이동, 이해를 허용하지 않을 것이다. 음악은 음악이어야 하고 건축은 건축이어야 하며 문학은 문학이어야만 한다. 다른 어떤 것이 되는 것을 불허한다. 우리는 이 부분에서 과학과 예술을 분리하여 생각하게 된다. 따라서 이 단계에서 우리가 만들어낸 공간, 환경 또는 '가능한 조건'인 것 그 자체를 자신의 위치, 자신을 지시하는 전문적 명칭 안으로 제한하거나 해상도를 떨어뜨리는 작동을 하게 된다. 물론 그 제한선 밖에서도 관객은 돌아다닐 수 있고, 당연히 들리는 것도 변할 것이다. 그러나 효율적으로 경험될 수 있는 것을 목적으로 선택함으로써 생성되는 '가능한 조건'의 해상도는 떨어질 수밖에 없다.

더 커다란 비약을 시도해보면, 음향적 배치와 구성이 이루어진 공간을 우리의 세계와 사회로 생각해볼 수 있을 것이다. 이 세계 속에서 우리는 도대체 무엇을 믿는가? 우리가 경험하는 것은 무엇이고 우리가 보고 판단하는 모든 것은 도대체 무엇인가? 자연적으로, 역사적으로 주어진 환경 속에서 우리는 우리의 이해를 뛰어넘는 다른 것으로 끊임없이 변화해왔다. 앞서 거론한 특정한 환경 안에서도 우리는 관객에서 작곡가로, 작곡가에서 주크박스로, 주크박스에서 건축가로 우리의 위치와 인식 방식의 변화를 생각할 수 있었다. 우리는 의식의 영역에서도 인간과 비인간의 물질성을 뛰어넘어 사유할 수 있다.

모든 것은 끊임없이 변화한다. 우리는 무엇이다, 무엇을 하는 사람이다라는 정의는 '가능한 조건'을 생각하는 데 거의 도움이 되지 않는다. 우리는 특정한 조건에 따라서 끊임없이 변화하고 우리 스스로가 '가능한 조건'이자 '가능한 조건'을 생성하고

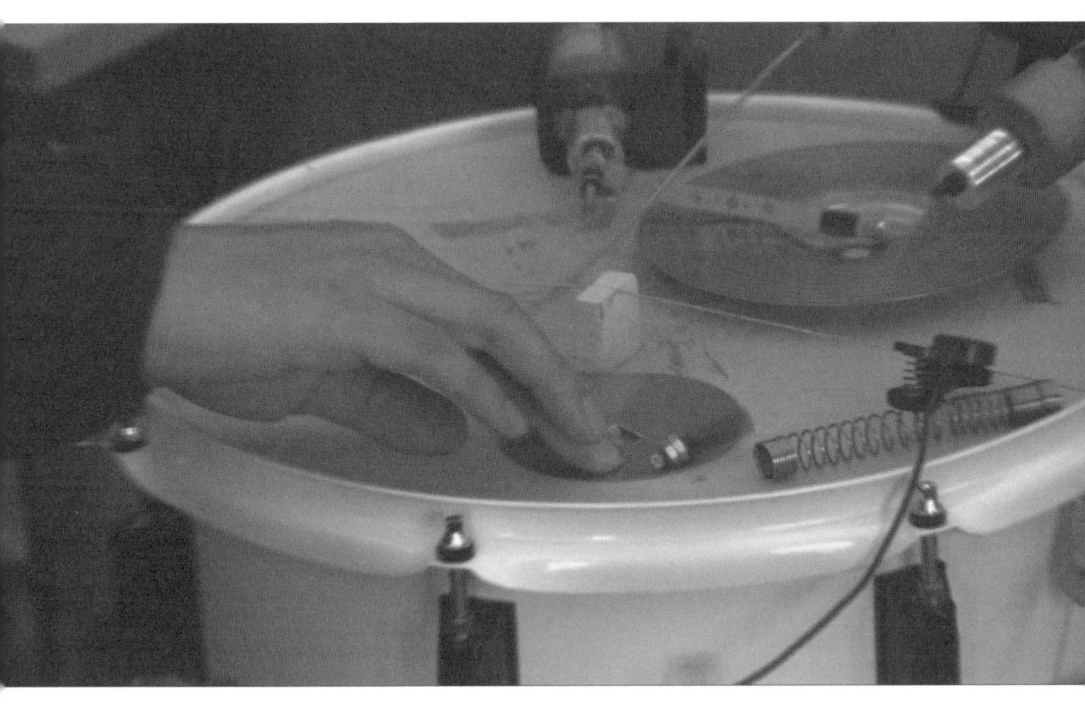

있지 않은가? 우리의 나이는 도대체 몇 살인가? 생물학적 노화를 통해서도 우리는 변화하고 그 변화에 따라 서로 다른 '가능한 조건'을 생성한다. 인간은 가정을 꾸리면서 변화하고 자식을 낳으면서 변화하며 가족은 사회를, 사회는 국가를 변화시킨다. 우리가 이렇게 변화하듯이 우리 주변의 비인간 사물 또는 객체들 모두 마찬가지로 '가능한 조건'으로서 변화한다. 정부, 기업, 금융, 버스, 우체통까지 모두가 생태적이며 따라서 '가능한 조건'이다.

다시 질문을 해볼 수 있다. 우주의 혼란 속에서 안정화된 지구 내부의 모든 인지 가능한 패턴을 기준점으로 삼을 수밖에 없는 효율성은 무엇인가? 그 기준은 어떻게 생각할 수 있는가? 그것이 우리의 전부인가? 모든 환경, 조건, 물질, 사물들에 대해 우리가 내리는 모든 정의는 도대체 무엇인가? 그 무엇도 고정되어 있지 않고 우주적 혼란의 아주 짧은 찰나 속에서 일시적으로 안정화된 것이라고밖에 생각할 수 없는 우리에게 이 모든 변화는 매우 인지하기 어려운 문제일 것이다. 그리고 여전히 우리는 '가능한 조건'을 지시할 수 있는 더 다양한 언어를 가지고 있지 못한데, 이 사실들이 우리에게 입증해주는 것은 우리가 우주에 대해, 세계에 대해, 자연과 우리들 자신에 대해 아는 것이 거의 없다는 사실이다. 무언가를 이해했다는 믿음은 안정화 속에 있는 미시 패턴 한 가지를 대충 파악한 것에 불과하다.

그럼에도 우리는 끊임없이 '가능한 조건'을 생각할 수밖에 없는데, 그것은 우리가 선택하는 것보다 선택하지 못하는 상황

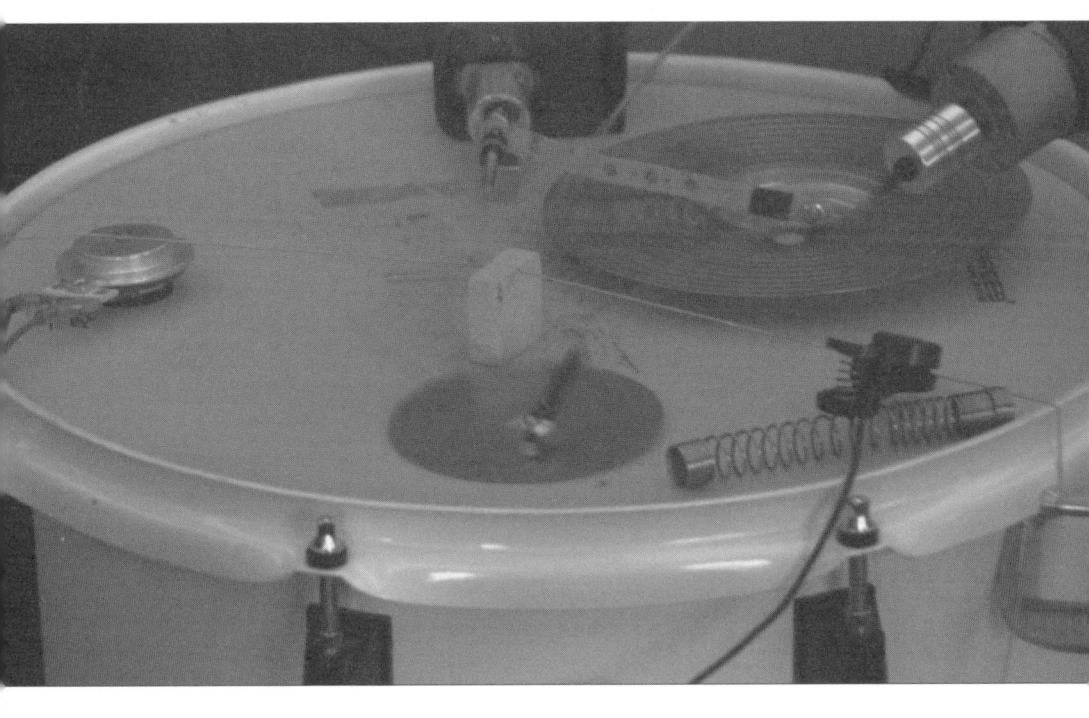

에서, 우리가 인지하는 것보다 인지하지 못하는 것에서 '가능한 조건'은 더 많이 발생하기 때문이다. 애초에 음악과 문학과 과학과 건축 등등이 분리되어 있는 것이 아니라 각각의 것에는 우리가 분리되었다고 믿었던 영역들이 포함되어 같이 작동하고 있다. 환원주의적 태도는 사유의 기술적 측면에서 여전히 유효한 방식이다. A와 B를 분리했을 때, A와 B가 어떻게 연결되어 상호작용하는지를 파악할 수 있게 해주기 때문이다. 우리가 '가능한 조건'을 생각하지 않는 이상 우리는 A와 B가 여전히 분리되어 독자적으로 작동한다고 믿을 것이고 그로부터 전문성으로 권위를 만들 것이며 그것이 패턴화되고 합리적 효율성의 이름을 가짐으로써 인식의 확대를 제한하는 시스템으로 자라날 것이다.

우리는 우리가 창조했으나 우리를 제한하는 시스템 속에서 살아가고 있고 이제 시스템은 그 스스로가 자기 증식을 하는 상황에 이르렀다. 세계에 대해 아무것도 이해하지 못하는 인간이 합리적 효율성의 극대화를 추구하며 이루어낸 시스템을 통해 본 풍경은 전 지구적 위기 상황의 모습으로 나타나고 있다.

마지막으로 어쨌든 우리는 효율성을 바탕으로 하는 세계에서 제한적으로 살아갈 수밖에 없다. 또한 인간 사회의 과학적 발전에 있어 효율성의 기능이 무조건 부정되어야 할 이유도 없다. 그러나 효율성 세계의 문제는 오로지 인간의 문제를 너무나도 인간 중심적인 시선으로만 고려하는 방식으로 전개했다는 것이다. 현재의 우리 앞에 새롭게 등장한 거대한 미신은 바로 이 효율성에 대한 절대적 믿음이다.

뉴턴이 나무에서 떨어진 사과를 통한 추상을 시도하지 않았나면 어땠을까? 우리는 우리의 세계에 대해 더 많은 인간과 비인간 모두를 고려하는 다각도의 접근을 필요로 하는데, 효율적으로 배치된 우리의 위치에 대한 믿음 자체를 소거하지 않는 이상은 '가능한 조건'의 길이 아니라 효율성에 대한 절대적 믿음, 즉 새로운 미신에 봉사하게 된다.

마지막으로 이 글이 새로운 미신에 봉사하지 않도록 그리고 다른 '가능한 조건'이 되도록 다음 문장을 덧붙인다.

이 글은 소설이다.

소리, 모양, 그리고
현대 과학을 위한 우화

이필진

소리와 모양의 우화

20세기 기하학의 유명한 문제 하나로 이야기를 시작해보자. "북의 모양을 들을 수 있는가(Can you hear the shape of a drum?)" 하는 질문이다. 모양은 시각의 개념이고, 듣는 것은 소리인데 이게 무슨 뜬금없는 물음일까?

잘 알려져 있다시피 소리를 듣는다는 것은, 공기 중에 전파되는 진동이 고막을 움직이고, 이것을 신경세포가 전기화학적 신호로 바꾸면, 뇌가 이를 인식하고 해석하는 일련의 과정을 말한다. 한편, 악기의 가장 기본적인 특성은 어떤 주파수의 소리를 낼 수 있는가 하는 것이다. 악기마다 소리가 다른 것은, 그리고 같은 악기도 여러 가지 음을 내는 것은 어떤 주파수들이 어떻게 섞여 있는지에 의해 결정되는 것이다. 주어진 악기에 대하여 "파동의 모습이 시간에 따라 변하지 않는 소위 정상파들이 어떤 주파수들을 내는가?"라는 수학적인 혹은 물리학적인 문제를 생각할 수 있는데, 이 문제를 풀어서 알아낸 주파수들을 고유주파수(Eigenfrequency)라고 부른다.

예를 들어 줄 하나를 팽팽하게 당겨 묶은, 매우 원시적인 악기를 생각해보자. 간단한 미분방정식을 풀면, 이 줄에서 나올 수 있는 고유주파수들이 항상 어떤 최소의 기본 주파수 f에 자연수 N을 곱한 것으로 주어진다는 걸 알 수 있는데, 즉 N번째 주파수의 크기가

$$f_N = N \times f$$

이며, 이때 f는 줄의 장력과 길이에 의하여 온전히 결정된다. 바

이올린이나 가야금과 같은 현악기들을 보면, 줄의 중간 부분을 잡아서 음정을 바꾸는데, 이는 길이를 줄이고 늘려서 f를 바꾸는 것에 해당한다. 연주 시작 전에 조율을 하는 것 역시 줄의 장력을 조정하여 가능한 f값을 일정하게 만드는 것에 해당한다.

절대음감을 가지고 있고, 들을 수 있는 주파수에 제한이 없는 인공지능(Artificial Intelligence)이 있다고 치자. 서로 다른 두 사람이, 서로 다른 재료의 줄을 가지고, 각자 본인 마음대로 위와 같은 원시적인 현악기를 만들어 그 소리를 인공지능에게 들려주고 어떤 종류의 악기에서 나는 소리인지 알아맞히라고 했다고 하자. 가장 간단한 방법은 각 악기의 소리에 어떤 고유주파수들이 섞여 있는지 측정하고, 이를 바탕으로 이 두 가지 악기의 형태를 유추하는 것일 것이다. 인공지능은 오래지 않아 두 가지 악기에 각자의 기본 주파수 f들이 있고, 두 악기의 고유주파수들이 이 f들에 자연수 N을 곱한 값들이 나온다는 것을 눈치챌 것이다. 간단한 물리학을 배웠다면, 두 악기 모두 양쪽 끝을 매어놓은 줄의 진동을 사용한다는 것을 알아낼 것이고, 사용한 장력을 알려주면 줄의 길이까지도 알아낼 것이다.

물론 위의 이야기가 바이올린과 가야금과 같은 실생활의 현악기에는 있는 그대로 적용되지 않는다. 이런 현대적인 현악기들의 경우, 소리가 줄에서 시작되기는 하지만 실제로는 소리를 공명시키는, 나무로 만든 울림통이 소리를 결정하는 것이기 때문이다. 300년 된 과르네리(Guarneri) 바이올린이 10억 원대에 거래되는 이유는 그만큼 울림통의 역할이 절대적이기 때문이다. 그러나 이 글의 제목에서 보이듯이, 내가 말하고자 하는 것은 일종의 우화이므로, 독자들은 일단 계속 읽어보시기를 권한다. 적어도 이솝 우화에 나오는 동물들은 왜 말을 하냐고 투덜거릴 생각이 아니라면 말이다.

줄을 사용하는 현악기 이야기를 했으므로, 이젠 북 이야기로 넘어갈 수 있겠다. 예를 들어 모서리 길이가 a와 b인 직사각형 면을 두들겨 소리를 내는 북을 생각해보자. 위 바이올린의 경우처럼 실제로 북의 소리를 결정하는 중요한 모양은 소리가 공명되는 아래 울림통이지만, 그런 것이 없는, 탬버린에 가까운 북을 생각해보자. 이 경우, 고유주파수는 어떤 기본 주파수 f에 특정한 숫자들이 곱해지는 모양으로 나타나는데, 두 자연수 N, K에 대해

$$f_{N,K} = f \times \sqrt{N^2 + K^2 \times \left(\frac{a}{b}\right)^2}$$

의 모양을 가진다. 가장 낮은 주파수는 $N=1$, $K=1$에 해당하여 의 값을 가지며 높은 주파수들은 N, K를 순차적으로 늘리면 나타나게 된다. 특히 정사각형이면 $a = b$이므로

$$f_{N,K} = f \times \sqrt{N^2 + K^2}$$

가 된다. 앞서 현악기를 경험한 인공지능이 이 악기가 북의 모양을 가진다는 것을 알아내는 것은 이제 매우 쉬운 일이다. 특히 이 악기가 직사각형 평면이라는 것과, 두 모서리 길이의 비를 곧 알아낼 것이다.

다음의 〈그림 1〉은, $b = 2a$ 와 $b = a$ 두 가지 경우에 대하여 $f_{1,1} = f \times \sqrt{1 + \left(\frac{a}{b}\right)^2}$ 라는 숫자들을 표시한 것인데, 이로부터 북의 모습과 그래프에 표시된 고유주파수의 분포 사이에 매우 밀

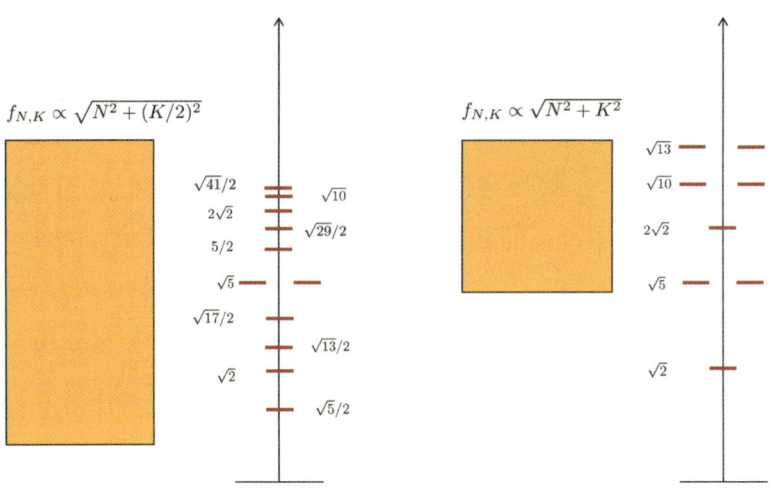

그림 1. 간단한 북 두 가지와 고유주파수들

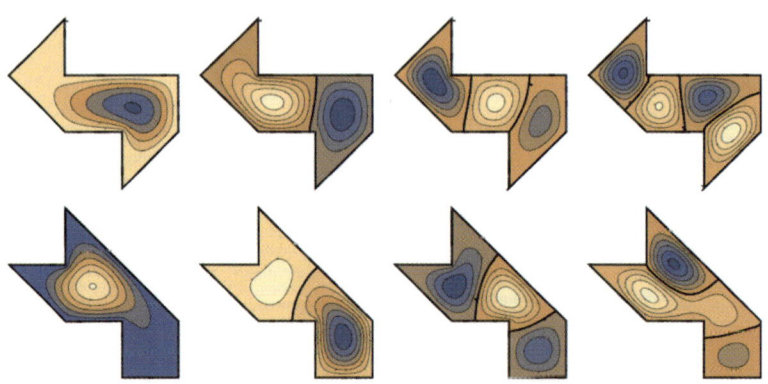

그림 2. 같은 고유주파수를 공유하는 두 가지 북에서의 정상파

접한 관계가 있음을 알 수 있다. 이쯤 되면 대부분의 독자들은 "북의 모양을 들을 수 있는가?"라는 질문이 도대체 무슨 말인지 이미 알아챘을 것이다.

북의 모양을 알면 간단한 미분방정식을 통하여 고유주파수들을 모두 결정할 수 있는데, 거꾸로 고유주파수를 모두 알아내면 혹시 북의 모양을 정확히 알아낼 수 있는가 하는 것이 이 질문의 수학적인 내용이다. 이 문제를 처음 제기한 것은 헤르만 바일(Herman Weyl)이라고 알려져 있으나, 이 문제가 수학계에 널리 알려진 것은 마크 캑(Marc Kac)의 1966년 저술을 통해서이고, 그 질문을 위와 같은 형태로 표현한 것은 립먼 버스(Lipman Bers)라고 한다. 처음 이 수학 문제를 수면 위로 올려놓은 이 사람들은 아마도 '항상 그러하다'라는 증명이 금방 나올 것을 기대하지 않았을까? 당시에 일부 결과는 있었는데, 즉 북의 모서리 모양이 볼록하다고 가정하면 항상 가능하다는 증명이었다고 한다.

그러나 비교적 쉬워 보이던 이 질문에 대한 옳은 답은 거의 30년이 지난 후에야 나왔다. 1992년에 들어서 모서리 모양이 볼록하지 않은, 그리고 서로 다른 모양의 두 가지 북이 동일한 고유주파수를 가질 수 있다는 것이 알려지게 된다. 〈그림 2〉는 모양이 전혀 다른 두 가지 북에서의 어떤 동일한 주파수의 정상파들을 그린 그림이다. 검은색 선은 북의 면이 움직이지 않고 있는 위치를 나타내는 것이다. 〈그림 2〉의 두 가지 모양의 북의 경우, 서로 다른 모습에도 불구하고 모든 고유주파수가 동일하다고 한다.

위 이야기를 들은 대부분의 사람들의 반응은 "참 할 일 없는 사람들이네"이겠지만, 개중에는 "신기하네"라는 반응도 있을 것이고, 간혹 "고유주파수는 도대체 어떻게 계산하는 거야?"라고 질문을 하는 경우도 있겠다. 만일 여러분 주변에 마지막 종류의 반응을 보이는 학생이 있다면, 수학이나 과학을 전공하라고 적극 독려해보아도 좋다.

지극히 수학적인 이 질문과 해답에서 우리는 무엇을 배워야 할까? '모양'이 '소리'를 결정하지만 '소리'가 '모양'을 100% 결정하지 못한다는 것이 이 이야기의 결론이다. 만일 우리가 '소리'는 완벽하게 듣지만 '모양'은 직접 인지할 수 없는 존재라면 '모양'에 대해서 무슨 이야기를 할 수 있을까 하는 질문을 해보자. 소리만으로 모양을 100% 확실하게 정하지 못한다면 우리는 모양에 대하여 이야기하는 것을 포기해야 할까? 물론 아니다.

어쩌면 이 이야기에서 배워야 할 가장 중요한 것은 '소리'의 정보가 얼마나 불완전한가가 아니고, 반대로 얼마나 많은 정보를 가지고 있는가 하는 것이다. 고유주파수들의 패턴을 보면 현악기와 북이라는 두 가지 종류의 악기가 쉽게 구별됨을 볼 수 있을 뿐만 아니라, 누군가가 내게 북의 모양이 직사각형이라는 것을 미리 알려주면, '소리'는 이 직사각형이 얼마나 길쭉한가에 대한 정확한 답을 줄 것이다. '소리'만 가지고 모양을 100% 확실하게 알아내는 것은 불가능하지만, 그럼에도 불구하고 그 안에는 충분히 많은 정보가 들어 있다는 것이다.

과학과 지각(知覺)

수학이나 물리학을 전공하지 않은 사람들에게는, 위에서 '소리'와 '모양'을 연결 지은 과정이 전혀 투명하지 않을 것이다. 아마도 고유주파수라는 말이 무엇을 의미하는지 확실하게 다가오지 않을 대부분의 독자에게 위 이야기는 상당히 어렵게 느껴질 텐데, 이는 소리라는 현상과 모양이라는 결론 사이를 2차원에서의 미적분이라는, 사칙연산을 많이 넘어선 고등수학이 연결해주고 있기 때문이다.

이 '우화'는 현대 과학을 이해하는 데 있어 상당히 많은 것을 시사한다. 학교에서 과학을 배우기 시작할 때에는 물체의 속도, 힘, 마찰력같이 경험적으로 무슨 의미인지가 이해되는 개념에서 시작한다. 예를 들어

$$F = ma$$

라는, 힘이 어떻게 물체를 가속시키는지를 말해주는 뉴턴의 방정식을 보자. 여기서 "힘"이나 "가속도"라는 개념은 통상적으로 이해하기 어렵지 않은 개념들이고, 조금 주의를 기울이면 그 측정도 그다지 어렵지 않은 물리량들이다. 물론 이 법칙을 제대로 사용하자면 미적분이라는 수학을 사용해 엄밀하게 하는 과정이 불가피하므로 이 법칙은 대부분의 사람들에게 어렵게 다가올 것이다. 그러나 그렇다고 해서 $F = ma$의 결과로 나타나는 물리 현상들이, 즉 공을 높이 던지면 포물선을 그리면서 다시 떨어진다거나 하는 일들이 그 자체로 통상적인 직관과 배치되는 것은 아니다.

이에 반하여 현재의 자연과학은 이렇게 직관적이지 않다. 예를 들어 분자생물학을 보자. 분자생물학은 흔히 유전자 검사를 한다고 할 때 그 근거가 되는 생물학의 일종이다. 가끔은 개인적인 이유로 병원에서 접하기도 하고, 범죄 영화나 막장 드라마에서 자주 언급되는 것에서 알 수 있듯이 이미 다양하게 응용되

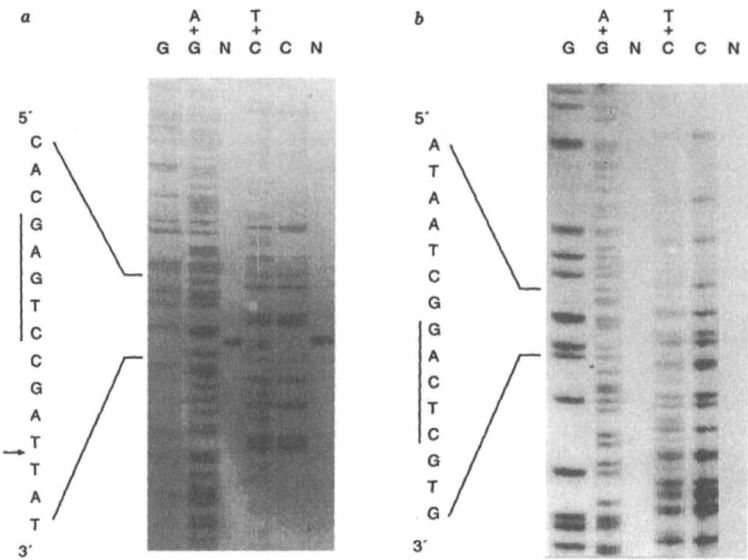

그림 3. 유전자 크로마토그래피

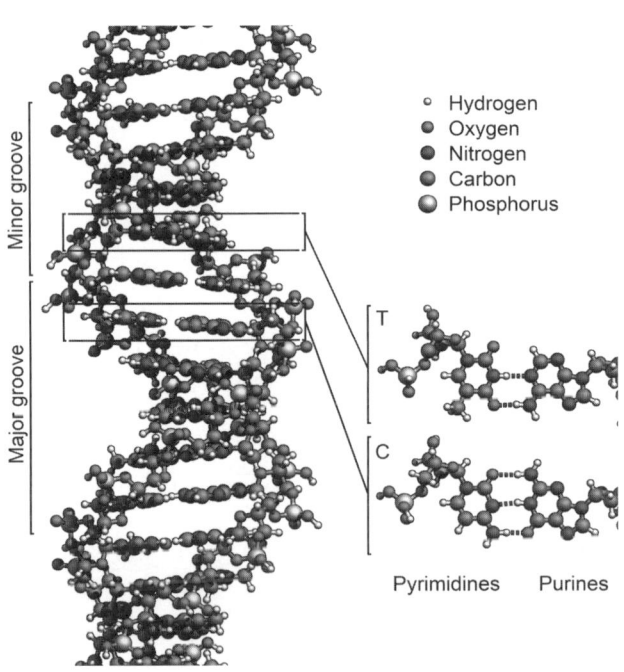

그림 4. DNA 분자구조

고 있는, 굳건한 토대가 만들어져 있는 과학이다. 유전자 이야기를 하면 흔히 보게 되는 이미지가 있는데, 옆의 〈그림 3〉과 같은 것들이다. 이런 실험에서는 일단 DNA나 RNA를 잘게 자르는데, 들어 있는 유전자 종류에 따라 그 토막들이 다른 성질을 가지게 되고 이를 이용하여 이 그림과 같은 일종의 크로마토그래피 이미지를 얻게 된다. 이런 이미지에는 유전자 정보, 즉 〈그림 4〉와 같이 네 가지 종류의 핵산 ACGT 등의 순서에 대한 정보가 들어가 있다.

조금 더 정확하게 이야기하자면, 〈그림 4〉의 정보는 〈그림 3〉의 모습이 어떻게 나올지에 대한 예측을 하게 해주는데, 이는 수십 년에 걸친 실험과 이론이 축적되어 있기 때문에 가능한 것이다. 매우 긴 분자인 DNA/RNA를 어느 자리에서 어떻게 자를 수 있고, 이 조각들에 어떤 조작을 가해야 하며, 어떤 종류의 젤에, DNA/RNA를 잘라 만든 시료를 얼마만큼 찔러 넣은 후, 몇 볼트의 전압을, 얼마나 긴 시간 동안 가하며, 〈그림 3〉과 같은 사진을 어떻게 찍어야 하는지 등등 어느 하나 배우지 않고도 알 수 있는 과정은 없다. 더구나 실제 연구에서는 〈그림 3〉과 같은 정보들에서 〈그림 4〉의 내용을 유추해야 하는데, 이는 전혀 직관적이지도 않고, 절대적일 수도 없다. 수많은 선행 연구가 있었기 때문에 어느 정도의 확신을 가지고 할 수 있는, 논리적인 위험성을 피할 수 없는 작업이다.

사실 분자생물학만 해도 인간이 타고난 언어능력과 인지능력의 한계 지점에 가 있기는 하지만 그래도 아직은 일반적인 상상력의 범주를 크게 벗어나지 않는다. 그러나 나의 전공 분야라고 할 수 있는 일반상대성이론, 소립자물리학, 그리고 더구나 양

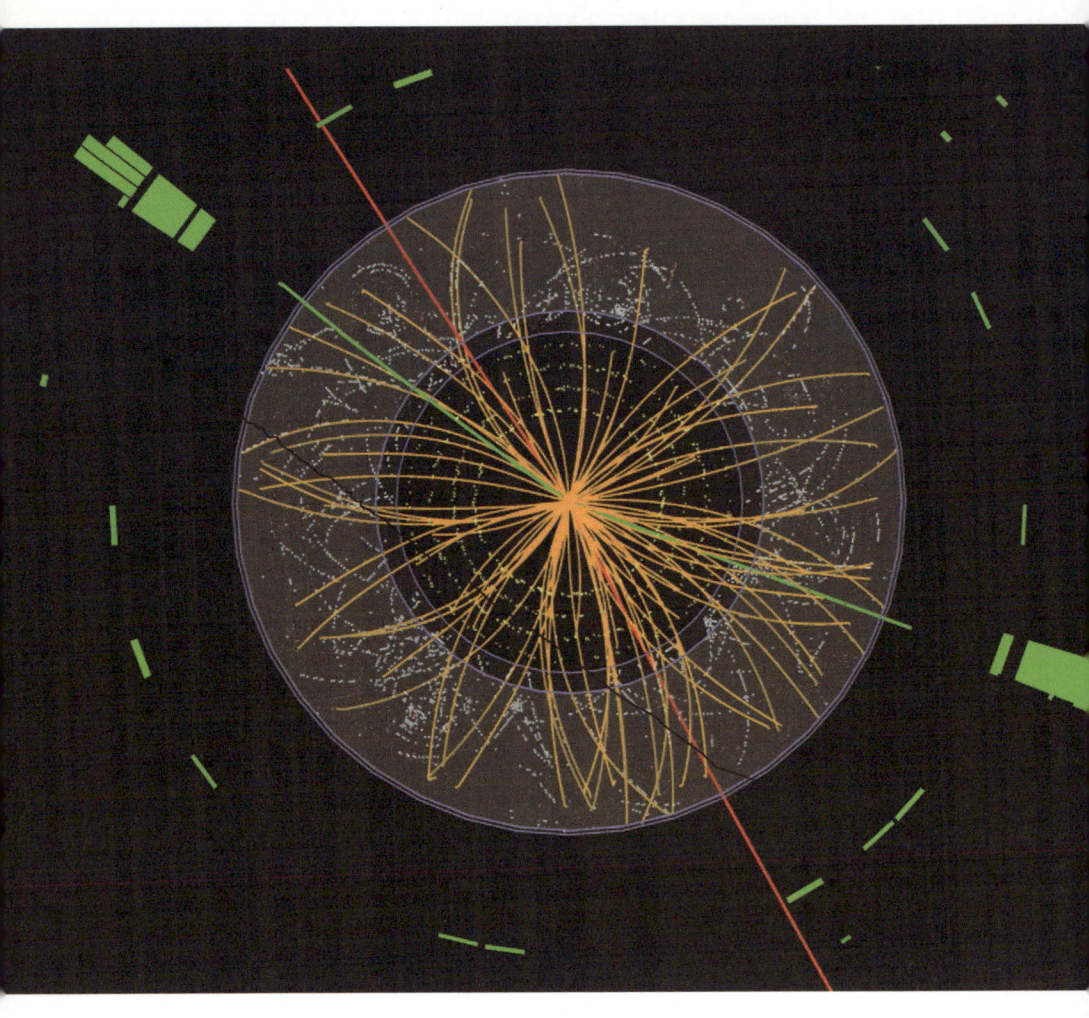

그림 5. 양성자 간 충돌로부터 생성되는 소립자들

자장론과 초끈이론쯤 되면, 개개인의 상상력과 과학 사이의 괴리는 더욱 극복하기 어려워 보일 수밖에 없다. 〈그림 5〉를 보고, 이것이 그 안에 신의 입자라고 불리는 힉스 입자가 잠시 생겼다 사라진 실험을 보여주고 있다고, 그래서 이 실험을 통해서 입자물리학자들이 50년 전에 만들어놓은 소위 소립자 표준 모형이 옳았음을 드디어 알게 되었다고 누군가 이야기한다면 과연 이 말을 어떻게 받아들여야 할까?

〈그림 5〉는 한가운데에서 빛의 속도에 근접한 두 개의 양성자가 이 지면의 수직 방향으로 충돌한 후의 상황이며, 정중앙으로부터 뻗어 나오는 선들은 이로부터 생겨난 엄청나게 많은 수의 입자들이 지나간 궤적들이다. $E = mc^2$라는 아인슈타인의 유명한 방정식은 에너지가 입자로 전환될 수 있음을 의미하고, 입자가속기에서의 충돌 실험은 이것이 현실화되는 대표적인 경우이다. 휘어진 곡선들이 보이는 중간 부분은 전하를 가지는 전자와 같은 입자들을 추적할 수 있는 장치이다. 이곳에는 매우 센 자기장이 걸려 있어 전자 등의 궤적이 휘게 되는데, 그 휘는 정도에 따라 그 입자의 속도와 질량에 대한 정보를 얻게 된다. 대부분의 입자는 이 중간 부분을 지나 외부에 있는 열량계(calorimeter)로 통칭되는 여러 장치에 의하여 그 에너지가 측정되는데, 이로부터도 입자들에 대한 많은 정보를 얻게 된다. 특히 전하를 가지고 있지 않은 입자들의 경우 중간 부분에서 속도에 대한 정보를 읽어낼 수 없기 때문에 이 후반부 측정이 매우 중요하다.

그런데 위에서 힉스 입자가 하나 잠시 생성되었다가 다른 입자들로 붕괴되었다는 것을 알아내기 위해서는 이렇게 다양한 입자들의 정체를 일일이 알아내는 것이 필요하다. 단순히 힉스 입자가 어느 부분에 어떻게 숨어 있는지를 직접 알아내는 것이 절대 아니고, 위와 같은 상황에서 궤적을 그리고 지나간 그 외의 모든 입자까지, 그리고 심지어 이 그림에 아무런 자취를 남기지 않은, 예를 들어 중성미자와 같은 소립자들까지 빠짐없이 다 알아내야 하는 것이다. 이에 비하면 북의 소리와 모양을 연결시키기 위한 미적분은 구구단 정도로 보일 수도 있다.

이러한 일례 하나하나는 현대 과학이 더 이상 한두 사람의 천재에 의하여 만들어지지 않는다는 것을 말해준다. 한두 번의 실험과 이로부터 유추되는 한두 가지의 과학적인 사실이 추상적인 논리만으로 연결되는 과거의 단순한 모습일 수 없다는 말이다. 물론 마크 캑이나 그 이전의 헤르만 바일처럼 가장 중요한 질문이 무엇인지를 알려주는 천재들, 그리고 표준 모형을 처음 제안한 스티븐 와인버그(Steven Weinberg)나 양자장론을 어떻게 이해해야 하는지를 알려준 케네스 윌슨(Kenneth Wilson)과 같은 거목들은 물론 중요하지만, 이로부터 새로운 패러다임을 만들어가는 데에는 동시대 과학자들의 공동체가 필수적이라는 말이다. 현대 과학은 아인슈타인이나 뉴턴과 같은 한 과학자의 지각에만 의존할 수 없는, 어떤 거대한 것이 된 지 오래이다.

현대 과학을 대하는 우리의 태도

간혹 아인슈타인의 상대론이 옳지 않다고 말하는, 이를 대체할 새로운 이론을 주창하는 '재야의 고수'들이 있다. 과학에 대한 깊은 관심과 애정을 가진 분들인데, 이분들과 이야기를 해보면 거의 예외 없이 기존의 과학을 '논리적으로' 반박하려고 한다. 상대론이 관여되는 수많은 실험과 이론은 거의 알지 못한 채로, 상대론이 주장하는 현실과 자신이 평소 인지하는 현실 사이의 간극에 의지하여, 단지 논리적인 혹은 철학적인 과정을 통하여 상대론을 부정하려고 한다. 그러나 과학은 논리가 아니다. 논리는 과학에 필수적인 윤활유이지만, 그 윤활유만으로 과학이라는 자동차를 만들 수는 없다. 그렇다면 이렇게 한 개인이 100% 소화하는 것이 점점 어려워지고 있는 현대 과학은 전문가 집단들의 전유물이어야 할까? 현대 과학은 과연 어떻게 만들어지고 있으며, 어떻게 일반 대중에게 소화되어야 할까?

지금까지 '소리'와 '모양'이 어떻게 연결되는지에 대하여 생각해보았다면, 이제는 이 우화의 결론이었던, 즉 '소리'만으로 '모양'을 100% 재구성하지 못한다는 결론을 기억해보자. 과학에서 실제로 실험을 통해 측정하는 것들을 '소리'에, 그리고 그 측정의 대상인 사물 혹은 현상의 실체를 '모양'에 대입해보면, 무언가가 빠져 있다는 생각을 할 수밖에 없다. 위에서 예시로 들었던 분자생물학 실험에서 〈그림 3〉의 이미지에는 절대로 〈그림 4〉와 같은 양의 정보가 들어 있을 리가 없다. 〈그림 3〉과 같은, 혹은 이와 관련된 모든 실험을 다 모아놓는다고 해도 어쩌면 이들로부터 〈그림 4〉를 재구성하는 것은 불가능할지도 모르겠다. 미래의 인공지능에게 지난 50년간의 모든 실험 데이터를 주고 분자생물학을 재구성하기를 기대할 수 있을까?

여기에는 하나의 근본적인 문제가 있다. 알려진 '모양'에서 '소리'를 예측하는 과정, 알려진 유전자 조합에서 크로마토그래피를 예측하는 과정, 그리고 알려진 소립자들의 종류와 상호작용에서 가속기 실험의 결과를 예측하는 과정은 기술적으로 복잡하지만, 충분한 지식과 경험을 축적해낸 전문가 혹은 전문가 집단에게는 일상적인 일이다. 그러나 그 반대 방향, '소리'에서 '모양'을 유추하는, 즉 실험과 측정으로부터 대상의 실체를 뽑아내는 과정은 전혀 다른 문제인 것이다. 이는 '모양'에 대한, 즉 '실체'에 대한 일정 부분의 가설이 없이는 원론적으로 불가능한 작업이다. 소리와 모양의 우화에서 북의 모서리가 볼록하다는 조건이 있어야만 모양을 100% 유추할 수 있었듯이, 실험의 대상이 되는 실체에 대한 가설이 없이는 시작할 수 없다.

따라서 과학은 '소리(측정)'와 '모양(실체)'으로 구성되는 것이 아니고, '소리(측정)'와 '모양(실체)에 대한 가설'로 구성되는 것이다. 이러한 가설들의 집합체, 혹은 그 결정체를 흔히 '이론'이라고 부른다. 현대 과학은 가설에서 시작하여 실험을 고안하고, 측정을 통하여 가설을 세우고, 그 가설이 옳은지, 옳지 않은지를 확인할 수 있는 새로운 측정을 고안하며, 옳지 않은 가설은 버리고 옳은 것들을 모아 체계적인 이론을 세우는, 끊임없는 동적 과정이다. 그리고 학교에서 배우는 과학의 대부분은 결국, 현재 수많은 실험을 통하여 '정설'이 된 가설들인 것이다. 이런 의미에서 과학은 '절대적'인 것이 아니다. 가설은 아무리 신빙성이 있어도 결국은 가설인 것이고, 다만 얼마나 믿을 만한지에 대한 정도의 차이가 있을 뿐이기 때문이다.

그런데 이 무한히 복잡한 과정에서는, 상당히 자주, 논리적으로 연결될 수 없는 도약이 필요한 순간들이 찾아온다. 그리고 이런 도약은 과학자 개개인에 의존할 수밖에 없다. 현대 과학이 인간 개개인이 가진 지각의 범주를 넘어선 지 오래되었지만, 그럼에도 과학자 개인의 직관이 없이는 진행하지 못한다는 말이나. 그리고 직관이 필요하다는 말은, 이렇게 비대해진 현대 과학에도 개개인의 상상력 안에 담을 수 있는 부분이 상당히 있다는 이야기일 것이다. 과학이 '절대적'이지 않은 것처럼 과학자들 역시, 그가 아무리 유명한 아인슈타인이나 위튼(Edward Witten) 같은 인물일지라도, 우리와 크게 다르지 않은 사람들인 것이다. 어쩌면 현대 과학을 알고 싶어 하는 비전공자들에게는 과학의 이러한 모습이 한 줄기 희망을 주는 것이 아닐까?

과학의 본질은 이야기이다. 말이 되는 이야기가 있고, 말이 안 될 것 같은 이야기도 있으며, 애매모호한 이야기도 있다. 과학은 논리와 수학과 실험을 통하여 말이 안 되는 것을 차례차례 없애버리고, 말이 될 법한 것들을 남겨 축적하는 과정이다. 물론 언젠가 이들 역시 말이 안 되는 것으로 판명될 수 있겠지만 말이다. 이 안에는 복잡한 이야기도 많고, 그래서 재미없는 이야기도 있지만, 눈이 번쩍 뜨일 정도로 단순하고 흥미로운 이야기들이 넘쳐난다. 이런 이야기들은 현대의 대중이 소화하기에 전혀 어렵지 않다. 다만 기억할 것은 이런 흥미로운 이야기 뒤에는, 이를 받쳐주는 복잡하고 재미없는 수백만 개의 이야기가 함께 숨겨져 있다는 사실이다.

나처럼 오디오 좀 한다는 사람들은, 재생되는 음악에서 각각의 악기 소리가 얼마나 서로 잘 분해되어 각각의 소리로 들리는지가 첨예한 관심사이다. 그러나 이런 사람들조차 악기들의 고유주파수를 따져가며 음악을 듣지는 않을 것이다. 음악이 주는 감동은 그런 것에 있지 않기 때문이다. 마찬가지로, 현대 과학이 줄 수 있는 감동은 어떻게 '소리'를 듣고 '모양'을 알아내느냐 보다는 어떤 새로운 '모양'들이 보이는가 하는 데 있을 것이다. 그 과정의 기술적이고 복잡한 내용은 학자들에게 믿고 맡기고,

그냥 결과물을 즐긴다고 생각하면 신기하고 재미있는 이야기를 많이 발견할 수 있지 않을까?

소리 또는
악(樂)

혜강의 「성무애락론」으로부터

한지훈

1. 혜강의 「성무애락론(聲無哀樂論)」에서의 '소리〔聲〕' 개념

1) 혜강(嵇康, 223-262)은 위진(魏晉) 교체기에 활약한 죽림칠현(竹林七賢) 가운데 가장 노장적(老莊的) 색채가 뚜렷한 현학자(玄學者)다. 금(琴)의 명수로 금을 찬양한 「금부(琴賦)」를 짓기도 했다. 「성무애락론」은 '소리(음악 음 포함)' 자체에는 애락이라는 인간의 감정이 들어 있지 않다는 것을 논한 글이다. 이런 주장은 '소리'의 근원이 우주 자연의 생성 과정에서 비롯되었다는 생각에 근거한다.

> 무릇 하늘과 땅이 그 덕(德)을 합치자 만물이 이를 바탕으로 생겨났다. 그래서 추위와 더위가 차례로 바뀌므로 그로 인해 오행(伍行)이 생겨났으며, 그것이 드러나 오색(伍色)이 되고, 그것이 발해져 오음(伍音)이 되었다. 이처럼 음성(音聲)이 생겨난 것은 마치 냄새나 맛이 천지간에 존재하는 것과 같아서, 그 음성의 훌륭한 점과 부족한 점은 비록 세상의 혼란과 어지러움을 만나도 그 본래의 모습[體]은 그대로여서 변화가 없다. 그러니 어찌 사람들의 애증으로 인해 그 본질이 바뀌고, 애락으로 인해 그 본모습이 고쳐지겠습니까![1]

혜강은 '소리(오음 또는 음성)'의 존재근거를 '천지합덕(天地合德)', 즉 우주 대자연의 생성 과정에서 비롯된 것으로 이해한

---

1. 「第一答」: "夫天地合德, 萬物資生. 寒暑代往, 伍行以成. 章爲伍色, 發爲伍音. 音聲之作, 其猶臭味在于天地之間. 其善與不善, 雖遭渴亂, 其體自若, 而無變也. 豈以愛憎易操, 哀樂改度哉!"(『嵇康集校注』)

다. 그러므로 소리는 인간의 주관적 감정이나 의식과는 독립되어 있는 (냄새나 맛처럼) 객관적인 것이다. 그렇기 때문에 그 본질은 소리의 내부 그 자체에 있는 것이 된다. 그리고 그 본질은 바로 '자연지화(自然之和)'다. 여기서 '화'란 소리가 가지는 조화로움이다. '자연지화'란 곧 '화'가 소리 자체의 객관 속성으로 인간의 주관과는 무관하다는 것을 강조한 것이다.

이를 토대로 혜강은 소리와 마음의 관계에 대해 "마음과 소리는 명백히 서로 다른 것[心之與聲, 明爲二物]"(『嵇康集校注』「第四答」)이며, 따라서 "소리와 마음의 관계는 수레의 두 바퀴 자국처럼 서로 길을 달리하며 날줄과 씨줄처럼 교차하는 것이 아니다[聲之與心, 殊途異軌, 不相經緯]"(「第伍答」)라고 주장한다.

이처럼 소리와 마음의 관계가 하나는 객관적인 것이고 다른 하나는 주관적인 것으로 확연히 구별되는 것이라면, 소리는 마음 즉 정감을 표현할 수 없고 또한 마음도 이에 상응하는 감정을 소리로 표현할 수 없는 것이 되며, 따라서 소리에는 마음의 어떠한 의미도 내재해 있을 수 없게 된다. 이를 혜강은 다음과 같이 논증한다.

> 무릇 기쁨·분노·슬픔·즐거움·사랑스러움·미움·부끄러움·두려움 이 여덟 가지는 사람들이 객관 대상을 접할 때 생겨나 전달되는 감정들인데, 이것들은 각기 구별되는 범주가 있어서 서로 섞일 수가 없는 것이다. 예컨대 어떤 이는 사람됨이 똑똑하여 사랑해주고 싶고, 또 어떤 이는 못나서 미워지는 경우, 원래 사랑스러워하는 마음과 미워하는 마음은 마땅히 나에게 속한 것이고, 똑똑함과 어리석음은 상대방에

속한 것이다. 그러므로 내가 사랑한다고 해서 그 사람 자체를 사랑스런 사람이라 하고, 내가 미워한다고 해서 그를 원래 미운 사람이라고 하겠는가? 또한 어떤 것을 맛본 사람이 기뻐한다고 그것을 기쁜 맛이라 하고, 노여워한다고 그것을 노여운 맛이라고 할 수 있겠는가? 이로 보건대 밖과 안은 서로 다른 작용이 있고, 주관과 객관에는 서로 다른 명칭이 있음을 알 수 있다. 마찬가지로 성음(聲音)은 마땅히 선악(善惡. 화와 불화)을 위주로 하는 범주이니 애락과는 무관하고, 애락은 당연히 감정이 움직인 뒤에 밖으로 표현되어 나온 것이니 성음과는 무관하다. 그러므로 애락과 성음의 명(名)과 실(實)이 이처럼 확연히 구별되니 성무애락의 이유는 이로써 분명히 드러나는 것이다.[2]

이는 곧 '사물의 객관적 성질에 대한 판단(쓴맛·단맛·현명함·어리석음 등)'과 이에 대한 '주관적인 정감 판단(기뻐함·노함·사랑스러움·미움 등)'은 결코 같을 수가 없는 확연히 구별되는 범주라는 것이다. 즉 '성음'의 선악은 객관적 성질에 속하고 '성음'의 애락의 감정은 주관적 정감에 속하는 것이므로, 양자는 다른 것이며 따라서 애락은 '성음'과는 무관하다는 것이다.

그럼 혜강은 객관적 현상으로 존재하는 소리와 인간의 마음

---

2. 「第一答」: "夫喜怒哀樂, 愛憎慚懼, 凡此八者, 生民所以接物傳情, 區別有屬, 而不可溢者也. 夫味以甘苦爲稱, 今以甲賢而心愛, 以乙愚而情憎, 則愛憎宣屬我, 而賢愚宣屬彼也. 可以我愛而謂之愛人, 我憎則謂之憎人, 所喜則謂之喜味, 所怒則謂之怒味哉? 由此言之, 則外內殊用, 彼我異名. 聲音自當以善惡爲主, 則無關于哀樂, 哀樂自當以情感而後發, 則無係于聲音. 名實俱去, 則盡然可見矣."

이 서로 전혀 영향을 미칠 수 없고 따라서 소리에는 아무 의미도 없다고 본 것인가? 그렇지는 않다.

> 오음의 가지런한 어울림과 성음의 미묘한 조화는 사람 마음의 지극한 바람이요 인간의 감정이 요구하는 바이다. … 성음의 훌륭한 조화는 사람의 마음을 가장 깊게 감동시킬 수가 있는 것이다. 그래서 힘든 일을 한 사람은 노래를 통해 자기가 겪은 일을 나타내고, 즐거움을 맛본 사람은 춤을 통해 자기가 한 일을 나타낸다. … 그러므로 사람들이 여럿이 모여 그런 소리를 읊조리고 또한 모두 모여서 이를 들으면 마음은 그 화성(和聲)으로 인해 깊이 감동되고 (슬픔의) 정은 절실한 가사(歌詞)에 의해 깊이 젖어들게 된다.³

'천지합덕'에서 비롯된 객관적 '오음'이나 '성음' 또는 '화성'이 이처럼 사람에게 깊은 감동을 줄 수 있고 또 원망의 대상이 될 수 있는 이유는 무엇인가? 즉 소리와 마음의 관계가 명백히 다른데 이것이 어떻게 가능한가?

혜강은 결코 소리에 의해 감정이 움직인다는 것을 부인하지는 않는다. 다만 그것을 "애락의 감정은 사물을 접하면 자연스럽게 마음속에 미리 형성되는데 이 경우에도 화성에 닿아야 비로소 그 감정이 스스로 드러나게 된다"⁴고 본다. 즉 이런 감정 변화

---

3. 「第一答」: "及宮商集比, 聲音克諧, 此人心至願, 情欲之所鍾. … 聲音和比, 感人之最深者也. 勞者歌其事, 樂者舞其功. … 雜而詠之, 聚而聽之, 心動于和聲, 情感干苦言."
4. 「第二答」: "哀樂自以事會, 先溝於心, 但因和聲以自顯發."

가 직접적으로 '화성'에 의해 형성된 것이 아니라, '화성'을 듣기 이전에 이미 다른 원인에 의해 마음속에 쌓여 있던 감정이 '화성'에 의해 감동을 받아 촉발된 것일 뿐이라는 것이다. 즉 우리가 '성'을 듣고 '성' 자체에 내재해 있는 희로애락 등의 감정 내용을 곧바로 체험하는 것이 아니라, '성' 자체가 고유하게 지니고 있는 '조화로움[和]'에 의해 마음속에 이미 형성되어 있던 감정이 촉발되어 밖으로 표현된다고 보는 것이다. 이를 혜강은 "화성이 사람의 마음을 감동시키는 이치는 마치 술이 사람의 본성을 격하게 일으키는 이치와 같다"[5]고 비유적으로 설명한다. 즉 '성'은 술과 마찬가지로 단지 이미 내심에 형성된 애락의 감정을 촉발시킬 수 있을 뿐, 이것이 그 자체로 애락을 만들어낼 수는 없다는 것이다.

    그렇다면 '성'의 무엇이 사람의 감정을 그토록 촉발시키는가? '성'에는 애락은 없으나 '성'은 능히 사람에게 심미적 쾌감과 미감을 줄 수 있는데, 이는 '성'이 가지는 '화'의 특색에 의하여 가능하다는 것이다.

> 호감이 가는 소곡(小曲)의 음은 여러 소리의 아름다움을 모두 갖추고 오음의 조화를 모아놓고 있어서 그 본질은 풍부하고 표현도 다양하므로 마음을 각종의 음조에 따라 변화하게끔 할 수 있는 것이다. 그리고 오음이 모두 모여 어울리므로 사람들을 즐겁게 하고 유쾌하게 하며 흐뭇하게 만드는 것이다. 그러나 이 모든 소리와 음은 모두 번잡함과 간단함,

---

5. 「第二答」: "和聲之感人心, 亦猶醴酒之發人性也."

높음과 낮음, 듣기 좋음과 듣기 싫음 등을 본질로 하며, 사람의 감정은 조급과 차분, 집중과 분산 등의 양태로 반응한다. … 이것은 성음의 본질은 오직 빠름과 느림에만 있고, 소리를 들을 때의 정서의 반응은 조급과 차분에만 있을 뿐임을 말해주는 것이다. … 또한 성음에는 비록 흥분과 얌전의 변화는 있으나 그 안에는 각기 일정한 조화가 있어서 그 조화로움이 주는 감동으로 인하여 마음속의 정감이 저절로 드러나게 되는 것이다.[6]

여기서는 두 가지 사실을 밝히고 있다. 즉 하나는 '화'의 의미이고 다른 하나는 그 '화'에 대한 인간의 반응 양태이다. 먼저 '화'는 '음'이나 '성' 또는 '성음'의 본질이며 이것이 사람에게 쾌감과 미감을 주는 것임을 분명히 하고, 아울러 이 '화'의 근거는 '성'의 객관적 성질, 즉 그 형식에 있음을 밝힌다. 그래서 인간의 마음이 이 곡조의 형식(빠름이나 느림, 혹은 높음과 낮음 등)에 따라 변화하고, 그 가운데서 미적 향수와 마음의 만족 내지는 깊은 희열을 느끼게 된다는 것이다. 그러므로 이러한 사실은 '성'의 형식이 사람에게 애락을 만들어준다는 것은 부정하지만, 쾌감과 미감을 줄 수 있다는 것은 충분히 긍정하고 있음을 설명하는 것이 된다.

이처럼 혜강은 본질적으로 조화로움을 갖춘 '성'의 형식과

---

[6] 「第伍答」: "姣弄之音, 挹衆聲之美, 會伍音之和, 其體瞻而用博, 故心役於衆理. 伍音會, 故歡放而欲愜. 然皆以單, 複, 高, 埤, 善, 惡爲體, 而人情以躁靜專散爲應. … 此爲聲音之體, 盡於舒疾, 情之應聲, 亦止於躁靜耳 … 曰聲音雖有猛靜, 猛靜各有一和, 和之所感, 莫不自發."

그 내용을 엄밀히 구분한다. 즉 '성'을 통해 마음이 느끼는 것은 애락의 감정이 아니라 '성'의 형식에 의한 심미적 쾌감과 미감이며, 이 때문에 사람들이 '성음'의 조화로움을 원망(願望)하고 또 이에 깊이 감동한다는 것이다.[7]

2) 「성무애락론」은 소리(음악 포함)의 본질, 소리의 심미감수(審美感受), 소리의 효능 등의 문제에 대해 체계적인 이론을 편 전문 저작이다. 먼저, 소리의 본질에 대해 혜강은 '자연지화'를 '소리'의 본질로 파악하는데, 이는 그의 존재론인 '천지합덕'론이 우주 만물의 생성 근거이자 존재 근원인 '도(道)'에 의해 소리가 비롯되었다고 이해했으며, 또한 '무형(無形)'이자 '무성(無聲)'의 '도'를 현상적으로 존재하는 일체의 '유성지음(有聲之音)'의 근원으로 파악하였음을 의미한다. 왜냐하면 '도'는 자연을 본받는데, 자연은 그 자체로 완전한 조화와 균형 그리고 아름다움을 지닌 것으로 노장은 간주하기 때문이다. 따라서 소리가 '자연지화'를 그 본질로 한다는 것은 필연적인 귀결이다. 그런데 이 '자연지화'를 존재론적인 측면에 한정하여 이해하면, '성'의 본질이 인간의 감정과는 무관하고 단지 소리의 형식미가 주는 심미적 쾌감과 미감만이 인정된다는 의미에서 유가(儒家)의 '성유애락(聲有哀樂)'을 부정하고 비판하는 것에 그치게 된다. 하지만 이 '자연지화'를 양생론적(養生論的)인 측면에서 이해하면 소리의 본질이 인간의 세속적 감정을 초월한 평온하고 조화로운 마음 상태를 의미하므로 이는 곧 초공리적 심미 의식과 일치하는

---

7. 이 부분은 한흥섭(1997: 54-62) 요약·인용.

정신 경계라 할 수 있다. 따라서 이런 의미에서는 현실의 시비와 이해득실을 초월한 정신상의 무한한 자유의 경지라 할 수 있는 이상적인 인격의 아름다움이 소리에 의해 도달될 수 있게 된다.

다음으로 소리의 심미감수에 대해 「성무애락론」에서는 심미 객체와 주체의 관계를 소리와 마음의 관계로 설명한다. 즉 소리와 마음의 관계에 대해 첫째, 존재론적 차원에서 하나는 객관에 속하고 하나는 주관에 속하는 것이므로 확연히 구분되고, 둘째, 인식론적 차원에서 이들은 서로 필연적인 일대일대응 내지 상응 관계가 아니라는 것에 근거해 소리와 마음은 서로 무관함을 주장한다. 그리고 이를 논증하기 위해 소리와 마음의 관계를 '명'과 '실'의 관계 또는 '겉모습'과 '속마음'으로 비유한다. 즉 소리와 마음의 관계가 필연적인 일대일대응 내지 상응 관계가 아니라는 주장은, '명'과 '실'은 일치하지 않는다는 그의 '언어관'에서 비롯된 것이며, 나아가 소리는 마음을 충분하고도 완전하게 표현하고 전달할 수 있는 것이 아니라는, 당시의 '언부진의론(言不盡意論)'의 영향에 의한 사상에서 연유한다. 따라서 이런 주장은 결국 소리와 마음, 즉 심미 객체와 주체 간의 유가식(儒家式)의 필연적 상응 관계를 근본적으로 부정하는 것이 되므로 자연히 심미 주체 각 개인의 독특한 경험 세계나 상황이 중시되고, 결과적으로 심미 객체로서의 '소리'를 받아들이는 심미 주체 개개인의 '연상이나 상상의 공간'을 무한히 자유롭게 한 것이 된다.

마지막으로 소리의 효능에 관해 「성무애락론」에서는 전통적으로 수용되어온 유가적 정치 교화를 그 내용으로 하는 '이풍역속(移風易俗)'에 대해, 이를 도가적 '이풍역속'으로 새로이 해석했다. 즉 유가적 의미의 '이풍억속'이란 기본적으로 '음' 또는 '악'의 깊은 감화력을 긍정하고 이를 '예(禮)'와의 밀접한 관계에 의해 규정하고 극대화함으로써 인간의 자연적이고 생리적인 정감을 '예'와 '악'이라는 문화 심리 구조를 통해 규제하고 절도 있게 하여, 즉 '중화(中和)'의 경지로 이끌어올려 다른 사람(수직 관계나 수평 관계의 사람)과 조화를 이루는 안정된 사회생활을 영위하도록 하는 것이다. 말하자면 인간화되기 이전의 자연적인 정감 또는 성정의 '불화(不和)'를 도야하여, 즉 인간화하고 문화화하여 인위적인 가치 질서 체계인 '화'로 이끌어올리는 것을 의미한다. 이에 대해 혜강 역시 '성'의 감화력을 긍정하나, 그것은 '성'의 본질인 '자연지화'에 의해서 저절로 가능한 것이지 유가에서처럼 인위적인 '음' 또는 '악'에 내포되어 있는 구체적인 내용 때문은 아니라고 본다. 즉 '지덕지세(至德之世)'에서의 사람의 자연 본성 내지 정감은 이미 '불화'가 아니라 그 자체로 '화'라 할 수 있는 평온하고 조화로운 마음 상태에 있으나, 이 '자연지화'가 인위적인 '음' 또는 '악' 그리고 '예'라는 사회·문화제도에 의해 억압되고 왜곡되었으므로 이러한 인위적인 '음' 또는 '악'을 제거해야 하고, 그래서 원래의 '자연지화'가 '성'을 통해 자연스럽게 드러나도록 하는 것이 진정한 의미의 '이풍역속'이라는 것이다. 혜강의 이런 해석은 그가 제기한 '월명교이임자연(越名敎而任自然)'이라는 명제의 반영이다. 즉 '명교'가 유가의 인위적인 가치 질서 체계를 의미하고 '자연'이 도가(道家)의 무위적인 자연 상태의 모습을 의미하는 것이라면, 혜강은 인간의 자연스런 본성을 철저히 억압하고 왜곡하는 한에서는 현실적인 이상으로서의 '명교'를 부정하고, 그런 사회제도와 문화 구조로 되기 이전의 상태인 '자연'을 가장 이상적인 현실 모습으로 이해하

고 있는 것이다.[8]

2. 유가의 음악론과 도가의 음악론 비교[9]

1) 타율적 음악론과 자율적 음악론

「악기(樂記)」의 악론 사상은 기본적으로 유가적 성인(聖人)에 의해 제작된 인간화되고 제도화된 '음(音)' 또는 이를 기초로 한 '악(樂)'의 보편적인 정감 형식 안에 보편적인 정감 내용이 내재되어 있다고 본다. 그리고 이를 통해 성인의 뜻과 정감을 표현할 수 있고 이를 일반 백성들에게 전달할 수 있다는 것을 전제로, 그러한 성인의 정치적인 교화의 메시지를 일방적으로 강화하거나 옹호 또는 고착화하기 위한 하나의 효과적인 도구로서만 음악 예술의 존재 가치를 인정한다. 즉 '음' 또는 '악'의 감화력을 근거로 백성들의 윤리·도덕의식을 순화하고 고양시켜 그들을 정치·사회적으로 '이풍역속'하게 할 수 있다는 그 '명교적 효용성'의 수단으로서만 음악 예술을 이해하는 것이다. 따라서 「악기」에서는 음악의 내용이 도덕적으로 선이어야 함을 강조하고, 음악이 가지는 사회적 기능에 대해 깊은 관심을 지닌다. 이처럼 「악기」는 음악의 내용을 도덕적 선으로 획일화하고, 음악 예술의 가치를 정치·사회적 교화라는 목적을 위한 수단으로만 이해하고 있으므로 이는 타율적 음악론이라 하지 않을 수 없다.

이에 반해 「성무애락론」은 '성음'의 존재근거를 음양 두 기의 융합에 의한 우주 대자연의 산물로 보고 그 본질을 '자연지

---

8. 이 부분은 한흥섭(1997: 296-298) 요약·인용.
9. 이 부분은 한흥섭(1997: 278-282) 요약·인용.

화'로 이해한다. 따라서 이런 '성음'은 인간의 감정과는 무관한 객관적인 현상으로 간주되고 그 안에는 당연히 인간의 주관적인 뜻이나 감정이 내재해 있을 수 없으므로, '성음'은 그 자체가 가지는 조화로운 형식미만으로도 충분히 감상자에게 심미적 쾌감과 즐거움을 줄 수 있는 것이 된다. 그러므로 「성무애락론」에서는 음악의 내용보다는 형식이 중시되고, 음악의 교화 작용보다는 심미 작용에 대한 깊은 자각이 내포되어 있다. 이처럼 「성무애락론」은 '성음'의 형식미를 존중하고 '성음'의 조화로움이 주는 심미적 쾌감과 미감의 의의와 가치를 자각하고 이를 최초로 이론화한, 즉 성음을 그 자체로 이해하고 음악을 독립적인 예술로 간주한 자율적 음악론이라 할 수 있다.

2) 인위적(人爲的) 음악 음과 무위적(無爲的) 자연 음

「악기」는 기본적으로 '물적 매개로서의 음'의 출발을 '인성(人聲)'에 둔다. 그다음 거기에 형식미(문채文彩·절주節奏)가 곁들여진 것이 '음'이고, 그 위에 악기의 연주와 춤이 가해진 가(歌)·악[樂器]·무(舞)의 종합예술적 성격을 띠는 것이 '악'이다. 그리고 그 음악 예술적 가치도 '성' → '음' → '악'의 순서로 규정하는데, 이는 곧 가장 낮은 동물적이고 생리적인 욕망의 표현 단계에서 점진적인 인간화·사회제도화·예교 문화화로의 과정을 단계적으로 보여주는 것이며, 그 가치 기준은 바로 '명교적 효용성'의 극대화 가능성에 있음을 시사한다. 이처럼 「악기」에서 '인성'을 '물적 매개로서의 음'의 기초로 파악했다는 것은 곧 「악기」의 악론이 '인성론(人性論)'의 문제와 연관되고, 이는 결국 음악의 감화력에 의한 '이풍역속'의 주장으로 직결됨을 보여준다.

따라서 「악기」에서의 '물적 매개로서의 음'은 철저히 인위적인 '음악 음', 즉 노랫소리를 그 본질적 속성으로 하며, 아울러 그런 음악 음을 통한 교화와 '이풍역속'을 위해 '아(雅)'·'송(頌)' 등의 '생각에 사특함이 없는[思無邪]' 시가 요구되고 중시되었다. 이는 곧 유가 악론에서 '시'의 노래 가사를 이해할 수 있느냐 없느냐 또는 잘 아느냐 모르느냐가 결국 악을 아는 '군자'냐 아니냐를 결정하는 관건이 된다는 것을 의미한다.

이에 반해 「성무애락론」은 '물적 매개로서의 음'을 '물리적 음향인 자연의 소리'로 규정한다. 즉 인위가 가해지지 않은 천연 그대로의 자연 음을 음악 음의 근원이며 더 나아가 음악 음보다 더 인간에게 깊은 감동을 줄 수 있는 조화로움과 아름다움을 지닌 것으로 이해한다. 위진 시기에는 자연의 아름다움을 자연미 그 자체로 바라보는 심미적 태도와 또한 그것을 예술미의 모범으로 간주하는 풍조에 힘입어 그러한 관점이 일반적으로 널리 승인되기도 하였다. 하지만 이런 이해가 가능하려면 먼저 어떻게 해서 단순한 '물리적 음향' 즉 자연의 '소리'가 '음악 음'이 될 수 있느냐 하는 문제가 선결되어야 한다. 그렇지 않으면 혜강은 '소리'와 '음(음악 음)'을 혼동한 것이 되고 만다. 나는 혜강의 생각을 다음과 같이 이해한다. 즉 '소리'가 '음'이 되기 위해서는 그 '소리'가 '의미'를 획득해야 한다. 말하자면 '의미를 획득한 소리'가 음인 것이다. 따라서 단순한 자연의 소리를 듣고 거기서 영원한 아름다움이 내재되어 있는 '도'의 '자연지화'를 들을 수 있다면, 그 소리는 이미 단순한 물리적 음향이 아니라 물적 매개로서의 '음'이 되는 것이다. 이렇게 본다면 「성무애락론」은 '음악 음'의 영역을 인위적인 '오음'을 넘어서 무위의 '자연의 소리'로까지 확대한 것이며, 이런 '자연 음'을 발견하고 이를 감상할 수 있는 경지는 곧 '자연'을 심미적으로 관조할 수 있는 초공리적(超功利的) 심리 상태, 즉 '도(道)'의 경지에서만 가능함을 주장한 것이다.

3) 도덕적 창작론과 심미적 감상론

「악기」가 기본적으로 음악의 도구적 기능성을 중시하는 이유는, '음' 또는 '악'을 통한 정치적 교화에 그 목적이 있기 때문이다. 따라서 창작의 주체는 유가에서 가장 이상시하는 가치를 체득한 통치자인 성인에 한정되었으며, '악'을 알 수 있는 감상의 주체도 이상적 인격체이자 지배자라 할 수 있는 '군자'로만 제한되었다. 그러므로 그 내용은 자연히 그런 성인의 덕을 드러내거나('상덕象德'), 그들이 이상화한 윤리·도덕의 심미 표준에 준해야 했다. 이는 곧 '온유돈후(溫柔敦厚)'와 '발호정지호예의(發乎情止乎禮義)'(『詩經·毛詩序』) 또는 '낙이불음(樂而不淫), 애이불상(哀而不傷)'(『論語·八佾』) 등으로 대표되는 정감 표현의 심미 척도에 의해 인간의 자연 정감이 유형화되고 규격화됨을 의미한다. 그렇기 때문에 인간의 정감을 지나치게 자극하는 '정성(鄭聲)'은 퇴폐적인 풍습을 야기한다고 비난했으며, '아(雅)'와 '송(頌)'은 신(神)과 사람을 화합케 하는 것이라 하여 칭송했다. 즉 정감 표현은 미적 감동과 조화로움뿐만 아니라 사회의 윤리·도덕적 선을 내용으로 해야 한다는 것이다. 이처럼 「악기」에서는 인간의 정감 표현을 예술의 본질이라고 보았지만 그 정감 표현의 창작 주체는 지배 계층에 한정되었으며, 그 내용 역시 개개인의 구체적이고 특수한 정감이 아니라 그들이 규정한 심미 표준에 적합한 보편적인 정감을 인간화된 보편적 정감 형식의 틀 안에서 표현하도록 했다. 따라서 이런 정감 표현의 규격화와 전범화의 강조와 옹호는 인간의 자연스런 성정의 표현을 억압하고 왜곡하는 기제로 작용할 소지를 내포한다.

이에 반해 「성무애락론」에서 '소리'는 우주 대자연의 산물이므로 창작 주체는 자연일 수밖에 없고, 그 목적이나 그것을 향수할 특정한 대상이 따로 상정되어 있는 것이 아니다. 단지 '소리'는 그 자체가 가지는 형식의 아름다움에 의해 인간의 정감을 촉발시킬 수 있는 '자연지화'를 그 본질로 할 뿐이다. 따라서 「악기」에서와는 달리 「성무애락론」에서는 소리와 마음의 필연적 상응 관계가 근본적으로 부정됨으로써 자연히 감상자로서의 각 개인의 독특한 경험 세계가 중시되고 결과적으로 심미 대상으로서의 '소리'를 받아들이는 심미 주체 개개의 '연상이나 상상의 공간'이 무한히 자유로워진다. 하지만 「성무애락론」에서는 '소리'가 형식미를 통해 인간에게 심미적 즐거움을 주는 것에 그치는 것이 아니며, 그 본질로서의 '자연지화'를 체득하기 위해서는 평온하고 조화로운 마음이 요구됨을 명시했다. 그리고 이런 평온하고 조화로운 마음이 초공리적 심미 주체의 마음 상태와 일치한다고 할 수 있다면, 이는 무위의 '자연지성(自然之聲)'을 심미적으로 감상함으로써 가능한 것이고, 그 '자연지화'를 통해 인간은 원래의 소박한 자연 본성을 회복하고 나아가 그 '자연지화'와 일체가 된 경지에 이를 수 있다고 주장했다. 따라서 「성무애락론」에서는 '성음'을 통해 궁극적으로 그 '성음'의 본질인 '자연지화'를 체득하기 위해서는 초공리적 심미 주체의 상태에서 '성음'을 감상할 수 있어야 함을 주장한 것이다.

3. 한국 전통음악의 특징

한국의 전통음악은 그 역사가 유구하다. 역사가 오랜 만큼 갈래도 다양하나, 대략 지배 계층의 '아악(雅樂)'과 피지배 계층의 '민속악(民俗樂)'으로 대별된다. 아악은 고대 동아시아의 예악(禮樂) 전통에서 유래하였으며, 민요를 제외한 시나위, 판소리, 산조 등 민속악은 모두 샤머니즘(shamanism)에 바탕한 굿 음악, 즉 무악(巫樂)을 모태로 한다. 그리고 이들은 모두 가장 한국적인 전통음악으로 일컬어진다. 아악과 민속악의 구분은 삼국(사국)시대 이후 지속된 엄연한 신분 사회의 상이한 '예술의욕(Kunstwollen)'이 만들어낸 결과다. 그러다 조선 후기(17세기 이후)에 접어들면서 급격한 사회변동에 따른 신분 계층의 변화로 인해 전래의 아악과 민속악이 융합된 '정악(正樂)' 혹은 '풍류방(風流房) 음악'[10]이 생겨나게 된다. 현재 우리가 접하는 전통음악이란 바로 이 조선 후기에 형성된 틀을 계승한 음악을 뜻한다.

1) 정악[11]

아정(雅正)하고 정대(正大)하다는 의미를 지닌 정악은 우리 민족의 고아(高雅)한 심성을 가장 잘 보여주는 음악이다. 아악과 정악의 가장 큰 차이는 두 가지다. 하나는 의례성의 여부이고 다른 하나는 춤의 존재 여부다. 즉 의례성이 강하고 춤이 포함된

---

10. '풍류방 음악'은 17세기에 발생하여 18세기에 고도로 발달하였으며, 양반 사대부와 부유한 중인 계층의 선비들이 풍류방에서 즐기던 음악이다. 〈영산회상〉과 같은 기악곡과, 가곡(歌曲)·가사(歌詞)·시조(時調)와 같은 정가(正歌) 계통의 성악곡 등을 말한다.
11. 여기서부터 끝부분까지는 한흥섭(2003: 113-129) 요약·인용.

가·악·무(歌·樂·舞)는 궁중악으로서의 아악이고, 비의례적이며 춤이 없는 기악 연주나 노래는 풍류방 음악으로서의 정악이다. 이 정악은 주로 실내(풍류방)에서 선비 또는 문인(文人) 같은 비직업인이 주축이 되어 자신들의 심신 수양[正人心]과 즐거움을 위해 연주하는 비의례적 기악과 성악 음악이다. 〈수제천(壽齊天)〉이나 〈영산회상(靈山會相)〉, 정가(正歌)가 주요 레퍼토리이다.[12]

연주 형태를 보면 서양의 모음곡과 달리 각곡들을 쉬지 않고 계속 연주하기 때문에 각곡의 시종(始終)이 분명하지 않은 점과, 유사한 선율이 큰 변화 없이 반복되는데 뒤로 갈수록 속도가 빨라지는 특색을 지녔다. 유교적 소양을 쌓은 지식 계층인 여유 있는 선비들이 즐겨한 이 음악은, 비록 심신 수양을 목표로 시작되었으나 후에 민속악적인 요소가 유입되어 순수 기악미를 추구하는 음악으로 변모되었다. 이런 정악은 대체로 느릿하고 장중하며 큰 변화가 없는데, 그 이유는 음악의 목적이 사람의 마음을 올바르고 단아하게 하는 데 있다고 보기 때문이다. 즉 음악은 본질

---

12. 예컨대 오늘날 전통음악의 백미로 알려진 〈수제천〉에는, 조선의 궁중에서 거행되던 의례악의 본질적 성격이 강하게 내포되어 있다. 이는 곧 음악 외적인 기능이 음악(미)의 본질을 구성하고 있음을 뜻한다. 그래서 이 음악의 선율과 리듬은 느릿하면서도 끊어질 듯 이어지며 지속하는 '유장미(悠長美)'와 강인하고도 부드러운 '강유미(剛柔美)'를 지니는데, 이를 통해 유교적 정신 수양의 궁극 이념이라 할 수 있는 단아하고 아정한 '중화미(中和美)' 혹은 '중절미(中節美)'를 표현해낸다. 또한 정악의 대표곡으로 간주되는 〈영산회상〉은 여덟 혹은 아홉 곡의 작은 곡이 모여 하나의 큰 곡을 이루는 일종의 모음곡(suite)이다. 초기 〈영산회상〉은 현행 〈상영산(上靈山)〉에 해당하는 부분만 '영산회상불보살(靈山會上佛菩薩)'이라는 일곱 자를 엄숙하게 노래로 부른 불교 성악곡이었다. 그후 조선 후기로 넘어오며 가사를 없애고 기악화하면서 그냥 반복하던 음악을 조금씩 변주하는, 선율이 비슷한 파생곡들이 생겨났다.

적으로 사람들에게 즐거움을 주는 것이지만, 그러한 즐거움이 지나쳐서는 안 된다는 것을 뜻한다. 어떻든 이 정악은 순수하게 즐기기 위한 목적으로 탄생한 음악이기는 하지만 그 기본 바탕이 의례의 수식 혹은 심신의 수양이라는 기능을 주목적으로 하는 아악이기 때문에, 요즘 우리가 말하는 소위 듣고 즐기기 위한 자율적 음악이라는 범주에 전적으로 포함시키기는 어렵다.

2) 시나위

시나위는 아득한 옛적 우리 민중의 무속 신앙과 연관된 굿 음악(무속음악)에서 비롯된 것으로, 즉흥성을 그 주요 특징으로 한다. 전라도 지방을 비롯하여 경기도 남부, 충청도 서부, 경상도 서남부 지방 등에서 굿 노래[巫歌]의 반주나, 굿 춤[巫舞](살풀이 춤)의 반주로 연주되는 음악이다. 그리고 이 무가가 훗날 판소리로, 무악은 시나위로 발전한다.[13]

시나위는 즉흥성이 강한 음악이다. 다른 민속음악도 모두 그러하지만 특히 시나위의 연주에서는 즉흥성이 중요하다. 각 악기들은 육자배기 토리[14]와 일정한 장단을 토대로 하여 각자

13. 시나위의 악기 편성은 어느 것이나 타악기와 관악기가 중심이 된다. 시나위 음악은 산조와 마찬가지로 장구가 장단을 잡아서 이끌어간다. 악기 편성이 다양해지고 한 종류의 악기가 둘 이상 편성될 때는 장구 이외에도 징이 첨가되는데, 징이 사용됨으로써 무속적인 분위기는 더욱더 고조된다. 사용되는 악기는 대개 대금, 피리, 해금, 장구, 징 등인데, 무대에서 연주되는 시나위 합주의 경우에는 여기에 가야금, 거문고, 아쟁 등이 추가로 편성되기도 한다. 여기에 사람 목소리, 즉 구음(口音)이 들어가면 더욱 좋다. 구음은 일정한 가사 없이 모음(母音)을 즉흥적으로 사용하는 것이다.
14. 각 지방마다 사투리가 있고 이에 따라 민요의 멋과 맛이 다르듯, 무가도 지방에 따라 독특한 '토리(idiom)'로 되어 있다. 그래서 전라도 민요의 특징이 전형적으

소리 또는 악(樂)　　177

즉흥적인 음악을 만들어나간다. 따라서 각 악기들 간에 서로 일치하지 않는 다성적(多聲的)인 진행이 이루어지는데, 이것이 바로 시나위 음악의 중요한 특징이다.[15] 대개 느긋한 살풀이장단(12/8박자)으로 시작하여 점점 템포가 빨라진 다음 자진모리장단으로 고조되고, 마지막에 살풀이장단으로 돌아와서 끝나는 것이 일반적인 형식이다.

시나위의 아름다움은 '불협화의 협화', '부조화의 조화' 등으로 설명되며, 연주자들 간에 본청[16] 기본음(중심음)만을 같게 약속한 뒤 곧바로 연주에 들어간다. 시나위를 들어보면 개개의 악기가 만들어내는 선율도 독립적인 악곡으로서 조금도 손색이 없을 정도로 개성과 완벽미를 가지고 있고, 아울러 이러한 각자의 완전한 선율이 모여서 하나의 악곡을 형성하면서도 조화와 균형미를 지닌다.

로 나타나 있는 육자배기의 명칭을 딴 육자배기 토리는, 전라도 민요의 선율적 특징을 가리키는 말이다. 즉 '토리'라는 용어는 각 민요권의 선율적 특징을 나타내는 말인데, 전라도는 '육자배기 토리', 경상도를 포함한 강원도, 함경도 등 동해안 지방은 경상도의 메나리라는 민요의 전형성을 따서 '메나리 토리'라 한다. 이에 반해 경기도와 서도 지방의 토리는 특정한 곡명을 사용하지 않고 '경서도 토리'라 부른다.
15. 물론 무대에서 연주하는 시나위 합주는 그 가락을 미리 구성하여 연습하기 때문에 전적으로 즉흥음악이라고 보기는 어렵다. 하지만 무대에서 연주하는 경우라도 연주자들이 악보에 의존하지 않는다는 점, 그리고 미리 짠 가락이라고 하더라도 무대 위에서 연주자들의 기량에 따라 어느 정도의 변주가 이루어질 수 있다는 점에서 여전히 즉흥적인 음악의 좋은 예가 된다. 그리고 시나위는 합주로 연주하는 것이 보통이나 때로는 독주로 연주하기도 한다.
16. 시나위 대금이나 민요에서 중심이 되는 음 또는 그런 목청.

3) 판소리

판소리는 세계적으로 그 유례가 없는 우리 민족 특유의 예술 양식이다. 공연 시간이 수시간에 달하는 장편의 극(劇) 노래인 판소리의 공연 형식은, 한 사람의 소리꾼[唱者]이 '아니리'[17]와 '발림'[18]을 섞어가며 소리하는 것으로 구성되고, 반주는 관악기나 현악기와 같은 선율악기 없이 오직 리듬악기인 북만을 사용한다.[19]

잘 알려진 바와 같이 전승되어오던 판소리 열두 바탕 가운데 현존하는 판소리 다섯 바탕의 내용은 모두 유교적 가치를 구현하고 있는 것뿐이다.[20] 이는 판소리가 처음에는 기층 민중에서 생겨났으나 17세기 후반 이후 사회변동에 의해 유교적 교양을 갖춘 지식 계층인 양반과 부유한 신흥 중인들이 향유층으로 대두

---

17. 판소리 소리꾼이 선율적(旋律的)인 가락이 아니라, 일상적인 구어체의 말로 정황(情況)을 설명하는 것.
18. 너름새, 사체(四體), 과(科)라고도 하며, 판소리꾼이 보다 현장감 있는 표현을 하기 위해서 곁들이는 일련의 몸짓, 동작들을 말한다.
19. 공연할 때 소리꾼은 전통적으로 한복을 입고 손에는 부채를 든다. 고수(鼓手) 역시 한복에 갓을 쓰며, 자리에 앉아서 창자를 바라보며 북을 친다. 소리꾼은 공연할 때 먼저 단가(短歌)라고 하는 짧은 노래를 부르는데, 이것은 소리꾼(창자)의 목청을 조절하고 청중의 주의를 집중시키기 위한 것이다. 모든 공연에서 소리꾼은 먼저 노래가 아닌 아니리로 서사적 상황을 이야기하고, 그다음에 일정한 길이의 서사 단락을 그 내용에 맞는 장단(長短)과 조(調)를 갖추어 노래한다. 소리꾼은 노래를 하거나 말로 이야기할 때 적절하게 부채를 펴거나 접기도 하고, 또 작품 속의 인물의 행동을 모방하는 연극적 행동인 발림을 한다. 이때 청중은 공연의 사이사이에 창자와 고수를 북돋우는 "얼씨구, 좋다, 그렇지, 아암, 어이" 등의 추임새를 해가며 감상한다.
20. 현재 불리고 있는 〈춘향가(春香歌)〉·〈심청가(沈淸歌)〉·〈홍보(부)가(興甫(夫)歌)〉·〈수궁가(水宮歌)〉·〈적벽가(赤壁歌)〉 등 다섯 마당은 모두 당시의 유교적 최고 가치 덕목인 여자의 '정절', 부모에 대한 '효', 형제간의 '우애', 군주에 대한 신하의 '충(忠)', '신의(信義)' 등을 그리고 있다.

되면서 그들의 심미적 욕구가 반영된 결과다. 이처럼 창자와 반주자와 청자에 의해 즉흥적인 흥(興)과 신명(神明)이 어우러지는 판소리의 매력은, 형식에서는 사설의 극적 변화와 다양한 문예 양식 그리고 이를 역동적인 성음으로 '이면(裏面)'[21]에 맞게 사실적으로 풀어내는 '변화무궁한 구현미(具現美)'에, 내용에서는 인간다움에 바탕을 둔 '유교적 도덕미'에 있다.

4) 산조(散調)

19세기 무렵 발흥한 산조는 한민족이 오랜 역사 과정 속에서 꾸준히 지녀온 음악 예술적 감수성이 가장 탁월하게 발휘된 순수 기악 음악이다.[22] 보통 연주 시간이 40분 내지 50분에 이르는 기악 독주곡인 산조는 어떤 극적인 내용이나 표제(標題)가 없는 절대음악(絶對音樂)이다. 처음에는 느린 장단으로 시작하는데, 곡 중간에 쉬는 부분 없이 메들리식으로 연주해나가다가 뒤로 갈수록 점점 빠르게 고조되어간다. 또한 주제 가락이 단 한 번의 반복도 없이 새로운 형태로 끊임없이 나타나는 데다가 템포도 점점 빨라지기 때문에 일단 연주가 시작되면 끝날 때까지 긴장을 늦출 수 없게 된다. 그리고 반주는 반드시 장구(장고) 하나만을 사용하는데, 이러한 산조와 같은 양식의 독주곡은 세계적으로도

---

21. 이면(裏面)은 사전적으로는 보이는 면보다 더 진실에 가까운 보이지 않는 면(속), 또는 사물의 보이지 않는 뒷면을 가리킨다. 그러나 판소리에서는 사설 혹은 음악의 리얼리티(사실성)를 뜻한다.
22. 산조의 유래에 대해서는 대체로 1890년경 전남 영암에 살던 김창조(金昌祖, 1856-1919)가 판소리와 시나위에 바탕을 둔 새로운 독주곡 양식인 '가야금산조'를 처음으로 짠(작곡한) 것으로 알려져 있다.

그 유래를 찾기 어려운 독자적인 음악으로, 일본이나 중국에서는 찾아볼 수 없고, 단지 인도나 중앙아시아 지역에서 유사한 양식의 음악이 발견될 뿐이다.

산조는 시나위 가락과 판소리의 선율과 리듬에서 나온 기악 독주곡으로 그 역사가 대략 100년 정도밖에 안 되는 남도 음악이지만, 최고의 명인적 예술성을 요하는 전통음악이다. 왜냐하면 산조의 핵심은 전통음악의 가장 두드러진 특징 가운데 하나인 장단의 다양함에 있기 때문이다.[23]

잘 알려진 바와 같이 산조는 장단이 아주 느린 진양조에서 시작하여, 중모리, 중중모리, 자진모리, 휘모리, 단모리로 점점 빨라지는 형태를 취하고 있는데, 이처럼 느리게 시작하여 점차 빨라지는 진행 방식은 전통음악의 일반적인 특징이기도 하다. 또한 산조 한바탕 전체는 '긴장과 이완의 대비'가 주조를 이룬다. 장단이나 조의 구성에서 이런 긴장과 이완의 대비를 찾아볼

---

23. 산조의 장단을 모르면 산조를 감상하더라도 악장 구별에 어려움을 겪게 되므로, 감상을 잘하려면 산조 장단부터 익히는 것이 필요하다. (1) **진양조**: 민속악 장단 가운데 가장 느린 장단으로 서양음악의 라르고(Largo) 정도에 해당하며, 산조의 첫 악장에 놓인다. (2) **중몰이(모리)**: 중몰이는 '중'(中)으로 '몬다', 즉 중간 속도로 몰아가는 장단이라는 뜻으로, 진양조 다음으로 느린 장단이다. 서양음악의 모데라토(Moderato)에 해당한다고 볼 수 있으나, 실제로는 그보다는 좀 느리다. (3) 중중몰이(모리): 중몰이 장단을 다시 '중(中)'으로 몰아가는 장단이란 뜻으로, 중몰이 장단보다 약간 더 빠르다. (4) **자진(잦은)몰이(모리)**: '잦게', '빈번하게' 몰아가는 장단이란 뜻으로, 서양음악의 알레그로(Allegro)에 해당하는 빠른 템포의 장단이다. (5) 휘몰이(모리): '휘몰아치듯 몰아간다'는 뜻으로, 매우 빠른 템포의 장단이다. (6) 단몰이(모리): 단몰이는 '짧게[短] 짧게' 몰아간다는 뜻으로 보기도 하고, 입에서 '단내'가 날 정도로 빨리 몰아간다는 뜻으로 새기기도 한다. 서양음악의 프레스토(Presto)에 해당한다고 할 수 있겠으나, 실제로는 그보다 빠르다.

수 있다. 보통 느린 부분은 빠른 부분에 비해서 긴장되며, 상대적으로 빠른 부분은 느린 부분에 비해서 이완된다고 하면, 처음에는 느린 데서부터 시작해 뒤로 갈수록 점점 빠르게 고조되어가는 산조는 전체적으로 긴장에서 이완 쪽으로 옮겨 간다고 하겠다. 이렇게 산조 한바탕 전체는 긴장에서 이완으로 옮겨 가지만, 각 장단과의 관계에서나 혹은 동일한 조의 구성 안에서도 긴장과 이완의 대비가 나름대로 질서정연하게 논리적인 중층구조를 지닌다. 이로 인해 청중은 물론 연주자와 반주자 역시 '긴장과 이완의 역동미'를 체험하게 된다.

산조 음악의 특색을 몇 가지만 열거하면 다음과 같다. 첫째, 일반적으로 산조는 '허튼가락'이라는 말이 있듯이 체계가 없는 즉흥성이 강한 음악이라는 인상을 주지만, 그 나름대로의 내재된 규칙을 갖추고 있다. 둘째, 산조 음악은 음악 자체의 길이가 고정되어 있는 것이 아니라 연주자에 따라 혹은 연주 장소 등의 상황에 따라 얼마든지 그 연주 시간을 조절할 수 있는 융통성이 있다. 셋째, 산조의 음악적 특징은 조이고(맺고) 푸는 데에 있다고 할 수 있는데, 이러한 조이고 푸는 리듬의 역동성 이외에, 정적인 가락과 동적인 가락의 대비, 끊임없는 극적 전환의 연속성 등을 통해 보다 강렬한 판타지를 느끼게 한다. 넷째, 산조의 매력은 또한 농현(弄絃)에 있는데, 농현은 무한한 음색(音色)의 조화요, 농현의 묘미가 없는 산조는 생각할 수 없다. 농현을 통해 산조 음악의 성격은 물론 연주자의 음악적 취향과 인성(人性)까지도 파악할 수 있다. 이런 점에서 산조야말로 국악사에서 최초로 자유롭게 음악의 형식미 그 자체를 즐기기 위해 태어난 순수 기악 음악이라고 할 수 있다.

5) 오늘날 우리가 접하는 전통음악인 국악은 사실 거의 대부분 지금으로부터 겨우 200여 년도 안 되는 조선 후기에 형성된 틀을 계승한 것이다. 18세기 이후의 조선은 사회경제적으로는 부유한 중인 계층이 등장하고 사상적으로는 엄격하던 조선 초 성리학(性理學) 중심의 예악 사상이 어느 정도 느슨해지면서 일반 민중의 자유분방한 삶과 예술이 양반 사대부나 중인 계층에 의해 활발히 수용되던 시대였다. 이런 시대 분위기는 곧 자신을 둘러싼 세계와 자신의 삶에 대한 새로운 자각을 가져왔으며, 자신감 넘치는 개성의 발로로 드러나게 되었다. 아울러 이런 시대정신은 예술 전반에 뚜렷한 변화를 가져오는데, 국악의 경우 궁중의 의식악으로서의 느리고 엄숙한 아악은 양반 사대부나 일반 선비들이 즐기는 보다 빠르고 높은 음을 많이 사용하는 예술 음악으로서의 풍류방 정악을 낳았고, 비천한 광대들이 즐겨 부르던 판소리는 민족 전체가 향유할 수 있는 수준 높은 예술 음악으로 격상되었으며, 이렇게 승화된 판소리 장단과 가락에다가 우리 민족의 근원적 종교의식인 무교에서 비롯된 시나위 가락이 어우러져 전통음악의 정화(精華)인 산조 음악을 창조하였다.

참고 문헌

한흥섭, 1997,『중국 도가(道家)의 음악사상』, 서울: 서광사.
한흥섭, 2003,「신명의 어우러짐 — 국악의 향연」,『한국의 멋과 아름다움』, 안동: 국학진흥원.
嵇康, 1978,『嵇康集校注』, 戴明楊 校注, 臺灣: 河洛圖書出版社.

인디트랜스 정기 세미나 '소리+몸+과학'의 토론 시간. 2014년 4월 18일 고등과학원 세미나실 1503호.

3

물질과 에너지

암흑 물질과
암흑 에너지

전응진

아인슈타인(Albert Einstein)의 상대성이론에 따르면 물질과 에너지는 서로 별개의 것이 아니다. 임의의 물질의 질량(m)은 그 값에 광속(c)의 제곱을 곱한 값(mc^2)에 해당되는 에너지($E = mc^2$)로 바뀔 수 있고, 또한 그 반대로 에너지도 질량으로 전환될 수 있기 때문이다. 그런데 우리는 일상적인 경험으로 물질과 에너지는 서로 다른 어떤 것임을 인식하고 있다. 물질은 최소 단위의 질량을 가진 알갱이가 뭉쳐서 이루어져 있는 것, 즉 모래 알갱이가 모여 있는 것 같은 상태이고, 에너지는 질량은 없지만 일을 할 수 있는 능력을 가진, 마치 물처럼 연속적으로 퍼져 있는 어떤 것을 일컫는 말이다. 구체적으로 빛에너지, 열에너지, 위치에너지(수력발전의 에너지) 등을 떠올리면 될 듯하다. 상대성이론의 입장에서 보면 이 둘은 서로 다른 성질, 상태를 가진 물질-에너지라고 하겠다. 그러면 이 앞에 암흑을 붙인 '암흑 물질'과 '암흑 에너지'란 무엇일까?

당대 최고의 물리학자였던 파인만(Richard P. Feynman)은 "세상 만물은 원자로 이루어져 있다"라는 명제가 현대 과학의 요체라고 했다. 세상 만물을 우리 주변의 모든 사물, 공기, 물, 생명체, 그리고 우주의 별(항성)과 혹성들로 국한한다면 맞는 말이다. 그러나 우주 공간을 채우고 있는 모든 것을 말한다면, 이는 5%만 맞는 말이다. 현재 우리는 우주 공간이 5%의 보통의 물질과 25%의 암흑 물질, 70%의 암흑 에너지로 채워져 있다고 알고 있다. 파인만 시대에는 알지 못했던 사실이다. 보통의 물질이란 원자로 이루어져 있는 것들, 즉 전자(렙톤)와 양성자, 중성자(더 작게는 쿼크)로 구성된 것들을 일컫는다. 우주에는 쿼크와 렙톤으로 구성되어 있지 않은, 따라서 보통의 별들과는 달리 빛을 낼 수 없는

그림 1. 일반상대성이론의 중력

어두운 물질이 존재하는데 이를 암흑 물질이라고 부른다. 우리는 아직도 암흑 물질을 구성하고 있는 '입자'의 정체를 알지 못한다. 우주 구성의 최대 지분을 차지하고 있는 암흑 에너지는 더욱 신비스러운 존재이다. 암흑 에너지라는 조어는 우주론 연구를 선도했던 마이클 터너(Michael S. Turner)가 1998년 즈음에 처음 사용해서 유행하기 시작한 말이다. 물질도 아니고 빛에너지 같은 것도 아닌, 모종의 상태에 있는 알 수 없는 에너지라는 뜻에서 암흑 물질과 대칭적으로 사용한 것이다. 이 암흑 에너지는 아주 독특한 성질을 가지고 있다.

아인슈타인은 1915년 두 물체 사이에 작용하는 만유인력 또는 중력은 근본적으로 두 물체가 만들어낸 시공간의 휘어짐 때문에 일어나는 현상이라고 설파하며 일반상대성이론을 발표한다. 비유하자면, 고무 막 위에 무거운 물체를 올려놓으면 막이 아래로 휘게 되고 그 주변에 작은 공을 놓으면 안으로 굴러 내려가는 현상이 나타나는데, 이것이 바로 중력에 의한 것으로 보인다는 것이다. 이 경우 놀라운 결론이 도출되는데, 무거운 물체 주변을 지나가는 빛도 시공간의 휘어짐에 따라 (즉 중력에 이끌려) 휘어진 경로를 따라간다는 사실이다. 이 신기한 현상은 불과 몇 년 뒤인 1919년에 관측된다. 그해 5월에 일식이 일어났는데 그때 잘 알려진 별의 위치를 관찰했더니 실제 위치인 N이 아니라 H에 있는 것으로 관측된 것이다. 이 사건은 그 당시 엄청난 뉴스거리였고 상상할 수 있듯이 아인슈타인과 일반상대성이론을 아주 유명하게 만들었다. 그런데 어쩐 일인지 상식을 뒤바꾸어놓은 세기의 업적, 일반상대성이론 그리고 특수상대성이론에는 노벨상이 주어지지 않았다. 아인슈타인은 광전효과를 발견한 공로로 1921년

노벨상 수상자가 되었다.

　아인슈타인은 1917년 일반상대성이론을 우주에 적용하여 우주가 시간에 따라 어떻게 변화되어왔는지를 풀어냈는데, 이 우주 방정식을 통해 현재 우리는 우주의 나이 등 여러 가지 우주의 역사에 대한 많은 정보를 알아내고 있다. 우주가 물질로만 가득 차 있다면 물질들이 서로의 중력에 의해 끌어당겨져 팽창하던 우주도 종국에는 아주 작은 점으로 줄어들게 될 것이다. 다른 한편 우주에 빛에너지(또는 질량이 없는 입자들)만 있다면, 물질로 차 있는 우주에 비해 2배나 더 휘게 되어 팽창 속도가 줄어드는 비율이 2배가 된다. 즉 더 빨리 수축하게 되는 것이다.

　암흑 에너지는 아주 신기한 성질을 가지고 있다. 우주가 암흑 에너지로만 차 있으면 우주의 팽창하는 속도는 줄어드는 것이 아니라 오히려 늘어난다. 즉 가속 팽창을 하게 된다는 것이다. 우주가 가속 팽창을 하면 아주 멀리서 오는 별빛의 파장이 더욱 길어져 (더 빨리 멀어지는 앰뷸런스가 내는 소리의 파장이 더 길어져 늘어지게 들리는 것처럼) 빨간색 쪽으로 더욱 많이 편향되어 보인다. 바로 이 현상을 1998년에 초신성에서 오는 빛을 관측하던 두 실험 그룹에서 확인하게 되었고, 이는 우주의 진화에 대한 우리의 지식에 혁명적인 변화를 가져오게 했다. 당연히 2011년에는 이 업적에 노벨상 물리학상이 주어졌다.

　암흑 에너지의 대표적인 사례가 아인슈타인이 1917년 논문에서 처음 제시한 '우주 상수'라는 것이다. 보통의 물질과 에너지에 의해 우주가 점점 수축하게 되는 것을 방지하기 위해, 적당한 양의 우주 상수를 도입해서 시간에 따라 변하지 않는 우주(정상우주)를 만들어내었던 것이다. 아인슈타인을 비롯한 그 당시

그림 2. 허블의 천문대를 방문한 아인슈타인

의 사람들은 우주의 상태가 시간에 따라 변화한다는 사실을 받아들이지 못했을 것이다. 오늘 보는 별들 사이의 거리가 수년 전에 보았던 별들 사이의 거리와 같았고, 더욱이 선조들이 기록해 놓았던 그대로였을 테니 이렇게 생각했다는 것이 이상하지는 않다. 마치 태양이 지구 주위를 도는 것이라고 오랫동안 믿어왔던 것처럼 말이다. 그러나 그 당시에도 상식을 거부했던 소수의 사람들이 있었다. 1922년 프리드만(Jerome I. Friedman)은 팽창하는 우주의 가능성을 처음 제시하였고, 1927년에는 가톨릭 사제이면서 과학자였던 르메트르(Georges Lemaître)가 프리드만 논문의 존재를 알지 못한 채 독립적으로 우주가 팽창하고 있을 수 있다고 주장하였다. 현재는 공식적인 과학 용어로 쓰이고 있는 '대폭발'이라는 말은 사실 이런 주장이 터무니없다고 비꼬기 위해 탄생한 용어이다. 우주가 팽창하고 있다면 과거로 갈수록 우주가 작아져야 하는데 그럼 태초에 한 점에 지나지 않았던 우주가 크게 폭발해서 현재의 우주가 되었겠느냐는 비판이었다.

그런데 대반전이 일어나기까지는 얼마 걸리지 않았다. 1929년에는 그 유명한 허블(Edwin Hubble)의 관측으로 우주가 실제로 팽창하고 있다는 사실이 밝혀지게 되었다. 이로써 프리드만과 르메트르는 대폭발 우주론의 창시자로 인정받고, 아인슈타인은 우주 상수를 도입한 것이 자신의 최대의 실수라고 고백하게 된다. 아인슈타인이 정상우주를 위해 생각해냈던 이 우주 상수를 현재 우주의 가속 팽창을 설명하는 데도 쓸 수 있는데, 암흑 에너지의 정체가 정말 우주 상수인지 아니면 다른 어떤 것인지는 아직 밝혀지지 않고 있다. 더 멀리서 오는 (따라서 더 희미한) 많은 초신성의 빛을 관측하여 암흑 에너지의 정체를 구체적으로 밝혀내려는 노력이 꾸준히 시도되고 있어, 아마도 몇 년 뒤에는 아인슈타인의 대실수가 또 다른 비상한 업적으로 평가되는 반전이 일어날지 모른다.

그럼 우주 전체 에너지 양의 25%를 차지하고 있는 암흑 물질이란 무엇일까? 암흑 물질에 대한 가설은 1922년 네덜란드의 천문학자 캅테인에 의해 처음 제시되었다고 한다. 그 뒤 1933년 스위스의 천문학자 츠비키(Fritz Zwicky)는 코마 은하단 안에 있는 은하들의 회전속도를 측정하여 얼마만 한 중력에 이끌려야 그런 속도를 얻을 수 있는지 분석했다. 은하나 (수백 개에서 수천 개의 은하로 구성된) 은하단은 항성, 가스 등 빛을 내어 우리가 볼 수 있는 천체들과, 혹성, 블랙홀 등등 빛을 내지 않는 천체들로 차 있다. 은하단의 끝자락에 있는 은하는 그 안에 있는 모든 천체의 질량에 이끌리는 중력에 의해 궤도운동을 할 텐데, 은하단의 중심으로부터의 거리와 회전속도를 측정하면 뉴턴의 만유인력 방정식으로부터 간단히 은하단 안의 총 질량을 얻어낼 수 있다. 이로부터 츠비키는 관측된 천체의 질량보다 400배나 많은 질량이 있어야 한다는 결론을 도출했다. 빛을 내지 않지만 필요한 중력 작용을 일으킬 수 있는 물질, 즉 암흑 물질의 존재를 처음 과학적으로 논증한 것이다. 물론 이 숫자는 현재 알려진 것보다 수십 배나 크지만, 이후 계속된 여러 천체의 회전속도 관측에서도 유사한 결론들이 도출되어 암흑 물질의 존재근거는 더욱 확고해져왔다.

암흑 물질이 존재한다는 또 다른 그리고 더욱 결정적인 증거가 있는데, 이 증거를 얻는 데에도 일반상대성이론의 힘이 컸다. 아주 먼 곳에 있는 광원에서 뿜어낸 빛이 지구로 오는 도중에 거대한 질량을 가진 천체를 지나게 되면, 중력에 의해 빛이 휘는 효과 때문에 사방으로 퍼져 오던 빛이 안쪽으로 모이면서 광원이 한 점으로 보이는 게 아니라 고리처럼 보이기도 하고, 또는 여러 점으로 나타나기도 한다. 천체관측 기술이 발전하면서 1980년대부터는 중력렌즈 현상을 많이 관측할 수 있게 되었는데, 이를 이용해서 렌즈 효과를 주는 천체의 질량도 알아낼 수 있게 되었다. 또한 과학계에 뜨거운 화젯거리가 된 사건이 2004년에 일어났는데, 서로의 중력에 의해 이끌리던 두 은하단이 충돌하는 과정이 관찰된 것이다. 부딪히면서 스쳐 지나가는 두 은하단 안의 물질 분포를 조사해보면, 안쪽에는 빛(엑스선)을 내는 항성, 가스 등이 모여 있고, 그 바깥쪽에는 빛을 내지 않는 물질이 분포함을 중력렌즈 효과를 이용해서 알아낼 수 있다. 충돌하기 전 각 은하에는 이 두 가지 종류의 물질이 마구 섞여서 분포했을 텐데, 충돌 후에는 이렇게 서로 분리되어 분포하게 되는 것이다. 이는 바깥 부분에 있는 물질이 원자가 아닌 (원자와 상호작용을 거의 하지 않는) 새로운 입자로 구성되어 있다는 증거이다. 원자로 구성된 보통의 물질은 서로의 전자기력에 의해 서로 더 끈끈하게 잡아당겨지고, 보이지 않는 새로운 입자로 구성된 물질은 서로 쉽게 통과해버리기 때문이다.

  결론적으로 은하단 안에는 상당한 양의 암흑 물질이 존재한다는 사실이 재확인되었고, 암흑 물질은 원자가 아닌 모종의 새로운 입자로 구성되어 있다는 사실도 밝혀진 셈이다. 사실 암흑 물질은 원자로 구성되어 있으나 빛을 내지 않아서 아직 발견되지 않은 모종의 무거운 천체들로 이루어져 있는 게 아닌가 하는 의문은 계속 제기할 수 있겠다. 그러나 그런 것이 있다고 해도, 위에서 살펴본 천체의 회전속도나 중력렌즈 효과를 설명할 만큼

그림 3. 중력렌즈현상

그림 4. 중력렌즈 효과로 알아낸 충돌하는 두 은하단의 물질 분포

의 충분한 양일 수 없다는 것이 대폭발 우주론의 예측 결과이기도 하다.

표준 모형의 방정식을 완성한 와인버그(Steven Weinberg)의 저서 중에 『최초의 3분』이란 책이 있다. 대폭발로 태초가 열린 후 3분 동안 일어난 우주의 진화 과정을 과학적으로 기술한 명저이다. 대폭발 직전의 우주는 모든 물질-에너지가 아주 작은 점에 모여 있어 상상할 수 없이 뜨거운 플라즈마 상태로 그 온도가 10^{32}K(0K=−273°C)에 이를 것으로 추정된다. 이 작은 점이 폭발하여 급격한 팽창의 시기를 거친 이후, 계속 서서히 팽창하면서 차가워져서 여러 가지 진화 과정을 거쳐 138억 년이 지난 현재의 모습을 갖추게 되었다는 것이 대폭발 우주론의 개관이다.

우주의 긴 역사 동안 아주 많은 사건이 벌어졌는데, 초기 우주의 연대기는 아인슈타인의 우주 방정식과 열역학, 입자/핵물리의 기본 원리로부터 재구성할 수 있다. 이 가운데에 현재 관찰로 확인된 사건 중 하나가 우주의 나이가 1초에서 3분 정도 되었을 때 일어났다. 대폭발 후 1초 즈음의 우주는 온도가 100억K 정도로 낮아졌고, 광자(빛)와 전자, 양성자, 중성자들로 가득 차 있는 상태였다. 이제 우주가 더 식으면 양성자와 중성자들의 에너지가 충분히 줄어들게 되고, 따라서 핵융합 작용으로 서로 뭉쳐서 더 무거운 핵을 만들 수 있게 된다. 우주 나이 3분쯤이면 현재 우주에 있는 모든 원자의 시조인 원시 원자핵(수소, 헬륨, 리튬 등)들이 모두 합성된다. 이 과정을 대폭발 핵합성이라고 부른다. 이후 온도가 더 낮아지면 원시 원자핵들이 중력에 의해 뭉쳐서 은하단, 은하, 별들이 형성되고 이 안에서 더 무거운 원자핵들이 만들어진다. 태양은 수소와 헬륨이 총질량의 99%를 차지하고 있는데 이들은 거의 모두 대폭발 후 3분간 만들어진 것으로 알려져 있다. 태양의 내부 온도는 1,500만 도 정도 되는데, 여기서도 수소 원자핵들이 융합하는 반응이 일어나 태양이 방출하는 에너지의 거의 모두가 이 과정에서 만들어진다.

현재 우주에서 관측되는 보통 물질의 대부분은 항성, 가스 등 빛을 내는 천체의 형태로 존재하는데, 이는 대폭발 핵합성으로 만들어진 원자(핵)의 양과 거의 같다는 것이 밝혀졌다. 따라서 우주에 있는 모든 원자의 질량보다 5배나 더 많은 것으로 밝혀진 암흑 물질은 원자가 아닌 아직 정체가 밝혀지지 않은 새로운 입자일 수밖에 없을 것이다.

현재의 우주가 원자, 암흑 물질, 암흑 에너지로 구성되어 있다는 여러 가지 증거에 대해 살펴보았는데, 이로부터 각 구성 성분이 얼마나 있어야 하는지를 알아내기는 어렵다. 이를 알기 위해서는, 직관적으로 이해하기 어려운 부분이지만, 우주배경복사의 관측에 대해 살펴보아야 한다.

우주배경복사의 존재는 대폭발 우주론의 자연스런 귀결이다. 대폭발 후 38만 년 즈음에는 우주의 온도가 3,000K 정도로 내려갔는데, 이보다 높은 온도에서는 분리되어 있던 전자와 원자핵이 전기력에 의해 서로 결합하게 된다. 즉 이후의 우주는 전기적으로 중성인 원자들과 광자들로 가득 차 있게 된다. 따라서 분리되어 있던 전자, 원자핵과 상호작용하여 열적 평형상태(플라즈마)에 있던 광자는, 더 이상의 상호작용을 멈추고 우수 공간을 자유롭게 떠돌게 된다. 우주의 나이가 38만 년일 때에 플라즈마를 빠져나온 빛이 138억 년까지 여행하여 지구에 도착하는 동안 계속된 우주의 팽창으로 파장이 아주 길어져, 3,000K 정도로 출발

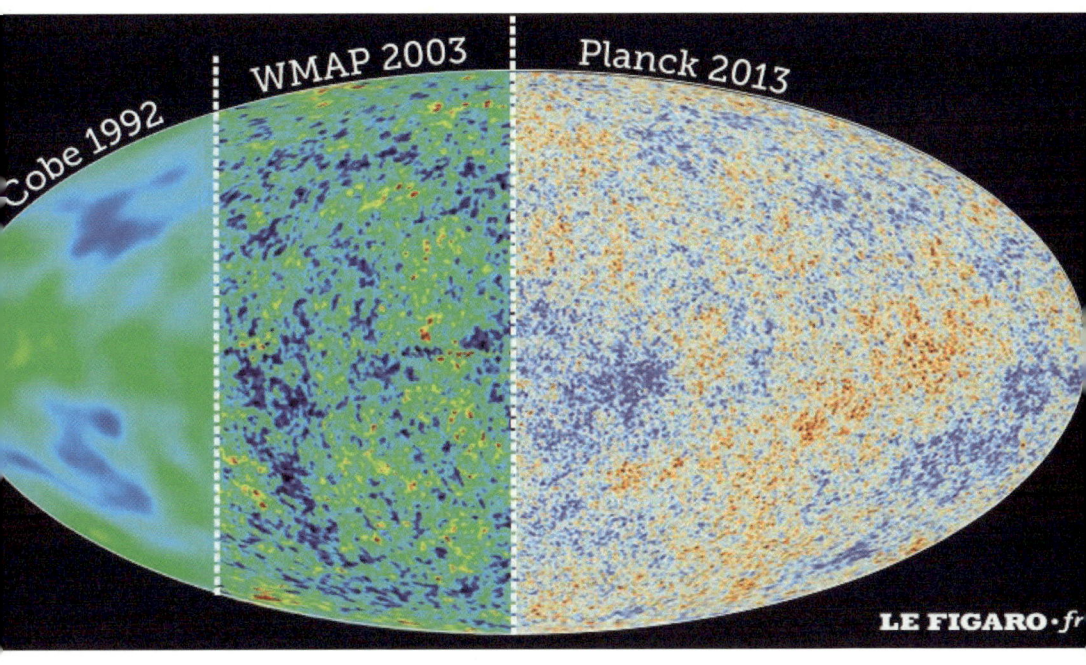

그림5. 중력렌즈 효과로 알아낸 충돌하는 두 은하단의 물질 분포

했던 빛의 에너지는 현재 2.7K(약 −270°C)으로 줄어들게 된다. 이것이 1964년 펜지아스(Arno A. Penzias)와 윌슨(Robert W. Wilson)에 의해 처음 관측된 우주배경복사이다.

이로써 대폭발 우주론은 정설로 받아들여지게 된다. 우주배경복사의 온도를 10만 분의 1의 정밀도까지 측정할 수 있게 된 2000년대부터는 우주론의 전성시대가 열렸다. 인공위성에 망원경을 장착한 관측 장치인 코비(Cobe), 더블유맵(WMAP), 플랑크(Planck) 등이 만들어지면서, 우주배경복사의 미세한 온도 차이를 점점 더 정밀하게 측정할 수 있었다. 이로부터 우리는 우주의 구성 성분인 원자, 암흑 물질, 암흑 에너지가 얼마나 분포하는지를 알아낼 수 있다. 더블유맵이 처음으로 그 구성비를 밝혀내는 데 성공했고, 현재 가동 중인 플랑크의 최신 데이터에 의하면 원자, 암흑 물질, 암흑 에너지는 대략 5%, 25%, 70%의 비율로 결정된다.

우리는 현재 아주 당혹스런 상황에 처해 있다. 실험과 이론의 발전으로 우주의 역사에 대해 놀라울 정도로 많이 알게 되었지만, 우주의 95%가 무엇으로 구성되어 있는지는 전혀 알고 있지 못한 것이다. 우리는 언제쯤 이에 대한 답을 알아낼 수 있을까?

매터리얼리티

김윤철

1. 머리글

물질·비물질·질료·형상·실재·사물·객체·마음·인간·비인간·기계·문화·자연·동물·사변·기술·과정·과학·예술 등의 많은 개념이 오늘날 다시 생각되고(re-thinking) 있다. 이러한 사유의 재설정(re-configuration)은 기존 철학의 인간 중심적이고 이분법적인 대립으로부터 벗어나고자 하는 것이며, 오랜 인식론의 헤게모니에 의해 제한된 세계로부터 과감히 탈주하고자 하는 시도이자, 개념들로부터 소외되고 물자체(物自體, thing-in-itself)에 가려진 것들을 얽혀 있는 세계 본연의 모습으로 되돌리고자 하는 것이다. 이는 세계 밖에 머물고 있는 우리의 사유를 다시 그 안으로 밀어 넣는 세계로의 재도입(re-entry)이라 말할 수 있다.

우리가 여전히 앎과 실체 사이의 이격을 유보하고 있음에도, 과학과 기술의 진보는 새로운 물질성의 엔지니어링을 가능하게 하였고 그를 통한 조작과 이행이 가능한 신재료, 나노 물질(nanomaterials), 스마트 매터리얼(smart material) 그리고 소프트 로보틱스(soft robotics) 등은 이미 일상의 곁에 쉼 없이 놓이고 있다. 이언 해킹(Ian Hacking)은 우리는 전자(electron)의 발견 이후 우리가 관찰자로 있던 미시 세계에서 이제는 전자를 도구화(re-tooling)하여 사용하고 있으며, 세계 안으로 보다 깊이 개입하고 있다고 말한다(Hacking, 1983: 156).

소수의 동시대 예술가들은 이미 이러한 변화를 그들의 현장에서 직접 실천하고 있고, 일련의 예술적 연구(artistic research)와 결과물들이 전시되는 동시에 담론화되는 등 미술 이론의 현장에서는 신유물론적이며 객체지향적이고 사변적 실재론적인 사유를 하는 텍스트들이 쏟아지고 있다.

이 글에서는 이러한 담론과 실천으로 인해 드러나는 세계의 징후들을 더듬으려 한다. 이를 위해 실재론적인 '매터리얼리티(Mattereality)'와 인식론적인 '매터소피(Mattersophy)'라는 새로운 용어를 사용하였다. 이것은 앎에 대한 실천으로써 그 실천을 세계로 재도입함에 있어 언어 안에 갇혀버린 사물들에 틈을 내어 세계에 용해시키는 것을 도모하는 것이다. 다시 말해 캐런 바라드(Karen Barad)가 이야기하는 인간과 비인간의 내적-작용(intra-action)을 통하여 앞서 나열한 바 있는 많은 개념의 이분법적인 대질을 해체함으로써 대립을 차이로 변환하는 매터링(Mattering)[1]을 생성하고자 한다.

2. 출렁임

비중(比重)과 극성(極性)이 다른 두 개의 유체 — 알코올과 파라핀유(paraffin oil)와 같은 — 는 서로 섞이지 않은 채 자신들의 평형을 향하여 하나의 경계면을 이루며 유리병 안에 담긴다. 그곳엔 중력 이외의 힘들 또한 작용하는데, 유체의 열팽창과 열전도성의 차이로 인하여 실내의 작은 온도 변화에도 민감하게 경계면들이 부풀어 오르기도 하고 때로는 대류가 일어나면서 위아래로 위치한 유체가 서로 자리를 바꾸기도 한다. 이렇듯 인위적인 외부로부터의 물리적 개입 없이도 유체는 유리병 밖의 세계와의 힘들과 에너지의 교환을 통해 우리에게는 보이지 않는 미

---

1. '매터링'이라는 용어는 '물질 되기' 혹은 '물질화되기'로 번역될 수도 있으나, 이 글에서는 물질로서의 물질화되는 과정뿐 아니라 비물질적인 개념까지도 포함한 그 자체로서의 의미도 중요하게 다루어지기에 '매터링'이라는 고유의 단어를 사용하였다.

그림 1. 김윤철, 〈플레어(FLARE) 실험 장면〉, 플레어 용액, 이중유리 반응조, 2014, 작가 소장 ©김윤철

세한 출렁임을 멈추지 않는다(그림 1).

이러한 현상은 인위적으로 열을 가해 유리병 외부의 온도를 조정하거나 혹은 유체를 다른 재질의 용기에 담음으로써 열전도성에 차이를 주는 간단한 실험을 통해 반복하여 재연할 수도 있다. 그러나 어느 날 작업실의 창가에 놓인 유리병 속의 두 유체의 출렁임이 계절의 변화 속에서 스스로 발현(manifest)될 때, 이 현상과의 우연한 조우는 마치 창가의 메마른 선인장에서 꽃이 피는 것을 보는 것과 같은 감각을 일깨우며 이것은 때로 우주적으로 느껴지기까지 한다.

우리는 유리가 외부로부터 충격을 받으면 그 안에 잠재하고 있던 '깨어짐'이라는 고유의 성질이 비로소 발현되고 현실화(actualization)된다는 것을 잘 알고 있다. 하지만 유체 상태의 헬륨-4가 극저온·저압의 상태에서 그 점성이 '0'이 되는 초유체(Superfluid)의 상태로 전이됨에 따라, 그것이 담긴 용기를 기울이거나 뒤집지 않아도 스스로 용기의 표면을 따라서 넘쳐흐르게 되는 크리프(creep) 현상이 일어나는 것은 일상의 인식과 지각을 넘어서는 물질성(materiality)의 발현이다. 이처럼 물질이 외부 환경의 변화 혹은 자극에 의해 자신의 물질성을 발현하게 되는 것을 물질의 성향(disposition)이라고 하는데, 이 성향은 암흑 물질(dark matter)처럼 그 실체가 드러나지 않은 채로도 중력렌즈 효과(gravitational lensing)를 통해 간접적으로나마 관측될 수도 있다.

이렇게 물질에는 우리가 감각하고 인식하는 세계의 피상 너머로 물질 고유의 성향이 내재적으로 잠재하고 있다. 다시 말해 우리는 사고만으로는 물질에 잠재하는 고유의 성향이 어떻게 우리가 경험해보지 못한 물성으로 발현될 것인지 알 수 없다. 과학적인 방법을 통해서건 아니면 상징주의자들의 방법론 중의 하나인 사물의 낯선 전치(displacement)를 통해서건 간에, 헬륨-4의 초유체적인 성향이 극저온·저압의 상태에서 발현되어 우리에게 지각되기 전까지는, 우리는 헬륨-4에 내재한 물질의 성향을 알 수 없는 것이다. 물이 영하의 조건에서 얼음이 된다는 것을 모르는 사람에게는 얼음은 물과 다른 또 하나의 별개의 물자체(物自體, things-in-itself)이며 얼음과 물은 전혀 다른 본질(substance)로서 그의 인식으로 닿을 수 없는 세계의 바닥으로 잠겨버릴 것이다. 이것은 우리가 금성(金星)이라는 별을 마치 두 개의 다른 별인 것처럼 초저녁에는 샛별로 새벽에는 개밥바라기라는 이름으로 다르게 부르듯이, 그것이 문화적 맥락에서의 편의에 의한 것이건 혹은 오류이건 간에 언어와 인식이 그 대상 및 존재와 일치하지 않는다는 사실은 피할 수 없다.

칸트 이후의 서양철학에서 세계는 오직 나의 인식과 관계하고 있고, 극단적으로 조지 버클리(George Berkeley, 1685-1753)의 경우는 모든 사물은 정신에 의해 지각된 관념(idea)일 뿐이라 말하며 마음으로부터 독립된 물질의 실체(material substance)를 부정하는 비물질론(immaterialism)을 구축하기까지 하였다. 이러한 사유는 주체로서의 인간과 객체로서의 자연이라는 인간 중심적이고 이분법적인 관계 안에서 세계를 개념화한다. 그러나 형이상학적 세계 안에서의 물은 더 이상 출렁이지도, 얼지도 그리고 증발하지도 않는다. 논리학에는 시간이 없듯이 형이상학에는 기후가 없다.

더 나아가 물리학자 하이젠베르크(Werner Karl Heisenberg)의 불확정성원리에서는 측정이라는 행위 자체가 인과적(causality)으로는 파악할 수 없는 미립자의 세계로까지 개입하게 된다. 이러한 세계를 바라보는 인식의 한계를 가장 먼저 철학적으로 사유한 이는 아마도 플라톤(Plato)일 것이다. 그는 『티마이오스(Timaeus)』에서 우리가 불과 물과 같이 끝없이 변화하는 무언가를 경험할 때 항상 '이것(this)'이라고 칭하지 않고, '그것은 이러 저러한 성질이다'라고 말해야 한다고 하며, 그것은 '이것' 혹은 '저것'으로 불리거나 어떤 영속적 존재(being)라는 문장으로 묘사되기를 기다리지 않고 언어로부터 미끄러져나간다고 말한다.

이렇듯 형이상학적 개념들과 언어로부터 끊임없이 미끄러지고 있는 '물질성'과 '그것의 실재' 그리고 '그것에 잠재한 성향'을 나는 여기서 매터리얼리티라 칭하고자 한다. 즉 매터리얼리티는 자신을 둘러싼 세계의 부분이 아니며 질료(matter)와 그것의 실재(reality)로 분리되지 않은 채 시공간의 세계에서 끊임없이 출렁이고, 얽히며(entangled), 서로에게 연루되고(implicated), 되어가는(becoming) 우주인 것이다.

3. 얽힘

그렇다면 우리는 이러한 세계로의 미끄러짐에서 어떠한 돌파구를 찾을 수 있을까? 이것은 궁극적으로는 실재에 대한 문제이기도 하다. 이 실재를 다시 세계로 돌려줄 수 있을까? 이 문제에 관해서는 비단 인식론과 존재론에 국한된 철학에서뿐만 아니라 과학, 테크놀로지, 문화, 예술 외 여타의 분야에서도 서로 다른 개념적 마찰들이 있고 이러한 문제들을 떠안은 채 출발한 새로운 담론들이 창발하고 있다.

그중에서 대표적인 것으로는 위에서 언급한 바 있는 칸트 이후의 상관주의(correlationism)적 철학을 극복하고자 하는 퀑탱 메이야수(Quentin Meillassoux)의 사변적 실재론(speculative realism, SR), 급진적으로 모든 것을 일원론(monism)적인 객체로 설명하며 존재의 자리를 객체로 바꾸고 그 존재 아래로는 아무것도 없다고 말하는 그레이엄 하만(Graham Harman)의 객체지향 철학(object-oriented philosophy, OOP), 세계는 개념화될 수 없고 오직 사변만이 남는다는 레이 브래시어(Ray Brassier)의 초월적 허무주의(transcendental nihilism), 그리고 세계는 현상(phenomena)으로 만들어졌다는 캐런 바라드(Karen Barad)의 수행적 실재론(agential realism, AR) 등이 있다. 그리고 이러한 담론들은 칸트 이후의 철학에서의 인식론적 제한에 대한 반동으로부터 출발하여 수많은 가지를 엮어가고 있으며, 서로 다른 방법론을 가지고 고유의 철학적 지향을 하고 있지만 많은 부분에서 사변적 실재론과 신유물론(new materialism)이라는 공통의 주제들을 공유하고 있다.

이와 같은 새로운 사상과 이론들은 대륙 철학(continental philosophy)을 향해 전방위의 균열을 시도하고 있는 것이다. 이러한 사태들 앞에서 폴 에니스(Paul J. Ennis)는 만일 우리가 사물들 그 자체로 돌아간다면 유럽의 사상은 형이상학(metaphysics)과 사변(speculation) 그리고 실재론(realism) 사이의 동맹을 반드시 우선적으로 구축해야 한다고 주장한다. 이 지평들 위에서의 실재라는 개념 또한 '마음-의존적 실재(mind-dependent reality)'와 '마음-독립적 실재(mind-independent reality)'라는 이론적 대립은 여전하지만 위와 같은 다시-생각하기(re-thinking)는 모든 분야에서 창발하고 있고 이러한 담론들은 다시금 '새롭다(new-)'라는 접두사를 성취하며 하나의 새로운 동력으로 예술을 포함한 여러 분야를 자유롭게 횡단하고 있다.

그러나 막상 서양의 인간과 자연, 주체와 객체를 구별하는 인간 중심적(anthropocentric) 사유의 한계와 그것을 넘어서려는 노력들을 이해하는 데 있어, 애초에 '사물 안의 세계(world in things)'와 '세계 안의 사물(things in world)'로 만물과 세계의 운동을 거대한 연결망으로 펼쳐놓은 동양의 생태중심적(ecocentric) 세계관에 익숙한 우리에게는 요 근래 서양철학의 새로운 가지들이 가히 낯설지만은 않을 것이다(박이문, 1996: 195). 여기에 캐런 바라드의 글 「포스트휴머니스트 수행성(Posthumanist Performativity)」의 첫 부분에 나오는 스티브 샤비로(Steve Shaviro)의 문장을 인용하고자 한다.

도대체 우리는 문화와는 반대로 자연이 반역사적이고 영원하다는 이상한 생각을 어떻게 가지게 되었을까? 우리는 우리의 영리함과 자의식에 너무도 감명 받고 있다. … 우리는 우리 자신에게 늘 하는 뻔하고 인간 중심적인 이야기들을 멈추어야 할 필요가 있다(Barad, 2003: 801-831).

캐런 바라드는 폴 에니스가 대륙 철학으로부터 요구하는 형이상학과 사변, 그리고 실재론 사이의 동맹의 구축을 수행적 실재론을 통해 실현하려 한다. 그러한 시도를 위하여 바라드는 얽힘과 내적-작용 그리고 매터링 등의 주요 개념들을 통해 세계로부터 분리되어가는 개념들을 다시 생동하는 세계 안으로 투영한다. 그녀는 우선 현상(phenomena)의 조건으로 이미 주어지거나 가정되어야 하는 주체·객체와 같은 형이상학적 개체들(metaphysical individuals)의 구분을 해체한다. 일반적으로 우리가 알고 있는 상호작용(inter-action)은 독립적인 객체(object)의 존재가 우선하며 그 이후에 그것들 사이에서 작용이 일어난다는 개념이지만, 캐런 바라드의 수행적 실재론에 있어서의 내적-작용은 오직 진행되고 있는 과정의 현상 속에서만 개체들(entity 혹은 agent)이 존재하며 그 개체들은 '물질화된다(materialized)'고 설명된다. 즉 그녀는 현상 안에 얽혀 있지 않은 개체들의 존재를 거부하며, 그녀에게 있어 현상이란 내적-작용을 하는 행위능력들(agencies)의 얽힘인 것이다. 바라드는 다음과 같이 주장했다. "세계는 다른 행위적 가능성들의 인식 안에서 매터링 그 자체로 의미와 형식을 얻는 진행 중이고 열려 있는 과정들이다. 이 과정들의 역사성 속에서 한시성과 공간성이 드러난다."(Barad, 2007: 141)

그녀의 이러한 사변을 포함하는 고유의 새로운 형이상학과 실재론을 통한 세계에 대한 통찰은 이 글의 도입부에 나오는 창틀에 놓인 유리병 안 두 액체의 끊임없는 출렁임의 매터리얼리티, 더 나아가 비선형 화학 반응의 대표적인 예 중 하나로 화학시계(chemical clock)라고도 일컬어지는 벨루소프-자보틴스키 반응(Belousov-Zhabotinsky reaction)의 매터리얼리티를 어떠한 경직된 제한 없이 내적-작용이라는 개념을 통해 설명할 수 있게 한다. 여기서 이 모든 것을 서술하고 바라보는 인간 또한 그 세계의 외부로 분리된, 전지적 관점을 가지는 주체로서 소외되지 않은 채 그 세계 안에서의 내적-작용을 하며 의미를 매터링하는 세계 안에 존재하는 또 다른 하나의 개체(individual)인 것이다.

이러한 점들은 실제로 브루노 라투어(Bruno Latour)의 행위자-연결망 이론(actor-network theory, ANT)과 퀭탱 메이야수와 그

레이엄 하만 그리고 레이 브래시어가 피력하는 사변적 실재론에서의 방법론을 공유한다. 그럼에도 불구하고 바라드는 연결을 얽힘으로써 그리고 모든 것을 기계와 행위자로 환원하지 않음으로써 객체가 내적-작용이 일어나는 현상 이전에 이미 세계에 주어져야만 가능한 객체지향적 사유의 한계를 과감히 극복하려 한다. "내적-작용의 개념은 인과관계 · 행위자 · 공간 · 시간 · 질료 · 의미 · 지식 · 존재 · 책임과 의무 · 정의와 같은 많은 근본적인 철학의 개념 안에 중요한 전환의 표식을 남긴다."(Barad, 2012: 76-81)

4. 층위 그리고 결

이러한 물질과 실재 그리고 물질성으로의 매터리얼리티에 관한 여러 고찰 속에서 우리는 인간 중심적으로 배치된 물질 세계(material world)로부터 한 걸음 물러서서 '사물에 내재하는 현상(phenomena-in-things)'과 '현상에 내재하는 사물(things-in-phenomena)'이 얽혀 있는 물질들의 세계(world of materials)로의 진입을 가늠할 수 있다. 인류학자 팀 인골드(Tim Ingold)는 객체와 사물(thing)을 대질하며, 객체는 대상화됨과 동시에 이미 사유 안에서 죽게 되고, 사물은 고정된 개념이 없으므로 사유 안에서도 생동하는 생명이 있다고 말한다. 그는 하이데거의 '사물이 사물화되기(things thinging)'라는 개념을 세계로 확장하여 '세계 되기의 세계 안의 사물화되기(thinging in a worlding world)'라고 이야기한다(Ingold, 2010).

팀 인골드는 이처럼 객체 없는 환경(environment without object, EWO)이라는 개념을 언어유희적으로 설명하면서 '공중-의-새(bird-in-air)'와 '물-속의-물고기(fish-in-water)'를 예로 들고 있다.

그림 2. 김윤철, 〈산염기성 폴리머 실험 과정〉, 산염기성 용액, 플라스틱 컵, 2014 ⓒ김윤철

그림 3. 김윤철의 작업실, 2014 ⓒ김윤철

우리가 새와 공기, 물고기와 물을 개별적인 객체로 분리했을 때 이미 사유 안에서 새는 날지 못하고 물고기는 헤엄치지 못할 것이기 때문이다. 보르헤스의 단편「틀뢴, 우크바르, 오르비스 테르티우스(Tlön, Uqbar, Orbis Tertius)」에 나오는, 명사 없이 오직 진행형으로만 사건의 흐름을 파악하는 사람들의 언어처럼, 하이데거의 사유하는 세계는 시간을 일련의 사건의 흐름들로만 기술하는, 즉 공간이 부재하는 관념적 존재론으로서의 세계일 수 있다. 이러한 사유의 시공(時空)으로의 확장에서는 객체와 사물의 구별이 우선되어야 한다. 〈표 1〉을 통해 브루노 라투어의 사물과 객체의 보다 명확한 차이점을 볼 수 있다.

표 1. "Objects vs. Things"(Magnusson, 2013)

Object	Thing
Matter of fact	Matter of concern
Unrelational	Relational
Factual	Processual
Vitruvian	Connective
Stable	Unstable
Pre-delineated	Responsive

라투어는 개념적 대질을 통해 하이데거의 사물(Ding)과 객체(Gegenstand)의 개념을 다시-생각하기 한 것이다. 그러나 이러한 이분법적 형이상학을 다시 라투어의 행위자-연결망 이론의 개념으로 가져왔을 때 사물이 가지고 있는 반응성(responsive)과 연결성(connective) 등의 성격은 객체지향적인 행위자-연결망

이론과 역설로서 부딪히는 듯 보인다. 그러나 이 두 개념은 사회적 행위능력(social agency), 정치적 행위능력(political agency) 또는 문화적 행위능력(cultural agency) 등 다른 위상에서의 연결에 있어서는 반대의 개념이 아니라 일종의 차이들(differences)인 것이다. 리처드 에드워즈(Richard Edwards)는 '객체들은 재현되지만(represented) 사물들은 다시-현재화되는 것(re-presented)이다'라고 하며 표상에 의하여 봉인된 것과 그렇지 않은 것의 차이를 말한다. 이것은 정보이론에서 비물질인 정보(information)와, 에너지를 가져야 하는, 그렇기에 세계의 소음(noise)을 품을 수밖에 없는 신호(signal)의 관계와도 같은 것이다.

사물이 관념화되어 봉인된 채 사물화되려(thinging) 하는 하이데거적 사유에서의 사물에는 매터리얼리티를 둘러싼 공간성이 부재한다. 그러나 수행적 실재론을 통해 우리는 실제 미학적인 혹은 과학적인 대상과 현상들 그리고 인간의 마음마저도 사물화되고 매터링되는 세계의 현상 안으로 보다 적극적으로 개입할 수 있으며, 우리는 이러한 얽혀진 실재들이 층화된 결들로 드러나는 사건으로의 세계 앞에서 더 이상 머뭇거리지 않을 것이다. 하이데거가 사유하는 빈센트 반 고흐(Vincent Van Gogh)의 〈한 켤레의 구두(A Pair of Shoes)〉(1886) 또한 그림의 표상 혹은 현상학적인 서술이 아닌 물질로서의 그림 그 자체 그리고 그림이 놓여있는 세계를 포함하는 매터리얼리티적인 사유가 가능하다. 그러나 그러기 위해서는 분석적 사유만이 아니라, 만들어지는 과정(becoming process)의 내적-작용과 만들어진 사물의 그것의 물질성을 통한 세계와의 멈추지 않는 매터링, 그리고 그로 인하여 생성되는 물질적 인덱스(index)를 간과해서는 안 될 것이다. 질베르 시몽동(Gilbert Simondon)은 이러한 사유를 일찍이 시작하였는데 그는「기술미학의 성찰(Réflexions sur la techno-esthétique)」이라는 글에서 건축의 특성은 정태적인 것이 아니라, 새로운 형태의 창조 과정과 역동적이고 발생적인 형태화(개체화)의 과정에서 일어나는 상호작용의 운동성의 포착이라고 말한다. 그리고 미적 체험의 의미를 감상자가 아닌 창작자의 입장에서 적극적으로 찾으려 한다(김재희, 2014: 99-101). "기술미학은 단지 기술적 대상들의 미학이 아니다. 그것은 더 근본적으로 목적 지향적인 동작들과 행위들의 미학이다."(Gilbert Simondon, *Sur la Technique*; 김재희, 2014: 102에서 재인용)

시몽동은 질료형상론적인 고정된 틀에 부어진 질료의 주조적이며 정태적인 물질 개념을 비판한다. 예컨대 벽돌을 만드는 과정에서 틀이라는 형상에 부어지는 진흙과 같이 질료를 수동적인 것으로 보는 것이 아니라, 질료 자체에 능동성을 부여함으로써 질료의 잠재적 에너지(potential energy), 즉 진흙의 습도 등을 고려한 매터리얼리티의 변조를 가능하게 하여 형상화시키는 기술성을 이야기한다. 이는 바라드가 말하는, 개체들이 내적-작용하고 있는 매터링의 사유와 매우 밀접하게 맞닿아 있다.

바슐라르(Gaston Bachelard) 또한 이러한 정태적인 물질의 존재와 본질을 능동화(dynamisation)하고자 하는데, 그는 이러한 문제들을 물질 그 자체에 국한하지 않고 그 물질이 만들어지고 실험되는 실험실 안으로까지 사유를 확장하여, 과학철학의 형이상학적이고 근본적인 앎과 인식의 문제를 '형이화학(Meta-chemistry)'이라는 그만의 독특한 통찰로 해결하고자 하였다.

그러므로 실현화를 다양화해야만 한다. 우리는 특정한 설탕에 대해 분석함으로써보다는 직접 설탕을 제조함으로써 설탕에 대해 더 많이 알게 된다. 이러한 실현적 측면에서는 그 일반성을 찾지 말고 다만 그것에 대한 계획과 체계만을 찾아야 한다. 그러므로 과학적 사고는 전 과학적 사고를 완벽하게 밀어낸다고 보겠다(바슐라르, 2005: 57).

이와 같이 바슐라르는 실재를 그것의 드러난 존재만으로 한정하지 않고, 그것이 만들어지는 기술을 포함한 과정 자체와 물질의 작용에 의해 남겨진 물질적 궤적마저 추적한다. 그리고 실험으로 드러나는 서로 다른 층위들에서의 물질의 본질을 층화된 실재(laminated reality)라 상정하며 그 과정을 실재의 실현(realization of real)이라고 말한다(Nordmann, 2006: 347). 이것은 화이트헤드(Alfred North Whitehead)가 실재란 단순히 물질의 객체들로 구성되는 것이 아닌 과정들로 구성되며 하나의 과정은 또 다른 과정들과의 관계 안에서 규정되기에 실재가 독립적인 개별 질료들의 조각들로 구성된다는 이론은 거부되어야 한다고 피력하는 것(Mesle, 2009: 9)과 동일한 사유인 것이다.

5. 매터리얼리티의 실천

이러한 물질과 실재에 관한 여러 사유 속에서 우리는 매터리얼리티의 예술적 연구와 예술 작품을 통한 그 실천을 사물화되고(thinging) 물질화되는(mattering) 다양한 사건의 과정들 안으로 포함시킬 수 있다. 사물이 하나의 행위자(actant)로서 활동성(activity)과 현실성(actuality)을 부여받음으로써, 질료로부터 이분법적으로 분리되고 고정되었던 기존의 물질의 형상과 운동성의 경계가 허물어진다. 다시 말해 물질의 형상은 물질이 세계와 관계하는 여러 잠재하는 사건들의 발현이며 그것은 물과 얼음 혹은 물과 파도의 관계처럼 '사물에 내재하는 현상(phenomena-in-things)'과 '현상에 내재하는 사물(things-in-phenomena)'로 하나의 물질을 다른 세계와의 관계 속에서 파악하는 것이다.

더 나아가서는 무르거나 끈적거리거나 녹거나 부스러지거나 하는 물질 본연의 성질은 전도성이 좋거나 온도에 민감하거나 산성에 굳어지거나 혹은 빛에 쉽게 반응하거나 하는 등의 다른 차원의 범주 위에서 다른 사물들과의 관계를 재설정할 수 있기에 엔지니어링에 의한 물질의 외적인 제어를 통해 물질의 성향을 현실화하고 활동하게끔 하는 새로운 물질성을 탐구하는 오늘날의 재료학(materialogy)적인 연구와 실험으로까지 매터리얼리티의 실천을 확장할 수 있다. 그렇기에 나무, 쇠, 그리고 흙 등 우리가 여전히 유용하게 사용하고 있는 재료적 범주는 매터리얼리티의 세계에 있어서는 전혀 다른 위상의 차원들의 관계망 속에서 고찰될 수 있다.

『동의보감』에서 물을 정월에 첨으로 내린 빗물[春雨水], 가을철의 이슬[秋露水], 거칠게 휘저어 거품이 많이 생긴 물[甘爛水], 멀리서 흘러내려온 물[千里水], 차가운 샘물[寒泉水] 등 서른세 가지의 다른 물성의 것으로 분류하는 것은 매터리얼리티에서는 전혀 낯선 분류가 아니며, 이것은 단지 상징에 그치는 것이 아니라 마치 실험실의 시약이나 배양액이 주변의 온도와 반응 조건에 의해 수많은 데이터로 분류되는 것과 다르지 않다. 이러한 사물들의 세계에서 『동의보감』의 물은 시간성과 공간성, 그리고 자신

고유의 물질적인 역사의 궤적(historical route)마저도 고스란히 간직하고 있다고 할 수 있다. 여기서 매터리얼리티는 제어와 조작이 주가 되는 물질로의 실천만을 연구의 대상으로 삼는 것이 아니라 동시에 사물들이 우리에게 감각되고 의미를 지니는 '이론적이며 철학적인 사유와 앎(Mattersophy)'의 실천을 병행할 때 하나의 예술적 연구로서의 중요한 가치를 획득할 수 있는 것이다.

이러한 매터리얼리티의 실천에 있어서 우선적으로 우리는 인간과 사물을 둘러싸고 있는 모든 가치와 용도, 개념과 의미 그리고 표상과 상징의 망에 얽혀 있는 '물질세계'로부터 '물질들의 세계'로의 진입을 도모하여야 한다. 그것은 마치 시인이 발화(發話)되기 이전의 언어를 찾으려는 것과 같은 역설적인 시도일 수도 있고, 혹은 과학 실험실 안의 교반기 위에서 아직 무엇이 되지 않은 채 어떠한 현상으로 발현되기 이전의 과정에 놓인 이름 없는 물질의 출렁임일 수도 있다.

가스통 바슐라르가 형식은 완성될 수 있으나 물질은 완성될 수 없으며 그것은 멈추지 않는 몽상의 거친 스케치라고 말하듯이(Bachelard, 1999: 113) 이러한 실천은 어떠한 귀결된 완성이 아닌 물질과 그것을 둘러싼 세계와의 관계를 탐구하는 것이 되어야 하며, 아직 발현하지 않은 물질의 현실성을 그리고 잠재성을 다루는 작업이 선행되어야 하는 것이다. 또한 물질과 사물은 일상의 사회적·문화적 맥락으로부터 해체되어야 하며 위에서 언급한 시몽동이 말하는 잠재적 에너지의 차원으로 혹은 바슐라르가 이야기하는 형이화학적인 실현의 과정으로 진입하기 위해서는 실제로 물리적이며 화학적인 차원에서의 물질 본연의 성질과 그것의 성향이 발현되기 위한 비독립적 개체들의 내적-작용을 가능하게 하는 잠재성에 초점을 맞추어야 한다.

표 2

가능성(possibility)	———	잠재성(potentiality)
실재(reality)	———	현실(actuality)
재현(representation)	———	실재화(realization)
독립성(independency)	———	의존성(dependency)
질료(matter)	———	물질되기(mattering)

앞서 〈표 1〉에서 본 객체와 사물의 구분처럼 〈표 2〉와 같은 물질의 새로운 개념적 전환을 통한 '다시 물질화하기(re-materialize)'의 매터링이 동시에 수행되어야 하며 이러한 과정 속에서 감각과 의미는 내적-작용을 통한 새로운 실재성을 획득하게 된다. 시인 노발리스는 "물은 젖은 불꽃이다(Water is wet flame)"라는 표현을 했는데, 그것은 두 개의 물질적 이미지가 강하게 부딪히는 시적 이미지의 상징이라는 인습적인 해석 이전에 노발리스 자신이 다이아몬드와 밀랍석(mellite)이 화학반응을 통해 연소되는 것을 직접 체험한 데에서 기인한 것으로, 그는 이러한 활동적인 물질(active matter)을 활동적인 감각(active senses)이라고 기록하고 있다(Kim, 2012: 108-109; Novalis, 1993: 460-461). 이러한 물질로의 실천을 통한 개념과 감각의 사물화와 물질화를 통해 우리는 물질의 분자적 차원과 시간, 공간, 힘 그리고 에너지 등의 비물질적 실체들마저 포함하는 사건의 궤적으로 흔적을 남기는 층화된 실재로의 접근이 가능해진다.

다시 말하자면 매터리얼리티란 형이상학적 개념이 아닌, 실재와 현상을 분리 불가능한 개체들과 관계 맺게 하는 사물화되기와 물질화되기의 과정이며, 그 세계를 관찰하며 실험과 실천을 주관하는 주체 또한 현상 안의 개체들과 분리되지 않은 채 사건들의 층위들로 얽히는 것이다. 이렇듯 실재를 완결된 세계의 모습이 아닌 끊임없는 변화의 과정으로 보는 물질로의 실천에 있어서 기존의 분석적이며 객체지향적인 방법만으로는 현상에 접근하는 데 제한이 있을 수밖에 없다.

여기서 과학사가 한스 외르크 라인베르거(Hans Jörg Rheinberger)의 '실험 체계(experimental systems)'는 기존의 여러 방법으로는 접근이 제한되었던 예술적 연구 혹은 매터리얼리티로의 예술 실천에 있어서 과학적 체계와 방법론을 적극적으로 수용할 수 있는 융복합적 실천의 단초가 되지 않을까 생각한다. 그는 과학 연구에 있어서 인습적인 과학철학의 이론은 개별적 실험을 제외한 모든 것을 취급하고 있고 아주 작은 실험조차도 이론의 증명을 통해 확신할 수 있기에 이론가가 아닌 실험 전문가에 의해 실행되는 실험 체계가 필요하다고 말하며, 과학 연구란 실험들의 연속적인 과정에 기초한다고 말하는 생물학자 루드비크 플레크(Ludwik Fleck)의 말을 자주 인용한다. 그러면서 그는 과학적 실험 체계를 과학적 대상(scientific objects)·인식적인 것(epistemic things)·기술적 대상(technical objects) 등으로 구분하면서 그것을 불가분한 과정들의 연결로 체계화시킨다. 여기서 그의 실험 체계를 간단히 설명하자면 인식적인 것, 즉 아직 지식이 되지 않은 것이 실험의 과정을 통해 점차적으로 실험실 안의 기술적 사물들(technical things)로 전환되고 그것은 다시 실험 체계의 기술적 조건들로 변환되며 이러한 절차들을 통해 실험의 기술적 체계는 어느 순간 인식적 위상(epistemic status)을 획득하게 된다. 그리고 그것이 결국 연구의 대상(research object)으로 전환되는 것이다.

> 인식적인 것 → 기술적 사물 → 기술적 조건 체계(the technical conditions of system) → 연구의 대상
> ― 라인베르거의 '실험 체계'(Rheinberger, 2004)

이것은 라투어가 그의 저서 『과학의 실천(Science in Action)』(1987)에서 과학 연구 과정에 있어서 비인간 행위자인 실험 장치와 그것을 다루는 기술 ― 스킬(skill)과 그보다 더 숙련된 기술인 테크닉(technic) ― 을 중요한 요소로 포함시키며 과학은 개념의 체계가 아니라고 강하게 부정하는 것과 일맥상통한다.

과학에서만큼이나 실험이라는 개념이 자연스러운 예술적 연구와 예술 작업의 과정에서 라인베르거의 실험 체계 이론은 고찰해볼만 하다. 이것은 사진가가 암실에서 아날로그 사진을 작업하는 과정, 즉 인식 이전의 것들이 암실 안에서 여러 물질과 사물들의 기술적 과정을 통해 하나의 사진이 되어 암실 밖으로 나오는 과정으로 설명할 수 있으며, 과학적 대상을 예술적 대상으로 대치한다면 사진가의 작품 제작 과정 또한 이러한 실험 체계 이론으로 설명할 수 있다. 광학 장치와 여러 계측기, 여러 물질과 사물들, 그것을 다루는 기술과 예술가의 미적 경험들 그리고 감각의 내적-작용을 통한 하나의 비독립적인 과정들이 서로 연결되어 그 안에서 실재의 실현(realization of real)이 그리고 매터리얼리티적인 이미지의 실재들이 암실 즉 실험실(laboratory) 안

그림 4. 김윤철, 〈이펄지(EFFULGE)〉, 2012-2014, 아크릴, 유리, 알루미늄, 포토닉크리스탈(Photonic Crystal), 자석(Neodymium), 모터, 컴퓨터, 일렉트로닉 마이크로 컨트롤러(Electronic Micro Controller), 일렉트로-마그네틱필드 발생기(Electromagneticfield Generator), 뮤온입자 검출기, 에어펌프, 160×411cm, 작가 소장
ⓒ김윤철

에서 여러 사건의 레이어로 자신 고유의 물질적 궤적을 간직한 채 사물로 '되고 있는(becoming)' 것이다. 이것은 여러 과정과 사건들을 하나의 대상으로 개념화하는 것이 아닌 사물화하는 매터링의 과정, 즉 예술적 실천과 미적 의미의 관계를 체계화하는 것이다.

조선의 화가 윤두서가 세밀한 수염을 그리기 위하여 선박에서만 사는 쥐들의 수염을 모아 붓을 만들기까지 수많은 물질과 사물들의 관계망들로의 기술적 실천이 있었기에, 그의 그림은 그의 실험 체계적인 방법론적 수행들을 떼어놓은 채 단지 하나의 그림이라는 감상의 대상으로서만 이야기할 수 없는 것이다. 그리하여 예술적 실천으로의 매터리얼리티는 습도와 점성 그리고 온도마저도 하나의 비인간 행위자로 포함시키는 고유한 체계를 통해 물질들의 세계로부터의 출렁임과 얽힘 그리고 그것으로의 결들의 층위들을 다시 우리가 살아가는 세계 안으로 전달해야 한다.

6. 결론

이 글을 통해 대륙 철학의 인식론적 한계에 부딪힌 여러 사유를 살펴봄으로써 바라드의 내적-작용과 매터링 그리고 매터리얼리티라는 개념을 통해 '과정(process)'과 '되기(becoming)'를 이야기하였다. 또한 물질을 단지 조작을 통한 변화의 대상으로만 보지 않고 앎으로의 매터소픽(mattersophic)한 사유들을 통하여 세계의 여러 층위의 결들을 더듬어보고자 하였다. 오늘날 테크놀로지와 과학의 성취들, 그리고 어지러울 정도로 다원화되는 사회와 문화 속에서 자의적이건 타의적이건 우리의 삶을 포함한 수많은 사유는 재설정된다. 그러나 이 복잡한 사태들 앞에서 다시-생각하기는 그만큼 세계를 다시-알기(re-knowing)를 그리고 다시-보기(re-viewing)를 가능하게 하며 그것은 우리 자신에게 다시 되먹임 되어 새로운 앎으로의 사유가 되기를 그리고 나아가 예술과 과학과 기술을 통한 재-물질화(re-materializing)의 재-사물화(re-thinging)가 되기를 반복할 것이다. 바실리 칸딘스키(Wassily Kandinsky)가 그의 회고록에 쓴 글은 오늘 우리의 고민들과 소란스러움이 새롭지는 않다는 것을 알게 한다.

> 하나의 과학적 사건은 나의 길 위의 중요한 장애물 중 하나를 제거해주었다. 그것은 원자들의 더 많은 분열에 관한 것이었다. 나의 영혼에 있어서 원자의 붕괴는 마치 전 우주의 붕괴와도 같았다. 문득 가장 두꺼운 벽이 부서졌다. 모든 것은 불확실하고, 불안정하고, 대수롭지 않은 것이 되었다. 나는 나의 눈앞에서 가벼운 공기로 용해되고 보이지 않게 되는 하나의 돌을 가졌다 하더라도 그것에 놀라지 않을 것이다(Kandinsky, 1982: 364).

금속학자이자 과학사가인 시릴 스탠리 스미스(Cyril Stanley Smith)는 「예술, 발명 그리고 테크놀로지에 관하여」라는 글에서 역사적으로 보았을 때 기술은 과학의 응용이 아니라 오히려 기술자들의 물질과 메커니즘에 관한 친밀한 경험으로부터 제시된 문제들에서 과학이 생겨났다고 말한다(Smith, 1977: 144-147). 또한 기술자들은 과학자들보다는 예술가들과 유사하다 말하며 그 이유는 그들이 분석할 수 없는 복잡성들과 함께 일을 해야만 하기 때문이라고 말한다. 전통적이거나 혹은 새로운 미디어, 테크놀로지, 과학적 방법들과 이론들이 수용된 예술 작품이거나 혹은 그렇지 않다 하더라도 언제이고 예술 작품이 만들어지는 과정에는 물질로의 실천(material practice)으로의 매터링이 그것이 의미로써 또는 매터리얼리티로써 현장에서 실현되고 있다. 마치 청동의 용접술이 어떠한 과학이나 기술로의 요구 이전에 예술 작품인 청동 조각을 만들기 위한 필요에 의하여 기술로 진화되었듯이, 예술에서 물질로의 아이스테시스(aísthēsis, act of perception)와 테크네(technē, act of making) 그리고 포이에시스(poïesis, act of creation)로의 실천과 앎 그리고 지식의 역사는 기술과 과학의 역사만큼이나 오래되었고 근래에 빈번하게 회자되고 있는 융복합이라는 개념보다 더욱 복잡하게 얽힌 채로 예술가들에 의해 실천되고 있다.

참고 문헌

김재희, 2014, 「질베르 시몽동의 기술미학」, 『한국미학예술학회지』 제43집.

바슐라르, 가스통, 2005, 『부정의 철학』, 김용선 역, 일산: 인간사랑.

박이문, 1996, 『문명의 위기와 문화의 전환-생태학적 세계관을 위하여』, 서울: 당대.

Bachelard, Gaston, 1999, *Water and Dreams: An Essay on the Imagination of Matter*(3rd Edition), trans. by Edith R. Farrell, Dallas: Pegasus Foundation.

Barad, Karen, 1996, "Meeting the Universe Halfway: Realism and Social Constructivism without Contradiction", in *Feminism, Science, and the Philosophy of Science*, ed. Dirk Van Dalen, et al., Dordrecht: Springer.

Barad, Karen, 2003, "Posthumanist Performativity: Toward an Understanding of How Matter Comes to Matter", *Signs: Journal of Women in Culture and Society*

28(3).

Barad, Karen, 2012, "Intra-actions", interview with Adam Kleinman, *Mousse*, Vol. 34.

Hacking, Ian, 1983, *Representing and Intervening: Introductory Topics in the Philosophy of Natural Science*, Cambridge: Cambridge University Press.

Ingold, Tim, 2010, "Bringing Things to Life: Creative Entanglements in a World of Materials", NCRM Working Paper Series.

Kandinsky, Wassily, 1982, *Kandinsky, Complete Writings on Art: 1922-1943*, Boston: G. K. Hall, p.364.

Kim, Yunchul, 2012, "Imaginary Matter", in *Carved Air*, edited by Lucia Ayala, Berlin: Argobooks.

Magnusson, Jesper, 2013, "Objects vs. Things", *Philosophies*, 11 March.

Mesle, C. Robert, 2009, *Process-Relational Philosophy: An Introduction to Alfred North Whitehead*, West Conshohocken: Templeton Foundation Press.

Nordmann, Alfred, 2006, "From Metaphysics to Metachemistry", *Philosophy of Chemistry: Synthesis of a New Discipline*, Dordrecht: Springer.

Novalis, 1993, *Das Allgemeine Brouillon: Materialien zur Enzyklopädistik 1798/99*, Hamburg: F. Meiner.

Rheinberger, Hans-Jörg, 2004, "Experimental Systems", in *The Virtual Laboratory* (ISSN 1866-4784).

Smith, Cyril Stanley, 1977, "On Art, Invention, and Technology", *Leonardo 10(2)*, MIT Press.

사물의 풍경과
탈인간적 미디어 생태학*

오준호

나는 탈인간적 미디어 생태학의 관점에서 〈리바이어던(Leviathan)〉(2012)이라는 다큐멘터리를 분석하고, 이 작품을 통해 매체 특정성과 물질성의 정의를 재고하고자 한다. 〈리바이어던〉은 2012년 8월 스위스 로카르노 영화제에서 처음 공개된 이후 그해 주요 영화제에서 평단의 주목을 받았던 작품으로, 루시엔 캐스탱테일러(Lucien Castaing-Taylor)와 베레나 파라벨(Véréna Paravel)이 공동 연출한 다큐멘터리이다. 이들은 애초에 뉴 베드포드(New Bedford)라는 항구도시에서 육지와 바다를 오가며 수산업에 관련된 다큐멘터리를 촬영할 계획이었다. 그러나 어선에 탑승해서 바다로 나가본 뒤로 계획을 변경하여 오롯이 조업을 나간 어선에서 촬영한 장면들로만 작품을 완성하였다. 작품의 제목인 리바이어던[1]이 암시하듯이 이 작품은 마치 바다 괴물의 시선에서 어선을 바라본 것처럼, 수면 아래와 위, 하늘, 어선의 갑판 등을 역동적으로 오가면서 촬영한 장면들로 구성되어 있다. 이 영화는 리바이어던이라는 제목과 「욥기」의 인용 구절 이외에는 내러티브적인 요소 없이, 탈인간적(post-human) 혹은 비인간적(non-human) 시선들의 교차들로 구성되어 있다.

이 영화를 처음 봤을 때, 나는 다양한 비인간적 시선들이 포

---

* 이 글은 2014년 12월 18일 고등과학원 초학제 인디트랜스심포지엄 '물질과 에너지'에서 발표했던 글을 일부 수정한 것이다.
1. 〈리바이어던〉은 「욥기」 41장 31절부터 33절까지를 인용하면서 시작하는데, 그 구절들은 리바이어던이라는 괴물의 초월적 능력을 묘사하고 있다. "31절: 깊은 물을 솥의 물이 끓음 같게 하며 바다를 기름병같이 다루는도다. 32절: 그것의 뒤에서 빛나는 물줄기가 나오니 그는 깊은 바다를 백발로 만드는구나. 33절: 세상에는 그것과 비할 것이 없으니 그것은 두려움이 없는 것으로 지음 받았구나."

착하고 있는 어선을 둘러싼 바다 환경에 압도되었다. 특히 어선과 바다에서 뿜어져 나오는 굉음은 거대한 바다 위에 위태롭게 떠 있는 것과 같은 공포감을 주었다. 이 영화를 보면서 언어화하기 힘든 감각적 경험의 과잉으로 인해 사고가 마비되는 것 같았다. 그 이후 나는 이 작품이 분명 이 시점에서 가능한 새로운 영화적 실천을 보여준 것이 확실하다고 생각했고, 그 이유를 설명하고 싶었다. 매체와 예술을 공부하는 나로서는 어떤 작품이 새롭다고 여겨질 때, 매체 특정성과 아방가르드라는 두 개의 핵심어를 출발점으로 삼는다. 매체 특정성은 쉽게 말하면, 예술 작품이 꼭 그 매체로 만들어져야 하는 당위성을 가져야 한다는 명제를 내포하고 있다. 아방가르드는 예술적 형식의 혁신이 정치적 진보성을 담보해야 한다는 이중 구속의 함의를 갖는다. 매체 특정성과 아방가르드를 이와 같이 정리하면, 두 용어는 때로는 상충되기도 하고 때로는 연관되어 보이기도 한다.

　　매체 특정성이라는 용어로 추상표현주의 작가들을 설명한 그린버그는 "사실주의적이고 자연주의적인 예술이 예술을 감추기 위해 예술을 사용함으로써 매체를 숨겨왔다면, 모더니즘은 예술을 예술 자체에 주목하게 하기 위해 사용한다"(Greenberg, 1995: 86)라고 말했다. 이 진술 자체는 예술지상주의나 형식주의를 의미하는 것으로 이해되기도 하지만, 그린버그가 매체 특정성을 주장하면서 전례로 삼았던 것은 칸트였고, 칸트가 수행한 철학에 대한 자기비판적 성찰이었다. 이를테면 자딘(Jardine, 1986)이 근대성 자체는 한 사회가 그 사회를 구성하는 표상들 자체에 대해 질문할 때 등장한다고 말한 그 맥락에서 그린버그는 모더니즘 예술을 계획하고 있다. 그러므로 그린버그의 모더니즘에서 핵심은 자기지시성(self-referentiality)이자 자기반성성(self-reflexivity)이다. 예술 형식의 혁신은 언제나 반성에서부터 출발할 수밖에 없다고 볼 때, 그린버그가 요청한 자기 성찰로서의 모더니즘적 실천은 아방가르드의 미학적인 축에 자리할 수밖에 없다. 다만 문제는 역사적으로 이루어져온 여러 자기 성찰적 실천이 당대에 정치적 진보성을 획득했는가 아닌가에 대한 판단이 아방가르드와 관련해서 언제나 논쟁적일 수밖에 없다는 점이다.

그린버그의 매체 특정성을 다른 명제로 진술하면, 작품이 매체에 고유한 물질적 특성들을 드러내야 한다는 것이다. 여기서 그린버그는 매체의 존재를 그 매체를 구성하는 물질적 요소들로 환원하여 접근하고 있다. 이러한 측면에서 매체 특정성은 물질성과 동일어가 된다. 그린버그가 제기한 매체 특정성의 문제가 곧이어 소위 포스트모던이라 일컬어지는 예술적 실천들의 비판의 표적이 되었던 것은 그린버그가 예술을 매체의 물질적 토대 위에만 쌓아 올리고, 정치 경제적 토대로부터는 초월적인 대상으로 삼았다는 점 때문이었다. 그런데 나는 사실 이 문제가 물질을 사회 정치적으로 의미화하는 것이 그만큼 어렵다는 것을 의미한다고 생각한다. 즉 매체 특정성과 아방가르드가 서로 연관되거나 그 반대로 상충되는 것처럼 보이는 이유는 자기 성찰적이며 물질적인 실천이 사회 정치적으로 유의미한 진술로 변환된다는 것이 그만큼 어렵기 때문이라고 본다. 내가 개인적으로 진술로서의, 담론으로서의 예술을 탐탁지 않게 생각하는 이유는 그러한 실천들이 이 문제를 너무도 쉽게 지나쳐버리기 때문이다.

물질이 진술하게 만드는 문제는 굉장히 매력적이면서도 어렵다. 이 글을 쓰면서 나는 내 앞에서 타고 있는 촛불이 나한테

다가와서 나는 무엇으로 만들어졌고, 어디서 온 원료들이며, 누가 만들었고, 어떤 시공간적 경로를 거쳐 왔는지 등을 나한테 말해주면 좋겠다는 상상을 하면서 초를 만져보았지만 별다른 감흥이 생기지 않았다. 그런데 영화의 역사에서는 영화라는 매체의 물질적 구성 요소인 필름이, 카메라가, 프린터가 직접 진술하게 하려는 시도들이 있어왔다. 이를테면 비르기트 하인(Birgit Hein)과 빌헬름 하인(Wilhelm Hein)의 〈로필름(Rohfilm)〉(1968) 같은 작품이 그렇다. 로필름이라는 발음에서 'raw'라는 단어가 연상되고 날것으로서의 필름이란 의미를 떠올리게 되는데, 이 영화에서는 필름의 스프로켓 구멍(sprocket hole)이나, 필름의 인덱스들, 먼지들, 스크래치(scratch), 플리커(flicker) 등이 전면화된다. 매체 특정성이 자기지시성이라고 할 때, 이 작품에서 필름은 장면을 재현하는 도구가 아니라 필름이라는 표면 자체를 지시하고 있다. 필름이 장면의 재현 뒤로 사라지는 것이 아니라, 자기 존재를 적극적으로 드러낸다. 여기서 매체 특정성과 물질성은 말 그대로 필름과 영화를 구성하는 광학 장치들의 물질적 특성이다.

한편으로, 앤서니 맥콜(Anthony McCall)의 〈원뿔을 그리는 선(Line Describing a Cone)〉(1973)에서 물질성은 물질적 특성으로 귀속되지 않는다. 이 작품은 점에서부터 출발해서 60분 동안 원주를 따라 원을 완성하는 애니메이션이 스크린에 투사되면서, 안개 기계(fog machine)가 연기를 뿜어내면 투사되고 있는 빛이 가상의 원뿔을 그려내는 작품이다. 이 작품은 스크린도 아니고, 필름의 표면도 아닌 영사기와 스크린 사이의 빛의 궤적에 의해서 작품이 경험되는 일종의 키네틱 예술이자 빛의 조각이다. 이 작품에서 물질성을 매체의 물질적 특성으로 생각한다면, 이 작품은 물질적인 작품도 아니고 매체 특정적인 작품도 아니게 된다. 이러한 작품들을 물질성의 개념에서 생각하려면, 물질성의 개념적 초점이 바뀌어야 한다. 이 작품이 아방가르드로서 형식적 혁신을 내포하고 있다면, 그것이 깨뜨리고 있는 것은 영사기-스크린-관객의 위계적 조합이다. 일반적인 극장에서 상영하는 영화는 관객이 스크린을 향해서, 스크린에 투사되는 이미지에 집중하게 하지만 이 작품에서는 스크린과 영사기 사이가 영화적 사건의 공간이 된다. 따라서 이 작품은 일반적인 영화의 위계적 조합, 다시 말하면 영사기, 스크린, 수동적으로 앉아 있는 관객이라는 이질적 요소들을 균질화(homogenization)하는 것이 아니라, 그 조합 자체가 이질적인(heterogeneous) 요소라는 것 자체를 드러내고 그 이질적 요소를 조합하는 방식이 얼마든지 새롭게 고안될 수 있음을 강조한다. 크라우스(Krauss, 1999)의 말을 빌리자면, "매체는 재발명될 수 있는 것이다(reinventing the medium)." 그렇다면 이때의 물질성은 매체의 물질적 구성 요소를 지칭하는 것이 아니라, 매체가 수용되는 사회적 관습 내지는 조건을 의미하는 것이 된다.

물질성의 첫 번째 정의와 두 번째 정의를 조합하면, 고고학자들이 물질성을 정의하는 방식과 정확히 일치한다. 존스(Jones, 2004)는 물질성을 환경의 물질적 혹은 물리적 구성 요소들을 포괄하면서, 물질적 특성들이 인간의 삶에 어떻게 기재되는지를 강조하는 개념이라고 본다. 부아뱅(Boivin, 2008)은 물질성이 물질세계의 물리적 특성들을 강조하고, 그 물리적 특성들이 인간 행위자에게 제공하는 가능성들을 포괄하는 개념이라고 본다. 즉 물질성은 물질이 갖고 있는 고유의 특성들과 그 특성들이 인간

사회에 어떻게 기입되는지를 지칭하는 것이다. 물질성을 이와 같이 정의하고 나면, 50년대 후반 이후 영화에서 매체 특정적이라고 할 수 있는 대부분의 작품을 파악할 수 있고 현 시점에서도 영화의 존재론적 변화를 논의할 때, 특히 갤러리에서 전시되는 영화적 작품들을 생각할 때 도움을 얻을 수 있다.

아방가르드의 한 축을 매체 특정성과 물질성으로 놓고 봤을 때, 위에서 언급한 사례들은 매체 특정적이고, 물질적이다. 그렇다면 다른 한 축에서 정치적 진보성은 어떻게 담보될 수 있을까? 이러한 질문에 대해 그간 흔히 내려져왔던 대답은 혁신적인 미디어 실천을 통해 인간의 지각 방식을 변화시키고, 이 변화된 지각이 세계에 대한 새로운 인식을 가져올 수 있으며, 이것이 궁극적으로 새로운 세계를 향한 실천으로 연결될 것이라는 주장이었다. 이 주장을 수긍한다면, 앞서 언급한 두 사례를 포함하여 소위 네오아방가르드라고 불리는 50년대 이후의 영화 작가들에게 예외적인 실천에 성공한 작가들이라는 특권을 부여할 수 있을 것이다. 그러나 실천의 문제에서는 언제나 지금 어떻게 할 것인가가 중요하다고 할 때, 지금도 그 역사적 실천들이 유효하다는 답을 내리기가 쉽지 않다. 그 이유는 간단히 말해서 그 작품들이 결과적으로는 인간의 시청각 실험에 그치는 것처럼 보인다는 혐의를 벗기가 쉽지 않기 때문이다. 앞에서 말했듯이, 물질 실험이 사회 정치적으로도 유의미한 진술이 되기는 어렵다. 〈로필름〉도 〈원뿔을 그리는 선〉도 분명 형식적으로 새로운 작품이지만, 그것이 우리에게 어떤 유의미한 진술을 하고 있는지를 지각의 측면을 넘어서 말하기가 어려울 뿐만 아니라 실험이 양식화되어 스타일처럼 간주되기도 쉽다.

그럼 이 문제를 〈리바이어던〉은 어떻게 극복 내지는 우회하고 있을까? 〈리바이어던〉을 실험적이고 아방가르드적이라고 한다면 아마도 내러티브가 없고, 카메라가 어구들이나 어선, 어부들의 신체에 부착되어 마구잡이로 찍혀 있고, 그린 화면들이 역동적으로 연결되어 있기 때문일 것이다. 이런 측면에서 지가 베르토프(Dziga Vertov)의 〈카메라를 든 사나이(The Man with the Movie Camera)〉(1929)를 연상할 수도 있을 것이다. 〈리바이어던〉은 마치 '카메라를 든 사나이'가 아니라 '사물들에 부착된 카메라'인 것처럼 찍혀 있고 편집되어 있다. 그래서 많은 사람이 이 작품에서 사용된 카메라인 고프로(GoPro)를 언급하고 있을 것이다. 성인 남자 손바닥의 1/3 정도 되는 크기의 고프로를 방수 마운트에 넣어서 어부, 어선의 부분들, 어구들 등에 부착해서 촬영한 장면들과 감독이 들고 찍거나 카메라를 어부 손에 맡겨서 촬영한 장면들의 미덕이 있기에 이 작품을 새로운 디지털카메라의 등장으로 가능해진 작품으로 간주해버릴 수도 있다.

그런데 내 입장에서 이 작품의 문제는 기존의 매체 특정성과 물질성 개념으로는 이 작품을 설명하기 어렵다는 것이다. 다양한 사물에 카메라를 부착해서 촬영했기 때문에 비인간 행위자들의 시점에서 인간과 비인간들의 물질적 특성들이 접사로 포착되어 있고, 따라서 물질적인 이미지라고 말할 수 있다. 그러나 매체에서 물질성은 재현된 이미지에 부속되어 있는 것이 아니라, 매체를 구성하는 요소들의 물질적 속성들 자체가 드러나는 것이다. 〈리바이어던〉에서는 카메라가 장면을 녹화하는 것 이상도 이하도 아니다. 카메라는 말 그대로 녹화 장치이다. 그렇다고 해서 〈리바이어던〉이 영화를 수용하는 사회적 관습을 전복시키는 것도 아니다. 2014년 휘트니 비엔날레에서 전시가 되긴 했지만, 전 세계 주요 영화제를 중심으로 작품이 상영되었고 극장 환경에 최적화된 작품이다. 그렇다면 이 작품은 기존의 매체 특정성 개념의 두 요소를 모두 충족시키지 않는다.

〈리바이어던〉의 매체 특정성을 설명하기 위해서, 나는 하나의 우회로를 사운드 작품들을 통해서 밟아보겠다. 〈리바이어던〉에서 카메라는 말 그대로 녹화 장치이기 때문에 인류학이나 민속지학에서 전통적으로 사용해온 현장 녹음(field recording) 방식을 연상시킨다. 사운드 녹음이 인류학이나 민속지학에서 사용되어 온 지는 오래되었는데, 〈리바이어던〉과 연관되어 연상되는 사운드 실천은 머레이 셰퍼(Murray Schafer)의 '세계 소리풍경 프로젝트(World Soundscape Project. 이하 WSP)'이다. 1960년대 후반 사이먼 프레이저대학에서 처음 시작된 프로젝트로 현재도 『소리풍경: 음향 생태학 저널(Soundscape: The Journal of Acoustic Ecology)』이라는 이름의 저널로 그 실천이 이어져오고 있다. WSP의 목적은 전 지구적으로 다양한 환경의 소리들을 보존하고, 음향 환경에 대한 인간의 이해를 도모하는 것이다. 특정한 지리적 환경을 구성하는 사물들의 음향을 수집하고 보존한다는 점에서 지리 특정적인 실천 방식이라고 말할 수 있을 것이다(짐작하겠지만, 이들의 실천으로부터 이 글 제목의 한 부분인 '사물의 풍경'을 끌어내었다).

그렇다고 해서 소리풍경 작가들이 사물의 소리들로만 음향 생태학을 구성하는 것은 아니다. WSP 계열의 작가들(힐데가드 웨스터캠프Hildegard Westerkamp, 아네야 록우드Annea Lockwood, 스티브 피터스Steve Peters 등)은 녹음된 소리, 발견된 소리뿐만 아니라 작가 자신의 내러티브와 시 낭송을 덧붙이기도 하고, 녹음된 소리들을 전기적으로 변형하기도 한다. 여기서 작가의 미학적 판단이 적극적으로 개입하고 있음을 알 수 있는데, 이들은 셰퍼의 로파이(lo-fi), 하이파이(hi-fi) 소리의 구분을 일반적으로 따른다. 로파이 소리는 일종의 소음 공해로서 인간의 신체와 사회 환경에 악영향을 끼치는 후기 산업사회의 소리이고, 하이파이 소리는 소음의 수준이 낮고 선명하게 구분되는 소리를 지칭한다(LaBelle, 2006: 202). 또한 이들은 구성한 소리들에 '신화적 소리', '이상향의 소리' 등과 같은 카테고리를 부여하여 작가 자신의 주관적인 경험과 관찰을 투사한다(당연히 사물의 소리들에 주관적 감상에 해당하는 주석을 덧붙이는 것은 사물을 표상에 귀속시키지 않는 어려움을 우회하는 가장 쉬운 방법 중의 하나이다).

WSP 작가들이 미학적 판단을 작동시키는 방식은 그레고리 베이트슨(Gregory Bateson)의 생태학을 연상시킨다. 베이트슨은 "오히려 모든 사물과 경험에 대해서 최적의 값을 갖는 양이 존재한다. 그 양을 넘어서면 그 변수는 독이 된다. 그 값 아래로 떨어지는 것은 허용되지 않는다"(Bateson, 1979: 56)라고 말한다. 마찬가지로 WSP 작가들은 소리를 로파이와 하이파이로 구별하고 소음을 최소화하며 개별 사물들이 명료하게 자기 존재를 드러내는 소리들에 가치를 부여한다. WSP 작가들은 존재하는 사물들의 소리를 통해 음향 생태학을 구성해내고 유기체와 환경 사이의 잠재적인 상호작용의 다양성을 포착해낸다. 그리고 이들은 사이버네틱스에서 피드백 개념을 가져와서 인간과 환경 사이의 커뮤니케이션이라는 측면에서 자아를 발견하고, 인간과 환경의 조화로운 통합을 지향한다. 여기서 한 발 더 나아가, 도시계획에서부터 음향 생태학적인 관점을 도입할 것을 주장한다.

〈리바이어던〉에서 어선을 둘러싼 환경에 속한 비인간들과 어부들의 소리와 이미지가 전면에 등장한다는 점을 고려하면, WSP 작가들이 특정 지리적 환경에 속하는 사물들의 소리를 포착하는 태도와 유사점을 찾을 수 있다. 그러나 〈리바이어던〉에서는 WSP 작가들이 미학적 판단을 개입시킬 때 전제되는 균형 혹은 조화와 같은 목적론적 태도가 발견되지 않는다. 그리고 리바이어던이라는 성서상의 괴물과 「욥기」의 구절을 제외하면, 사물의 진술에 인간의 주관을 투사하는 태도 또한 발견되지 않는다.

이러한 측면에서, 〈리바이어던〉과 유사한 사운드 실천은 Wrk에서 발견된다. Wrk는 미노루 사토(Minoru Sato), 토시야 츠노다(Toshiya Tsunoda), 지오 시미주(Jio Shimizu), 히로유키 이이다(Hiroyuki Iida), 아츠시 토미나가(Atsushi Tominaga)로 구성된, 1990년대 중반부터 활동한 일본의 사운드 콜렉티브(collective)이다. WSP 작가들이 매크로(Macro) 수준에서 사물들에 접근한다면, Wrk는 마이크로(Micro) 수준에서 사물들에 접근한다. 이를테면 츠노다가 2000년 동경 ICC에서 열린 《미디어로서의 소리(Sound as Media)》전에서 선보인 〈고체 진동을 위한 감시 장치(Monitor Unit for Solid Vibration)〉란 작품이 마이크로 한 수준에서의 접근을 대표한다. 이 작품은 전시실의 벽, 천장, 바닥 등에 고감도 마이크를 설치하고, 그 옆에 이어폰을 부착해서 관객이 마이크로 포집된 소리들을 들을 수 있게 하였는데, 관객은 자신의 시야에 포착되지 않는 사물들의 진동까지 들을 수 있었다. 화장실에서 물 내리는 소리부터, 배관을 지나가는 물소리, 공간을 채우고 있는 화이트 노이즈(white noise) 등이 증폭되어, 관객이 시각적으로 인식한 공간보다 풍부한 소리의 과잉으로서의 공간 체험을 가능하게 하였다. 라벨(LaBelle, 2006)은 이 작품을 일컬어, "구조에 의한 소리풍경(structure-borne soundscape)"[2]이라고 불렀는데, 일상의 지각에서는 감춰져 있는 사물의 진동이 건축물의 구조를 통해 경험된다는 측면을 강조한다. 즉 라벨은 이 작품이, 공간이 물질이나 시각뿐만 아니라 음향적 사건의 과잉 또한 내포한다는 점을 인식하게 해준다고 말한다. 이 작품에서는 작가의 주관적인 경험의 투사나 미학적 판단이 전제되어 있지 않고 사물 그 자체의 진동이 증폭된다.

그렇다면 〈리바이어던〉에서도 비인간들의 존재가 소형 카메라를 통해 증폭된 것이고, 여기에는 균형이나 조화와 같은 목적론적 사고가 배제되어 있는 것이라고 말할 수 있을 것이다. 다시 말하면 〈리바이어던〉은, Wrk의 작업처럼 사물 자체의 진동을 드러내는 마이크로 방식이 어선을 둘러싼 바다 생태계의 매크로 수준에서 시청각적으로 실험된 작품이라고 볼 수 있을 것이다. 소리풍경 작품들을 통해 〈리바이어던〉을 생각해보면, 사물의 풍경과 생태학이라는 핵심어가 도출된다. 그럼에도 불구하고 여전히 〈리바이어던〉에서 매체 특정적인 것은 무엇이고, 형식적 아방가르드를 넘어서는 의미 작용이 존재하는지의 여부가 설명되지 않는다. 이제 남은 것은 생태학 앞에 붙여둔 탈인간적 미디어를 설명하는 것이고 이것이 〈리바이어던〉에서의 매체 특정적인 것을 규정해줄 것이다.

---

2. 이 용어는 건축학이나 환경공학에서 사용되는 고체 전파음(structure borne sound)을 차용한 것이다. 충격과 진동이 구조체로 전해져서 벽면, 천장 등을 진동시키고 음을 방사시키는 전반음을 말한다.

레비 브라이언트(Levi R. Bryant)는 그의 저서 『존재지도학: 기계들과 미디어의 존재론(Onto-Cartography: An Ontology of Machines and Media)』에서 주체와 객체라는 이분법을 주체와 객체를 모두 포괄하는 기계라는 용어로 대체하면서 자신의 존재론과 인식론을 전개해나간다. 그가 존재론과 인식론에서 핵심어로 삼는 것은 각각 기계와 다원적 우주(pluriverse)이다. 브라이언트가 기계를 존재론의 핵심으로 내세우는 것은 인간과 비인간의 구분을 극복해서 인간 중심적인 사고의 한계를 넘어서기 위해서이다. 브라이언트는 기계를 인간의 의도가 수동적인 물질에 부여되어 만들어진 것으로 파악하는 것이 아니라, 인간을 포함한 존재하는 모든 행위자를 기계라고 말한다. 기계는 어떤 특정한 목적을 달성하기 위한 도구가 아니며, 기계의 핵심은 구조적으로 열려 있고, 조작적으로 닫혀 있다는 것이다. 즉 모든 기계는 모든 흐름(flows)에 열려 있는 것이 아니라, 그것이 받아들일 수 있는 입력들에 선택적으로 열려 있으며, 모든 흐름은 기계를 통해서 조작되어 입력과 다른 결과를 산출한다. 여기서 중요한 것은 기계가 다능적(pluripotent)이라는 점인데, 기계가 특정한 기계와의 관계 속에서 받아들일 수 있는 흐름이 다른 기계와의 관계 속에서 달라지며, 따라서 산출할 수 있는 결과가 달라진다는 점이다. 예를 들면 인간이 맨눈으로 세계를 관찰할 때 산출할 수 있는 지식과 현미경이라는 기계와의 관계 속에서 관찰하고 산출할 수 있는 지식(이 지식 또한 무형의 기계이다)이 달라지는 것과 마찬가지이다. 여기서 브라이언트는 세계가 하나의 세계로 존재하는 것이 아니라 다원적으로 평행하게 존재한다고 보는데, 그에게 세계는 서로 다른 기계들이 불연속적으로 느슨하게 연결된 아상블라주

(assemblage)일 뿐이다. 하나의 기계가 구조적으로 열려 있어서, 결합 가능한 기계들의 아상블라주가 그 기계에는 하나의 세계이고, 이 세계는 다른 아상블라주와 상호작용할 수도 있지만 상호작용이 결여된 채 분리된 세계로서 존재할 수도 있다. 여기서 브라이언트는 존재를 근본적인 속성이나 기본 물질로 환원하는 입장을 취하는 것이 아니라, 기계의 역능 혹은 잠재성의 측면에서 존재를 파악하고 세계들을 인식하고자 한다. 브라이언트의 유물론은 기계들의 잠재성이 기계들의 구조적 연결을 통해서 표현되는 생성으로서의 유물론이다.

여기서 브라이언트는 "매체는 다른 기계들의 생성, 운동, 활동 혹은 감각을 변경하는 기계들 사이의 구조적 연결(structural couplings)"로서 매체의 연구는 "인간이 관여하든 관여하지 않든 간에 기계들이 구조적으로 연결되고 상호 변경하는 방식을 연구"(Bryant, 2014: 35)하는 것이라고 말한다. 브라이언트의 입장을 따르면 매체가 인간의 오감에 제한될 필요가 없고 모든 기계가 매체가 될 수 있다. 따라서 브라이언트의 주장을 탈인간적 미디어 생태학이라고 말할 수 있다. 브라이언트를 따라 매체를 기계들 간의 구조적 연결로 간주하면, 개별 기계들이 받아들일 수 있는 흐름은 선택적이고, 개별 기계들은 구조적으로 열려 있는 흐름만 받아들이기 때문에 매체 특정성은 개별 기계들이 구조적으로 연결되는 방식의 특정함을 의미하게 된다.

따라서 〈리바이어던〉에서 매체 특정적인 것은 기존 영화의 매체를 구성하는 물질적 요소들, 특히 카메라에 특정적인 것이 아니다. 카메라는 기계들 사이의 구조적 연결을 인간이 지각할 수 있게 변환하는 시각 기계 중의 하나일 뿐이다. 〈리바이어던〉

은 파도-바람-어선-어부들-어구들-생선들-갈매기들로 이어지는 아상블라주에서, 즉 하나의 생태계 내에서 기계들 간의 구조적 연결과 개별 기계들이 상호 간에 매체로 작동하는 방식을 드러내준다.

매체 특정성의 개념이 이와 같이 재규정된다면 물질성의 개념도 다시 생각해봐야 하는데, 이와 관련해서 물질문화 연구에서의 논의들을 참조해볼 수 있다. 팀 인골드(Tim Ingold)는 물질성을 세계의 물질적 특성으로 보는 것이나, 물리적 특성을 인간의 목적에 맞춰 전유하는 방식으로 생각하는 것은 모두 자연적으로 주어진 날것으로서의 물질을 인간의 계획과 의미를 투사해서 인공물의 형식으로 만들어내야 한다는 관점을 공통적으로 갖고 있다고 본다. 간단히 말해서 질료형상론의 입장을 벗어나지 못하고 있다는 것이다. 인골드는 연금술사에게 물질은 그것이 무엇인가로 규명되는 것이 아니라, 그것이 무엇을 할 수 있는가로 규명되는 것이라고 말하면서, 물질성을 "잠재성이 생성되고 재생성되는 과정으로서 물질의 생성"이라고 정의하며, 만든다는 것은 "생성의 세계에 내재한 잠재성을 전면화"(Ingold, 2013: 28)하는 것이라고 정의한다. 즉 물질과 인간의 실천을 물질-기술적 상호작용의 특정한 맥락에서 물질-실천에 대한 메타이론으로 파악하는 것은 물질의 실재적이고 다양한 효과를 간과하게 만든다는 문제가 있다. 인골드가 강조하는 것은 물질-실천에서의 민속지적 특정성이다.

따라서 〈리바이어던〉에서 매체 특정성과 물질성은 기계들의 구조적 연결의 특정성이고, 이 연결들의 민속지적 특정성이다. 이제 남은 문제는 〈리바이어던〉이 물질-실천의 축에서부터 사회 정치적으로 의미 있는 진술을 끌어올리고 있는가이다. 〈리바이어던〉의 거의 절대적인 다수의 장면은 동적인 카메라로 촬영된 클로즈업 장면인데, 예외적으로 약 4분 동안 고정된 카메라로 촬영된 롱테이크 장면이 있다. 이 장면에는 조업을 마친 선장이 선내의 거실에서 TV를 물끄러미 바라보다가 조는 모습이 담겨 있다. 나는 어쩌면 이 장면이 없었다면 〈리바이어던〉 때문에 고민을 하지 않았을지도 모른다. 이 장면이 직접적으로 지시하고 있는 것은 당연히 피로이다. 이 피로를 곰곰이 생각해보면, 〈리바이어던〉이 성취한 진술이 규명된다. 〈리바이어던〉이라는 영화가 없더라도, 카메라라는 시각 기계가 어선을 둘러싼 인간과 비인간들의 아상블라주를 시각화하지 않더라도, 그 세계 자체는 기계들의 구조적 연결로 동적이고 생성적으로 존재했거나 존재하고 또 존재할 것이다. 그 세계가 기계들의 구조적 연결로서 시각 기계를 통해 관객이란 기계와 또다시 연결될 때, 그 연결에서 생성되는 것은 노동의 체험이다. 관객은 의자에 앉아서 편안하게 화면을 응시하고 있을 뿐이지만, 그 응시가 일정 시간의 지속을 통해 체화시키는 것은 노동이다. 〈리바이어던〉에서 노동은 신성시되거나 물신화되는 것이 아니라, 응시를 통해 관객의 몸에 체화된다. 따라서 〈리바이어던〉은 시각적인 영화가 아니라 촉각적인 영화이다. 인간들과 비인간들의 구조적 연결의 생성은 우리에게 노동을 요구하고, 노동의 육체적인 강도는 피로를 불러일으킨다. 이 4분간의 장면에서 우리가 깨닫게 되는 것은 그간 우리가 보아왔던 것이, 아니, 경험해왔던 것이 단지 파편화된 장면들의 결합이 아니라, 상투적인 표현대로 갑판 위에서 바다와 싸우는 어부들의 노동이었으며 그 노동이 우리의 몸에 쌓이게 하는 피로라는 점이다.

내가 고등과학원의 초학제 인디트랜스심포지엄 '물질과 에너지'에서 발표를 요청받았을 때, 내게 요구되었던 것은 물질-에너지의 관계를 다룬 예술 작품을 소개하는 것이었다. 그러나 인간의 차원에서 물질-에너지와 같은 축에 놓여야 하는 것은 언제나 노동이다. 최근에 물질-에너지의 축에서 매체를 사용하는 작품들이 많이 만들어지고 있지만, 이 작품들 중에서 〈리바이어던〉처럼 사물의 진술이 노동과 연결되는 작품을 개인적으로 본 적이 없다. 이를테면 세미컨덕터(Semiconductor)의 〈20Hz〉는 지구 성층권에 풍선을 띄워서 지구의 자기폭풍을 시청각적 패턴으로 변환시키지만, 이 작품에서 〈20Hz〉라는 제목과 어떻게 만든 작품인지에 대한 진술을 빼버리면 이것이 무엇을 의미하고 있는지 이해하기 어렵다.

사물의 진술을 사회 정치적으로 의미화하는 것은 언제나 어렵다. 그런데 〈리바이어던〉은 사물의 진술들에서, 사물들이 직접 언급하는 것은 아니지만 그 진술들의 과잉에서 우리가 노동을 몸으로 경험하게 한다. 그리고 이러한 성취는 〈리바이어던〉이 인간 지각을 중심으로 구성된 것이 아니라, 철저하게 인간과 비인간들의 연결들을 따라갔기 때문에 가능했다. 이 진술들은 우리가 무엇을 해야 한다거나, 어떤 태도를 지녀야 한다거나 하는 가치판단이 개입된 진술이 아니라, 어떠한 가치판단 이전에 선행되는 감각적 사실성을 지닌 진술이다. 〈리바이어던〉에서 사물의 진술들은 언어적 진술이 아니라 감각적, 물질적, 신체적 진술이다. 그래서 〈리바이어던〉은 수행적이다.

〈리바이어던〉은 영화가 어떤 세계를 재현하기 이전에 카메라라는 기계를 통해서 기계들의 구조적 연결을 매핑해내는 깃이 영화의 존재론적 특성이었음을 보여준다. 브라이언트의 표현대로 하면 존재-지도학 그리기이다. 내러티브가 없어도, 캐릭터가 없어도, 어떤 세계를 향한 투명한 창이 아니어도, 영화는 원래 쇼트들을 매핑하는 것이다. 〈리바이어던〉에서 각각의 쇼트들은 카메라가 개별 기계들의 구조적 연결을 시각화한 결과이고, 그 쇼트들의 몽타주가 관객에게 노동을 체화시킨다. 이런 측면에서 원래 지가 베르토프가 지향했던 '키노-아이'가 〈리바이어던〉에서 인간들과 비인간들을 포괄하는 기계들의 존재론적 차원에서 달성되었다고 볼 수 있다. 카메라를 굳이 인간의 시선에서 들어야 할 필요는 애초에 없었던 것이다.

나는 이 글에서 〈리바이어던〉이 성취한 새로운 형식을, 매체 특정성과 물질성의 개념을 재정의하도록 하고, 사물의 진술을 사회 정치적으로 유의미한 진술로 번역해내는 미디어 실천을 예시한다는 점에서 찾았다. 만약 이러한 주장이 〈리바이어던〉에 한해서 타당하다고 하더라도, 이는 문제의 해결이라기보다는 더 큰 문제를 낳는다. 왜냐하면 매체 특정성을 기계들 간의 구조적 연결의 특정함으로, 물질성을 물질-실천에서의 민속지적 특정함으로 재정의했기 때문에 사실상 매체 연구는 존재하는 모든 대상을 향해 열려야 하고, 이는 매체 연구가 하나의 독립된 학제로서 더 이상 유효하지 않다는 것을 의미하기 때문이다. 피터스가 프리드리히 키틀러(Friedrich Kittler)의 매체 연구에서 가장 급진적인 관점은 "매체 연구가 존재를 매개된 것으로 보는(seeing) 특권화된 형식"(Peters, 2015: 27)이라고 파악했던 것처럼, 이제 매체 연구는 특정한 연구 대상을 가진 하나의 학문 분과가 아니라 "보는 방식(way-of-seeing)" 일반에 관한 학문이 된다. 매체 연구가 인간의 의 사소통 수단이 아니라 존재가 매개되는 방식 전체를 향해야 한다면, 매체 연구는 개별 학문 분과에서 연구의 매체로 삼는 모든 대상에 관한 메타 학문이 되어야 한다는 것을 의미한다. 브라이언트의 주장을 따라 매체를 기계들 간의 구조적 연결로 파악하든, 키틀러의 주장을 따라 존재를 매개로 파악하든 간에, 이러한 주장에 입각한 매체 연구는 학문 간의 경계를 뛰어넘는 연구 방법을 모색하고자 하는 초학제와 동일한 도전에 직면하고 있다.

참고 문헌

Bateson, G., 1979, *Mind and Nature: A Necessary Unity*, New York: E. P. Dutton.

Boivin, N., 2008, *Material Cultures, Material Mind: The Impact of Things on Human Thought, Society and Evolution*, Cambridge: Cambridge University Press.

Bryant, L. R., 2014, *Onto-Cartography: An Ontology of Machines and Media*, Edinburgh: Edinburgh University Press.

Greenberg, C., 1995, "Modernist Painting", in *The Collected Essays and Criticism Volume 4: Modernism with a Vengeance, 19571969*, edited by J. O'Brian, Chicago: University of Chicago Press, pp. 85-93. (Reprinted from *Forum Lectures*, 1960).

Ingold, T., 2013, *Making: Anthropology, Archaeology, Art and Architecture*, New York: Routledge.

Jardine, A., 1986, *Gynesis: Configurations of Woman and Modernity*, Ithaca: Cornell University Press.

Jones, A. M., 2004, "Archaeometry and materiality: materials-based analysis in theory and practice", *Archaeometry* 46, pp. 327-338.

Krauss, R. E., 1999, "Reinventing the medium", *Critical Inquiry* 25(2), pp. 289-305.

LaBelle, B., 2006, *Background Noise: Perspectives on Sound Art*, New York: Continuum International Publishing Group.

Peters, J. D., 2015, *The Marvelous Clouds: Toward a Philosophy of Elemental Media*, Chicago: The University of Chicago Press.

기(氣)의 수행과
신체-정신[形神]의 전환

물질과 정신은 분리할 수 없다

이용주

1. 도와 수행

도(道)의 의미에 대해 이미 수많은 논의가 존재한다. 따라서 여기서는 '도교'의 기 수행을 이해하는 최소한의 전제로서, 도에 대해 간단히 말해보려고 한다. '도'는 모든 중국적 사유에 다가가기 위한 근본적인 개념이다. 중국에서 출현한 종교, 사상, 철학은 예외 없이 도를 궁극적 실체, 궁극적 진리를 지시하는 개념으로 사용한다. 그리고 그 도를 체득하고 도와 하나가 되는 것을 삶의 목표로 제시한다. 특히 도교는 신체 수련을 도와 하나가 되는 궁극적 방법으로 제시한다. 따라서 도의 수행과 득도에 대해 이야기할 때 무엇보다 도교를 가장 먼저 떠올릴 수 있다. 문자학적 의미에서 도는 행위와 사상의 통일체를 지칭한다. 도는 동작 혹은 행위를 나타내는 요소[行, 辶]와 생각 혹은 사람 그 자체를 나타내는 요소[首]로 구성되어 있다. 도는 무엇보다 먼저 사람이 다니는 길을 의미한다. "도는 사람이 다니는 길이다. 일정한 방향을 향해 나아가는 것을 도라고 한다[道, 所行道也, 一達謂之道]."(『說文解字』) 도(길)는 일정한 방향으로 사람을 이끌고 가는 역할을 한다는 것이다.

그런 기본적 의미에서 출발하여, 도는 사람이나 사물, 나아가 자연의 존재 방식을 결정하는 규율, 원리로 의미가 확장된다. "하늘의 도는 멀고, 사람의 도는 가까이 있다. 멀리 떨어진 하늘에서 발생하는 천문 현상의 변화를 근거로 인간사의 길흉화복을 예측하는 것은 불가능하다[子産曰, 天道遠, 人道邇, 非所及也]."(『左傳』「昭公18年」) 이처럼 도는 단순한 길의 의미를 넘어 존재의 원리라는 의미로 확대되고 있다. 그 이후, 도를 존재하는 모든 것을 지배하는 근원적 원리라고 보는 생각은 노자와 장자, 공자 등 고

五峰文伯写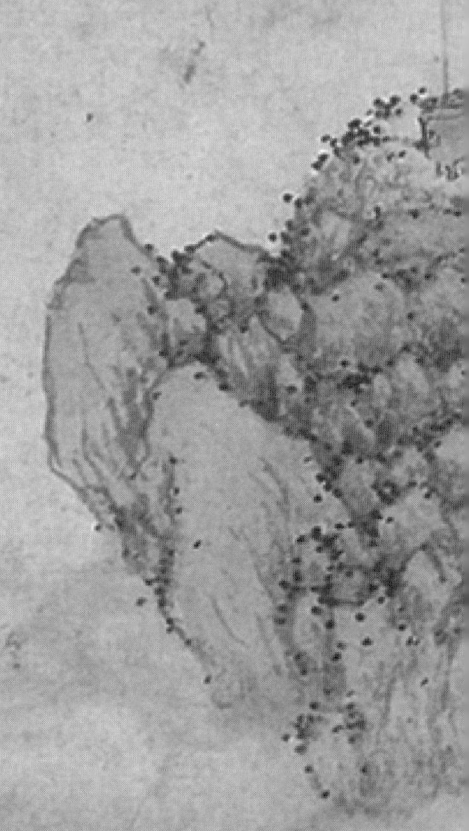

그림 1. 문백인(文伯仁) 그림, 16세기

대의 사상가들을 거치면서 그 내용이 더욱 풍부해졌다.

도교는 이런 도 이해의 근거 위에서, **도와 일체가 되는 것을 지향하는 수행의 이론을 구축한다**. 도교의 도의 성격을 단적으로 보여주는 것은 『도덕경』이다. 『도덕경』은 도에 관한 다양한 담론을 종합하면서, 우주 만물의 형이상학적 근원이 '도'라고 규정한다. 도의 여러 다양한 성격은 근본적으로 『도덕경』이 정립한 도론에서 파생되는 것이라고 할 수 있다.

첫째, 도는 천지 만물의 근원이다. "도는 만물의 핵심이다[道者, 萬物之娛]"(62장)라든가, "도는 만물의 으뜸인 것 같다[似萬物之宗]" 혹은 "천제보다 앞서 존재하는 듯하다[象帝之先]"(4장) 등은 도의 근원성을 표현하고 있다. 둘째, 도는 다른 창조자의 창조 행위를 기다리지 않고 스스로 존재한다. 셋째, 도는 무와 유라는 존재의 근본 형식을 통일하는 통합의 원리이다. 따라서 도는 있음과 없음, 생성과 소멸, 존재와 비존재, 삶과 죽음 등등의 대립적 힘을 통합하며, 그 자신은 생성과 소멸을 초월한다. 넷째, 존재의 근원인 도는 인간의 감각적 인식을 초월한다. 인간의 인식은 근본적으로 상대적이며, 기호[名]를 통해서만 사물을 파악한다. 그러나 도는 그런 상대성을 넘어서 있으며, 따라서 모든 기호적 제약을 벗어나 있다. "도를 이름 붙여 말할 수 있으면 그것은 이미 도가 아니다[道可道非常道]"라든지, "도는 항상 이름을 넘어서 있다[道常無名]"(32장) 등은 개념의 한계를 넘어서 있는 도의 절대성을 표현하는 말들이다. 다섯째, 무명이고 무형인 도는 없는 듯하지만, 사실 모든 것의 생성과 창조의 근원이다. 『도덕경』에서 도는 무한하며 무형이고, 생성하고 소멸하는 존재의 상대성을 초월해 있는 절대적 생명의 원리로 설정되어 있다.

도교 수행론과 관련하여 주목해야 할 사실은 도는 우주의 근원일 뿐 아니라, 인간 생명과 가치의 근원이기도 하다는 점이다.『도덕경』에서는 도의 근원성과 본래성을 표현하기 위해 '자연(自然)'이라는 개념을 사용한다.『도덕경』에서 말하는 '자연'은 오늘날 영어로 Nature라고 번역되는 실체적 자연, 혹은 자연 세계가 아니다. 노자의 자연은 다른 어떤 것에 의존하지 않는 도의 본래성과 자주성, 나아가 창조성을 말하기 위한 개념이다. 도에서 유래하는 인간의 존재 이유, 삶의 목표는 도의 본래성을 모방하는 것이다. 도가 스스로 존재하는 독립적 주체이듯, 인간 역시 그런 독립적 주체성을 회복해야 한다. 인간은 도의 본성인 본래성, 순수성을 회복함으로써 현실의 질곡에서 벗어날 수 있다. 주석학적 토론을 유보하고 말한다면, 도교에서 말하는 '도' 혹은 '자연'은 인간이 실현해야 할 이상적 상태, 본래성, 순수성, 근원성을 가리키는 상징어라고 할 수 있을 것이다. 이 지점이 바로 도 개념과 수행론이 만나는 중요한 접점이다. 도와 하나가 된다는 것은 결국, 인간이 수행을 통해 순수성을 회복하여 본래적 있음('자연')의 상태로 복귀한다는 구원론적 함의를 가지고 있다. 도교의 수행론은 도교적 의미의 구원론인 것이다. 기독교에서 하느님 나라를 제시하거나 불교에서 해탈을 말하는 것과 마찬가지로, 도교에서는 수행을 통해 도와 하나 됨을 강조한다.

2. '무위'는 수행의 궁극점

도교 의례는 신성한 도를 현실 속에 구현하고자 하는 활동이다. 모든 종교 의례가 그렇듯이, 도교적 의례 역시 도와 하나 됨[與道爲一]을 추구한다. 모든 종교에서 의례는 그 자체가 수행

그림 2. 금단을 제조하는 도사(왕세정王世貞 그림, 16세기)

론을 구성한다. 의례는 때로는 공동체적 목적을 위해, 또 때로는 명상과 관상 등 지극히 개인적인 목적을 위해 실행된다. 도교 의례 역시 그런 양면성을 가지고 있다. 도교의 도사(道士)는 무엇보다 먼저 의례 전문가다. 그들은 엄격한 규율에 따르는 훈련을 거친다. 도사의 수련은 도교 의례의 절차를 몸으로 체득하는 과정이다. 복잡한 세부 절차를 처음부터 끝까지 실행하기 위해서는 긴 수행이 필요하다. 도사들은 각자 실천할 수 있는 몸짓의 난이도, 즉 수행 정도에 따라 서로 다른 위계를 가진다. 도교의 진단에 따르면 현실의 질곡은 인위적 태도와 지식 과잉에서 비롯되는 것이다. 도는 자연성, 포용성, 포괄성, 그리고 시원성을 모두 담은 우주적 전체성의 상징이다. 그런 전체성은 인위적 조작이 지배하는 세속적 힘의 과잉으로 인해 파괴되고 있다.『도덕경』은 그런 인위적인 의욕적 삶의 태도를 '유위(有爲)'라고 부르며, 도의 자연성 내지 시원성을 의미하는 '무위(無爲)'와 대립시킨다. 무위는 도의 전체성이 회복된 상태, 존재의 본래 그대로의 상태이다. 나아가 '무위'는 도와 하나 됨을 실현하고자 하는 수행론의 용어이기도 하다. 그 목표는 '반박(返樸. 소박한 본래성으로의 회귀)'이나 '귀진(歸眞. 진실함으로의 복귀)'이라는 은유로 표현되기도 한다. 도교의 '무위'는 아무것도 하지 않음이 아니라 도의 근원으로 되돌아가는 것을 방해하는 인위성을 부정하는 것이다. 결국 무조작으로서의 실천이다. 무위는 그 자체가 중요한 의례적 몸짓이고, 수행의 실천이다. 마치 요가나 선 수행이 가만히 앉아 있는 수행을 통해 궁극적인 진실을 회복하려는 적극적 몸짓인 것과 마찬가지로, 무위의 수행 역시 무작위, 무조작을 통해 과잉을 치유하는 적극적 몸짓이라는 역설을 갖는다. 무위는 욕망에 의해 발동되는 파괴적 몸짓이 아니라 도교의 수행이다. 그 무위의 수행은 도인(導引), 토납(吐納), 복기(服氣), 행기(行氣), 존사(存思), 좌망(坐忘) 혹은 심재(心齋) 등 다양한 기의 수련을 통해 구체화된다. 흔히 기공(氣功)이라고 불리는 도교의 수련은 위에서 열거한 다양한 기의 훈련과 정신의 훈련을 포괄적으로 지칭한다. 도교 기공이 가장 발전된 형태가 다름 아닌 내단 수련법이다.

도교는 인간을 사로잡고 있는 질병의 고통, 천재지변의 고통, 전쟁의 고통 등 모든 종류의 실존적 고통을 극복하여 삶에 궁극적 변화를 불러오기 위한 다양한 종교적 의례를 실행한다. 도교의 의례적, 수행적 실천은 다양하지만, 한마디로 존재의 근원성을 회복하는 것을 목표로 삼는다. 도교에서는 그것을 득도라고 부른다. 도교 의례를 수행이라고 이해한다면, 수행으로서의 **'무위'는 도와 하나 됨을 목표로 삼는 모든 실천을 가리키는 것이라고 볼 수도 있다.** 그러나 역설적인 의미를 가진 '무위'에 도달하기 위해서는 과정으로서 다양한 세부 항목을 거쳐야 한다. 처음부터 단박에 '무위' 상태, 즉 도와 하나 됨의 상태에 도달하는 것은 불가능하다. 도교 수행의 전문가인 도사는 그런 과정을 단계적으로 밟아나간 결과 도와 하나 됨을 실현한 사람이다. 도와 하나가 된 사람은 불사(不死)를 획득했다고 말하고[1] 도교적 의미의 불사성을 획득한 사람을 도교에서는 신선(神仙)이라고 부른다. 도사는 다른 말로 진인(眞人)이라고 불리기도 하며, 신선은 가장 널

---

1. 도교의 내부 해석에 의하면 그렇다. 그러나 종교의 내부 해석의 진실성을 따지는 것은 우리의 목적이 아니다.

리, 보편적으로 사용되는 명칭이다. 신선 이외에도 도인(道人), 신인(神人), 지인(至人) 등 다양한 명칭이 사용되는데, 그 개념들은 각각 뉘앙스의 차이가 있긴 하지만 도교적 진리, 즉 도를 획득하여 도와 하나 됨[與道合一]을 실현한 존재, 도교적 깨달음을 획득[得道]한 도교의 이상적 인간을 지칭하는 개념으로서 내포하는 바가 동일하다.

    신선이 되기 위해서는 수행을 거쳐야 한다. 도교 의례, 특히 개인적 의례인 수행은 도교적인 불사를 획득하기 위한 실천이다. 도교 수행은 크게 몸의 수행과 마음의 수행으로 범주화할 수 있다. 그러나 수행의 두 방향은 방법론적 구분일 뿐이지 실제 수행에 있어서는 구분이 되지 않는다. 그 둘은 분리되어 실행되어서는 안 된다. 그 두 방향의 수행이 궁극적으로 하나임을 역설하기 위해 "성명쌍수(性命雙修)"라는 개념이 강조되기도 한다. 약간 거칠게 말한다면, 명(命)의 수행은 몸의 수행이고, 성(性)의 수행은 정신의 수행이다. 이론가에 따라서는 그 둘 사이의 위계를 강조하는 경우도 있지만, 궁극적 목적으로서 그 둘 사이를 완전히 분리하는 경우는 없다고 말할 수 있다. 도교에서 몸과 마음은 둘이지만, 둘이 아니다. 본래는 하나지만, 현실적 양상으로서만 몸과 마음이라는 구분으로 등장한다. 도교에서 몸과 마음, 심과 신은 결국 불이이원(不二二元)의 관계를 가지고 있다. 그 점을 먼저 잘 이해할 필요가 있다.

3. 도교 수행에서 신체와 정신

    신체[形]와 정신[神], 혹은 몸[身]과 마음[心]의 관계 문제는 도교의 인간관, 수양론을 이해하는 데에 있어 중요하다. 왜냐하면 도교가 일반적으로 추구하는 깨달음 혹은 득도는 궁극적으로 몸과 마음의 문제로 귀결되기 때문이다. 도교에서 말하는 깨달음은 단순히 추상적인 지식 문제가 아니라 항상 몸과 연결된 종교 경험의 문제였다. 득도는 구체적인 몸짓을 수반하며, 구체적인 몸짓을 통해 도달할 수 있는 존재의 특별한 경험으로 이론화된다. 도교에서 몸은 깨달음이 발생하는 장소다.

먼저 도교에서 보는 신체(몸)와 정신(마음)의 관계 문제에 대한 입장을 간단히 살펴보자. 모든 중국사상 전통에서 몸과 마음은 궁극적으로 '분리'되는 것으로 인식되지 않는다. 그렇다고 해서 이론적인 논의에서 몸과 마음을 '구분'하지 않았다고 말할 수는 없다. 먼저, 신체의 다른 표현으로서 형(形)이라는 개념은 형태를 지닌 신체를 가리킨다. 그리고 형은 물질 일반의 특징으로 파악되기도 한다. 반면 형과 대비되는 신(神)은 눈에 보이지 않는 어떤 무엇을 지칭한다. 인간을 예로 들어보자면, 인간은 형과 신으로 구성된다. 그 경우 신은 인간이나 생명체를 구성하는 필수적인 무엇이다. 도교의 형과 신의 구분을, 서양의 이분법에 따라, 신체(물질)와 정신(사유)으로 나누어볼 수 있다. 그러나 도교의 형신 이원론과 서양의 신체-정신 이원론은 발상이 상당히 다르다. 도교의 형과 신은 서양의 신체와 정신처럼 단절된 실체가 아니다. 도교의 형과 신은 개념적으로 구분되지만, 상호 열린 구조를 가지고 있다. 도교에서는 신이 인간의 정신적 특징을 가리키는 개념일 뿐만 아니라 신령(神靈) 등 온갖 신적 존재를 가리키는 개념이기도 하다. 인간의 신체, 즉 형은 체내신(體內神)[2]으로

---

2. 도교의 체내신 개념은 도교 특유의 신 관념과 결부되며, 도교의 신체 기법, 기의

가득 차 있다. 신은 인간의 영혼, 귀신 등을 포괄적으로 가리키는 개념이기도 하다. 따라서 도교의 신은 서구적 의미의 정신과 정신적 존재, 신적 존재를 모두 지칭할 수 있다. 도교의 형신론(形神論)에서 가장 중요한 사실은, 형과 신이라는 대립적인 범주가 배타적이거나 닫힌 범주가 아니라, 소통적이며 전환 가능한 열린 범주라는 것이다.

초기 도교 경전의 하나인『태평경』에 보이는 형신론, 즉 신체와 정신의 관계론을 통해 그 문제를 논의해보자.『태평경』은 먼저 이렇게 말한다.

(1) 사람은 혼돈의 기, 즉 원초적인 기에서 태어난다. 그 기는 생명력의 정수인 정(精)을 낳고, 그 정이 고도화되어 영혼[神]이 나온다. 신은 다시 명(明)을 낳는다. 인간의 기는 본래 음양의 기이며, 그 기가 정으로 전환되고, 정은 다시 신으로, 신은 다시 명이 된다[夫人本生混沌之氣, 氣生精, 精生神, 神生明. 本于陰陽之氣, 氣轉爲精, 精轉爲神, 神轉爲明].(『太平經合校』, 739)

(2) 기가 가득하면 거기에서 영혼[神]이 나오고, 기가 끊어지면 영혼도 함께 죽어버린다[人有氣則有神, 氣絶則神亡].(『太平經合校』, 96)

(3) 신과 정의 기에 대한 관계는 물고기의 물에 대한 관계와 같다. 기가 끊어지면 신과 정이 흩어지고, 물이 없어지면 물고기가 죽는다[神精有氣, 如魚有水. 氣絶神精散, 水絶魚亡].(『太平經合校』, 727)

(4) 기가 없어지면 죽고, 기가 있으면 산다[失氣則死, 有氣則生].(『太平經合校』, 309)

(5) 사람은 한 몸을 가지고 있으며, 몸은 정 및 신과 더불어 하나

수련과 연결되어 상당히 중요하다. 자세한 것은 뒤의 각주 5를 참조할 것.

가 된다. 몸[形]은 죽음을 관장하지만, 정과 신은 생명을 관장한다. 정, 신과 몸[形]이 합쳐지면 길하고 정, 신과 몸[形]이 분리되면 흉하다. 정과 신이 없으면 죽고, 정과 신이 있으면 산다. 정, 신, 형(形)이 하나가 되면 장생한다[人有一身, 與精神相合幷也. 形者乃主死, 精神者乃主生. 相合則吉, 去則凶. 無精神則死, 有精神則生. 相合則爲一, 可以長存也].(『太平經合校』, 716)

『태평경』의 형신론, 혹은 신체-정신론은 도교의 원론적 입장을 보여준다.

첫째, 그것은 『장자』 등에서 정식화된 기 사상의 입장을 계승하면서 인간(사물)이 원기(元氣, 氣)로 이루어진다고 말한다.

둘째, 기로 이루어진 인간은 유형적 측면과 무형적 측면이 통합되어 있다. 유형적 측면은 형이라고 불리고 무형적 측면은 정신, 혹은 신이라고 불린다. 형과 신, 혹은 형과 정신 역시 모두 기로 이루어진다.

셋째, 신체는 인간을 죽음으로 끌고 간다. 정신은 인간을 불멸로 이끌고 간다. 인간의 신체는 현세적 원리에 의해 지배당하지만, 정신은 초현세적 원리에 의해 지배당한다.

넷째, 형과 신, 혹은 형과 형신은 분리되어 존재하지 않는다. 신체가 죽음의 원리를 가지고 있다고 해서, 정신이 분리되어 독립적으로 존재할 수는 없다. 마찬가지로 정신이 생명의 원리에 의해 지배된다고 해도 정신이 독립적으로 영원한 생명으로 이끌고 가는 것은 아니다. 장생불사는 어디까지나 정신과 신체가 통합되어 있는 상태다. 도교는 인간의 정신이 인간의 신체와 분리된 채로 정신만으로 영원히 존재할 수 있다는 관점을 강조하지 않는다. 물론 인간의 신체와 무관한 신은 당연히 존재할 수 있다고 믿는다.

다섯째, 인간은 신체와 정신을 구성하는 기를 고양시키는 수련에 의해 불사에 도달할 수 있다. 도교의 수련은 기의 수련을 통해 신체와 정신을 충실하게 만드는 훈련이다. 마치 호수에 맑은 물이 가득 넘치고 그 물 속에 건강한 물고기가 뛰어놀듯이.

여섯째, 기의 순수화와 충실화는 단계적인 고도화 과정을 거쳐 최후의 단계에서는 궁극적인 도와 하나가 되는 신적인 상태에 이른다. 그 신적인 단계는 신이라고 표현되기도 하지만, 『태평경』에서는 밝음의 혹은 빛의 메타포를 사용하여 그 최후의 깨달음을 표현한다. 시기적으로 훨씬 나중에 등장하는 수련 문헌에서는 그런 상태를 '일점영광(一點靈光)'이라는 메타포로 표현한다. 그것은 사실상 『태평경』의 '명(明)'과 일맥상통한다.[3]

도교의 수련에서 형신(形神) 문제가 중요한 이유는 형과 신이 상호 전환이 가능한 열린 범주라는 사실 때문이다. 도교적 기론에서는 유형적인 것이든 무형적인 것이든 모든 것은 기다. 신이나 형이 기와 다르지 않다는 이유에서, 그 둘은 존재 양상, 유형이냐 무형이냐의 차이가 있지만 근본적으로 다른 것은 아니다. 도교 수행의 관점에서 보면 그 둘은 엄연한 질적인 차이, 혹은 양상의 차이(difference of modality)가 있다. 그런 차이로 인해 기의 세 양상(정精·기氣·신神)과 관계된 수련의 단계에 대한 이론

---

3. 『태평경』의 형신론이 도교 형신론의 이론 전체를 대표한다고 단정할 수는 없지만, 대체로 그 입장은 나중에 도교 사상사의 전개에서 기본적 경향을 보여준다고 볼 수 있을 것이다. 도교의 수양론 특히 내단의 이론에서 기 수련의 단계론과 관련된 자세한 형신 관계론은 더욱 자세한 문헌적 검토를 기다리는 영역이다.

적 구상이 다듬어진다.

4. 기의 세 양상: 정(精)·기(氣)·신(神)

도교의 심신, 혹은 형신 수행은 곧 기의 수행이다. 기는 가시적인 신체를 형성하는 것일 뿐 아니라, 인간의 정신을 이루는 기반이며 생명력을 유지하는 근거다. 여기서 기억해야 할 사실은, 도교의 정신, 혹은 정과 신은 서양철학의 정신과 달리 형체를 갖지 않는 사유만의 존재가 아니라는 것이다. 도교의 정신에서 가장 중요한 측면은, 서양철학과 달리, 사유라기보다는 생명력이다. 굳이 비교하자면, 도교의 정신은 영어의 mind(라틴어의 mens)와 비슷한 것이 아니라 spirit(라틴어의 spiritus)와 비슷하다. 도교는 인간의 신체와 정신을 분리된 것으로 보지 않는다. 신체와 정신은 구분되지만, 질료(기)라는 측면에서 볼 때 그 둘의 경계는 모호하다. 도교에서는 인간을 신체와 정신이라는 이원론적 구조로 보지 않는다. 인간은 다양한 레벨을 가진 기로 이루어지며, 기의 레벨 사이에 엄격한 획선을 긋는 것은 불가능하다. 낮은 레벨의 기는 가시적인 신체와 연관되지만, 높은 레벨의 기는 정신이라고 불리는 높은 단계의 생명력과 관련이 있다. 도교는 인간이 정, 기, 신이라는 양상이 다른 세 차원의 기로 구성되었다고 이해한다. 낮은 단계의 기는 육체와 밀접한 관계가 있고, 높은 차원의 기는, 서양식으로 말하자면, 정신이나 영혼과 더 밀접한 관계가 있다. (사실 서양철학의 mind, spirit, soul 등은 의미가 모호한 개념이다. 그 모호한 개념을 기준으로 비서양의 철학과 종교를 논할 수는 없을 것이다. 물론 도교의 기, 정, 신 모두 정확한 의미를 파악할 수 없는 개념이다.) 그리고 인간을 형성하는 양상이 다른 여러 기는 상호 전환이 가능하다. 도교의 기 수행은 이런 인간관, 즉 인간은 양상이 다른 세 차원의 기의 종합이며 그런 기들은 상호 전환이 가능하다는 관점을 전제할 때만 설명할 수 있다.

　기 수행은 단순한 질료적 기(기질)를 보다 높은 차원의 기로 전환할 수 있다는 신념을 전제로 하여 실행된다. 가시적인 질료에 가까울수록 차원이 낮은 기다. 질료적 기는 인간을 세속에 묶어두는 부정적 힘으로 작용한다. 그 기는 현실의 질곡을 대표하는 상징어로 사용되기도 한다. 도교에서 추구하는 득도는 세속[俗]의 차원을 넘어 신성[聖]의 영역으로 들어가는 것이다.[4]

　도교는 기 수행을 통해 기질적 차원을 벗어나 더 고차원적인 기의 상태로 진입하며, 마지막으로 신의 단계에 도달하는 득도의 과정을 일련의 단계론으로 묘사한다. 당송 이후의 내단 이론은 그런 과정을 대체로 네 단계로 설명하고 있다. 수행의 단계 전체를 기질을 변화시키는 과정이라고 본다면, 도교의 기 수행은 결국 속(secular)의 차원에 속하는 기질을 벗어나서, 성스러움(sacred)의 차원의 신에 이르는 일련의 과정을 포함하는 이론이라고 볼 수 있다. 내단 이론이 제시하는 네 과정은 다음과 같다.

---

4. 나중에 다시 말하겠지만, 도교에서는 수준이 낮은 질료적 단계의 기를 '음'으로 범주화하고, 그 기를 높은 수준으로 승화시켜감에 따라 음이 양의 범주로 옮아가는 것으로 단계적으로 이해한다. 그 과정은 '음(陰) → 반음(半陰), 반양(半陽) → 양(陽)'으로 도식화할 수 있다. 완전한 양[純陽]의 단계에 도달한 인간이 도와 하나가 된 신선이다. 그리고 도교에서는 범속한 현실을 벗어나 자유롭고 완전한 존재, 즉 신선으로 넘어가는 그 과정을 '**초범입성**(超凡入聖)'이라고 표현한다. 나는 엘리아데에게서 유래하는 **성과 속**이라는 용어를 사용했지만, 도교적 맥락을 고려하면서 말한다면 **범속과 신성**이라는 표현이 적절하다고 생각한다.

(1) 축기(築基): 기질의 변화에 돌입하기 위한 기초 수련 단계.
(2) 연정화기(鍊精化氣): 인간의 원초적인 기질적 에너지를 고차원의 생명 에너지로 끌어올리는 수련.
(3) 연기화신(鍊氣化神): 고차원의 기 에너지를 더욱 고차적인 정신 에너지로 끌어올리는 수련.
(4) 연신환허(鍊神還虛): 가장 승화된 형태인 무(無)의 상태, 즉 근원이며 귀결점인 도와 하나 되는 합일의 경지.

도교는 성스러움을 다양하게 표현한다. 신(神)은 그중에서도 대표적인 것이다. 신은 성스러움이 실현된 상태, 속의 속박을 벗어버린 상태의 기를 가리키는 도교 특유의 개념이다. 신 역시 기의 한 양상이지만, 세속을 형성하는 일반적인 기와는 질적으로 다르다. 신이라는 말은 초현실적인 존재, 영어로는 deity와 직결되는 개념이기 때문에 오히려 오해되는 경우가 많다. 도교의 신은 수련을 통해 최고로 고양된 기를 가리키는 개념인 동시에 인간 역량을 초월하는 신령을 가리키는 개념이기도 하다. 신은 도교의 독특한 신의 일종인 체내신[5]을 가리키기도 한다. 천상에 거하는 위대한 신은 도의 현현이다. 체내의 신은 인간에 내재한 도의 현현이다. 궁극적으로는 도와 신은 그 함의가 동일하다. 나중에 보겠지만, 도인, 진인, 지인 또는 신인 등 도를 획득한 인간

---

5. 체내신 관념은 모든 도교 기공 이론에서 수용되는 것은 아니지만, 우주적 신이 도의 현현이라는 사실에 대해서는 이견이 없다. 체내신 관념과 그 신의 존사(存思)를 통해 신을 몸속에 보존하여 불사를 획득할 수 있다는 수련법에 대해서는 상청파의 중요 경전인 『황정경』, 『대동진경』을 참조할 수 있다. 상청파의 중요 수련법에 대해서는 스트릭만(Strickmann, 1977)과 카미츠카 요시코(神塚淑子, 1999: 제1장) 참조.

에 대한 명칭은 동의어인 것이다.

기를 신의 상태로 고양하는 존사(存思) 혹은 수일(守一)의 수행은 체내신이 신체를 온전히 주관하도록 만드는 훈련이다. 그것은 다시 말하자면 속의 지배를 벗어나서 성스러움이 실현된 존재로 삶의 차원을 높이고자 하는 훈련이다. 우주의 근원이고 생명의 근원인 도를 우리 신체 안에 실현하고, 몸을 통해 우주 전체를 도의 차원으로 끌어올리려는 노력인 것이다.[6]

5. '순양'과 불사

이어서 도교의 기 수행에서 '순양(純陽)'이라는 개념에 대해 살펴보자. 도교 수행론의 완성인 내단 이론에서 중요시되는 '순양' 개념은 성스러운 시간을 의미하는 양(陽) 개념과 연계되어서도 중요하지만, 세계를 "신(神. 선仙)·인(人)·귀(鬼)"의 삼부 세계로 나누어 보는 도교의 기본적 세계관의 입장에서도 중요하다. 기는 본래 하나이지만, 실제로는 음과 양이라는 이기(二氣)의 형식으로 존재한다. 모든 세속적인 존재는 음양, 이기로 구성된다. 인간 역시 음과 양이 결합된 중간적 존재다. 도교에서는 순수한 양이 신의 영역에 속한다면, 순수한 음은 귀의 영역에 속한다고 생각한다. 음과 양, 이기의 결합체인 인간은 성과 속의 중간 영역에 속한다. 낮은 수준의 기, 즉 기질만을 놓고 본다면 인간은 속의 영역에 속하지만, 순수한 기는 성스러움의 영역에 속하고,

---

6. 도교에서 기의 수련과 도의 획득을 동일 선상에서 이해하는 기공적 관점은 『운급칠첨』 권56의 「원기론(元氣論)」에 보인다. 「원기론」은 도교 기공의 이론 체계를 이해하기 위해 반드시 검토해야 할 중요한 문헌이다. 같은 책 권57에 실린 당(唐)의 사마승정(司馬承禎)의 작품이라고 알려진 「복기정의론(服氣精義論)」도 대단히 중요하다.

따라서 인간은 속을 벗어날 수 있는 가능성을 가진 존재다. 도교는 그 성스러움의 영역을 양의 영역이라고 범주화한다. 따라서 순수한 기(신神)의 영역으로 진입하는 것은 반음(半陰)·반양(半陽)의 상태를 벗어나 순수한 양의 영역으로 이행하는 것이다.

당송 시대의 내단 이론에서 중요한 문헌인 『종려전도집(鍾呂傳道集)』에서는 음양의 관점에서 인간과 신선, 그리고 귀신에 대해 다음과 같이 말하고 있다. "신선은 하나가 아니다. 순수하게 음기로만 구성되어 있고 양기를 가지고 있지 않은 존재는 귀신이다. 순전한 양기로 이루어져 있고 음기의 요소를 가지고 있지 않은 존재는 신선이다. 음기와 양기가 골고루 섞여 있는 존재는 인간이다. 그런데 오직 인간만이 귀신이 될 수 있고, 또 신선도 될 수 있다. 젊은 시절부터 수련을 하지 않고 함부로 정욕을 발산하고 뜻하는 바를 쫓기만 하는 사람은 병들어 죽어서 나중에는 귀신이 된다. 그러나 그러한 사실을 깨닫고 수련을 거듭하여 범속함을 뛰어넘어 성스러움의 영역으로 들어가는[超凡入聖] 사람은 기질의 한계를 벗어버리고 신선이 될 수 있다. 신선에는 다섯 등급이 있고, 수련의 법에는 세 등급이 있다. 그 법을 수련하고 하지 않고는 인간에게 달려 있지만 공이 이루어진 결과는 사람의 분수에 달려 있다."[7]

기의 수행은 범속한 존재를 벗어나 신성한 존재로 고양되는 것이 목표다. 그 범속의 범주가 음이다. 인간의 욕망과 자기 파

---

[7] "仙非一也. 純陰而無陽者鬼也. 純陽而無陰者仙也. 陰陽相雜者人也. 惟人可以爲鬼, 可以爲仙. 少年不修, 恣情縱意, 病死而爲鬼也. 知之修鍊, 超凡入聖 而脫質爲仙也. 仙有伍等, 法有三成, 修持在人, 而功成隨分者也."(鍾離權·呂洞賓, 1989)

移胎乳哺图

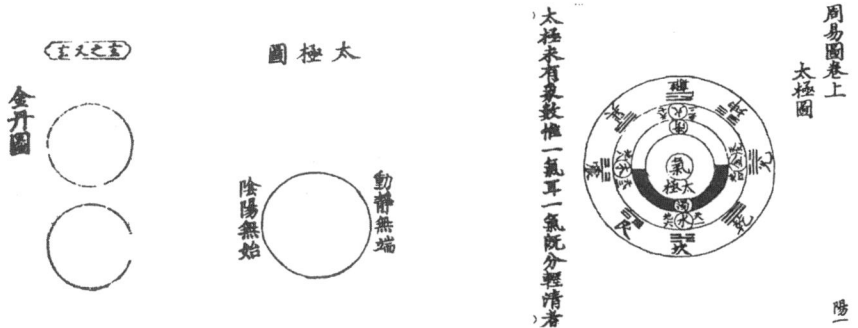

그림 3. 기 수련은 범속한 몸을 성스러운 몸으로 전환시켜가는 긴 과정이다. 몸과 정신은 분리되지 않기 때문에 몸의 수련이 곧 정신의 수련이 되는 것이다. 그리고 그 수련은 몸의 이원성을 극복하는 일련의 과정으로 상징화된다. 평범한 우리 인간의 사고를 지배하는 모든 형태의 이원성을 극복하는 것이 과제가 된다. 위의 그림은 그런 긴 통합의 과정을 단순화하여, 음양의 이원성을 극복하여 태극에 도달하는 것이 수련의 궁극적 목표라고 보여준다.

괴적 욕구에서 비롯되는 질병, 죽음 등 인간을 구속하는 존재의 질곡을 음의 범주에 소속시키고, 그러한 존재의 질곡을 극복하여 나아가는 완전함의 상태를 양의 범주에 소속시킨다. 양은 죽음을 극복한 존재의 차원으로, 인간의 범속한 현실을 벗어나고자 하는 도교적 이상을 지칭하는 개념이었으며, 당송 시대의 내단 이론을 대표하는 도사들은 순양의 경지 즉 신선의 경지를 추구하는 그들의 이상을 정양자 종리권(正陽子 鍾離權), 순양자 여동빈(純陽子 呂洞賓), 화양 시견오(華陽 施肩吳), 자양 장백단(紫陽 張伯端), 중양 왕철(重陽 王喆. 王重陽), 단양 마옥(丹陽 馬鈺) 등의 호와 이름을 통해 표현하고 있다.

기를 음과 양으로 나누고, 양의 범주에 높은 가치를 부여하는 관점은 『주역』에서 유래한 것이다. 도교 양생가들은 『주역』의 음양 범주, 시간적 추이에 따라 음에서부터 양으로 변화하는 음양의 소식(消息)의 이론을 행기(行氣), 복기(服氣), 태식(胎息) 등 다양한 기 수련법에 널리 응용하였다. 도교 수련에서 순양 개념은 그런 결과 도출된 것이었다. 「연릉군연기법(延陵君鍊氣法)」은 오균(嗚筠)의 대표작 『현강론(玄綱論)』을 인용하면서 순양 관념을 음양 소식의 관점과 연결시키고 있다. "양기가 조금이라도 남아 있으면 귀신이 될 수 없고, 음기를 조금이라도 남겨두면 신선이 될 수 없다. 원양(元陽)의 기는 양기이며, 음식물의 기는 음기이다. 따라서 수도하는 사람은 항상 먹는 음식을 줄이고 욕망을 절제해야 한다. 원기(元氣)가 몸속을 운행할 수 있도록 훈련을 거듭하면 양기가 왕성해지며 음기는 저절로 소진되어버린다. 양기가 왕성해지고 음기가 쇠진하면 온갖 질병이 발생하지 않고 정신이 안정되고 육체도 기쁨을 얻을 수 있으며, 그때에 비로소 장생불사를 기대할 수 있게 된다."[8]

　『장자』에서부터 도교(도가)적 득도자의 명칭으로 보이는 진인, 신인, 도인은 무위를 실천함으로써 세속적 속박을 벗어버린 자유로운 존재들이다. 그 속박에는 죽음도 포함된다. 인간을 속박하는 궁극적 한계인 죽음을 벗어난 존재들이기에 그들은 불사자들(immortals)이다. 도교에서 불사와 자유와 무위 그리고 득도는 동일한 내포를 가진다. 무위를 통해 자유에 도달할 수 있고, 자유에 도달하면 무위를 실천할 수 있고, 도를 얻을 수 있다. 또한 도를 얻어야 비로소 자유로울 수 있고, 무위에 이를 수 있다. 무위에 도달하여 도를 얻은 사람은 죽지 않는다. 진인은 도의 본래성(眞, authenticity)을 획득한 사람이기 때문에 참된 인간, '진인(眞人, authentic man)'이다. 그는 도와 하나가 된 인간이기 때문에 '도인(道人, man of the Tao)'이라 부를 수도 있다. 인간으로서 도를 획득하고 속박과 현실의 한계를 벗어나 신적인 존재로 승화되었기 때문에 '신인(神人, divine man)'이라 불리기도 한다. 신적인 인간은 이 세상에 머물지 않는다. 세상을 벗어나 신선의 땅인 산에 살거나 하늘로 비상하는 그는 '신선'이기도 하다. 그는 인간의 삶을 내리누르는 모든 무게로부터 자유롭기 때문에 하늘로 비상할 수 있다. 그는 구름을 타고 비상할 수 있고, 물속이나 불 속에 뛰어들어도 몸이 상하지 않고, 삶과 죽음의 경계를 마음대로 노닐 수 있다. 산은 순수와 성스러움의 상징이다. 상승과 비상은

---

8. "纖毫陽氣不盡, 不爲鬼, 纖毫陰氣不盡, 不爲仙. 元陽卽陽氣也, 食氣卽陰氣也. 常減食節欲, 使元氣內運. 陽氣旣壯, 卽陰氣自消. 陽壯陰衰, 卽百病不作, 神安體悅, 可覬長生." (「延陵君鍊氣法」, 『雲笈七籤』 卷61)

자유로움의 전형적 상징이다. 그러한 자유를 획득한 사람, 무위를 실천하는 사람, 도를 얻은 사람, 죽지 않는 사람이 바로 '신선(immortals)'이다.

신선에 관한 상상적 관념은 고대에서부터 존재했고 『장자』와 『열자』 그리고 『회남자』를 거치면서 도교적 종교 세계 안으로 편입되어 들어왔다. 그러나 그러한 신선과 불사에 관한 상상적 관념이 도교적 이론 체계 안으로 정식으로 편입되고 체계화된 것은 갈홍의 『포박자』에서였고, 마지막으로 완성된 것은 당송기의 내단 이론에서였다.

6. 나가는 말

종교는 인간과 사회의 근원적 변화를 요청하는 문화적 가치 체계이기 때문에 각 종교가 지향하는 바람직한 인간상을 검토해본다면 각 종교의 가치 지향을 분명히 이해할 수 있을 것이라는 전제에서 논의를 시작했다. 그러나 거대한 종교적 담론의 세계를 형성하고 있는 도교의 이상적 인간상을 간단히 정리하는 일은 쉬운 작업은 아니다. 나는 그 문제에 접근하기 위해, 도라는 근원적인 관념을 중심으로 도교의 이상적 인간상을 논의했다. 흔히 도교의 이상적 인간 하면 떠올리는 불사의 관념이나 그 불사를 달성한 존재로서 신선은 도교의 이상적 인간을 이야기할 때 반드시 언급해야 하는 중요한 주제지만, 신선이란 무엇인가 혹은 신선이 되기 위해서는 어떻게 해야 하는가 하는 관점에서 그 문제에 접근하는 것은 자칫 연구의 대상이 되어야 할 종교 현상의 진리 주장의 논리를 긍정하고 그 주장을 변호하는 호교론적 논술에 그치고 말 위험이 있다. 더구나 종교학적 입장에서 도교의 신선이나 불사를 논하기 위해서는 전통적인 사상사 논의 내지 방법과 다른 태도를 취할 것이 요청된다. 종교학은 각 종교 전통의 자기 변호적 주장을 있는 그대로 재서술하는 것에 대해 비판적 태도를 가지고 있기 때문이다. 그러기 위해서는 먼저 도교의 불사를 문자적 의미에서 죽지 않음이라고 이해할 수 있는가 하는 물음을 던져야 한다. 도교에서 말하는 불사가 거짓이라거나 엉터리라고 말하려는 것은 아니다. 다만 도교 내부의 진술을 있는 그대로 문자적인 진실이라고 보아서는 곤란하며, 현재 시점에서 다시 읽고 의미를 해석해야 하는 상징적 언어라는 관점에서 그 진술을 이해해야 한다. 도교의 불사 내지 신선은 도교의 이상적 인간을 묘사하는 하나의 종교적 상징어 내지 기호다. 그런 종교적인 상징 기호의 의미를 해독해내는 것이 종교학의 임무이며, 그 관점에서 도교가 지향하는 이상적 인간상에 대한 물음을 풀어가야 할 것이다.

신선 개념은 하나의 상징으로서, 도교가 세상을 설명하고 세상에 의미를 부여하는 넓은 의미의 도교적 세계관의 맥락 속에서 참된 의미를 얻는다. 신선이 된다는 것은 도교적 의미의 궁극적 가치를 실현하는 것을 의미한다. 도교가 제시하는 그 궁극적 가치는 도(道)이다. 그리고 도 역시 도교의 궁극적 진리, 가치를 지칭하는 상징 기호의 하나이다. 도교의 불사, 신선, 혹은 이상적 인간을 이해하기 위해서는 도교적 의미의 길[道] 개념을 먼저 이해해야 한다. 도교적 의미의 길 개념을 이해한다면, 사실 도교의 신선이나 불사 개념을 이해하는 것은 어려운 일이 아니다. 왜냐하면 신선이나 불사는 결국 그 도를 체득한 존재, 도와 하나가 된 존재의 상태를 의미하기 때문이다. 나는 이 글에서 그러한 논의의 방향을 염두에 두고, 도교적 의미의 도 개념을 먼저 살펴본 다음, 그 도와 하나가 되는 도교적 실천의 문제로 관심을 돌리려고 했다. 여기서 다시 도를 체득하는 도교적 실천의 종류와 방법이 무한히 다양하다는 사실로 인해 어려움에 부닥친다. 도교의 방술과 실천 방법을 하나하나 서술하기 위해서는 여러 권의 책이 필요할 정도로 그 세계는 방대한 영역을 포괄한다. 따라서 여기서는 구체적인 방술과 신선 방술을 서술하는 방법을 취하지 않고, 도교 방술과 신선 방술을 관통하는 중요한 몇 가지 관념, 나아가 도교의 신선 방술을 이해하기 위해서는 반드시 알아야 하는 중요한 개념을 해명하면서 도교 신선 방술의 정신과 의미를 해명하는 데 중점을 두었다.

참고 문헌

神塚淑子, 1999, 『六朝道教思想の研究』, 創文社.

鍾離權·呂洞賓, 1989, 《鍾呂傳道集》, 氣功·養生叢書, 上海古籍出版社.

「延陵君鍊氣法」, 『雲笈七籤』 卷61, 中華書局.

Strickmann, Michel, 1977, "The Mao Shan Revelation: Taoism and the Aristocracy", *T'oung Pao* 63.

인디트랜스 심포지엄 '물질과 에너지'의 토론 시간. 2014년 12월 18일 고등과학원 세미나실 1503호.

4

언어의 시공간

三 쓰두러딘 딥신에 발감게 호고
시베랴 탄바람 거스르니 면서
다름딜 할이가 그 누구 러냐?
나막신 갓흔배 左右로 뎌어
벗발이 곳쏘난 赤道 아래서
배싸홈 할이가 그 누구 러냐?
우......리......로!!!
　　우리오
　　우리오
　　우......리......오!!!

二 수 世界文運의 大中心은 太平大洋과 쏘東大陸에 잇
난데 우리大韓은 左右로 이떠處를 控制함을 생각하다

二、 우리로 하야곰 헤염도 하고
　　우리로 하야곰 競棹도 하야
　　書房님·手足과 道令님 몸을
　　거슬게 하여라 굿게 하여라!

　　우......리......로!!!

우리의 運動터 되기 바라난
太平의 여大洋 크나큰 물에!!

하	던	날	—
하	던	날	—
하	던	날	—
하	던		

2	3	2		1	—	0
兄	합	시		다	—	
兄	합	시		다	—	
兄	합	시		다	—	
兄	합	시		다		

四

舊作三篇

우수리 아모것도지닌것업소.
비러나두려움업네
그류판의힘이라도
면우리는웃지못하네
우리는올흔것 廣耳삼아...

우鐵杖
큰길을거러가난者 김일세
우리는웃지못할것하라네
그러나무서움업...

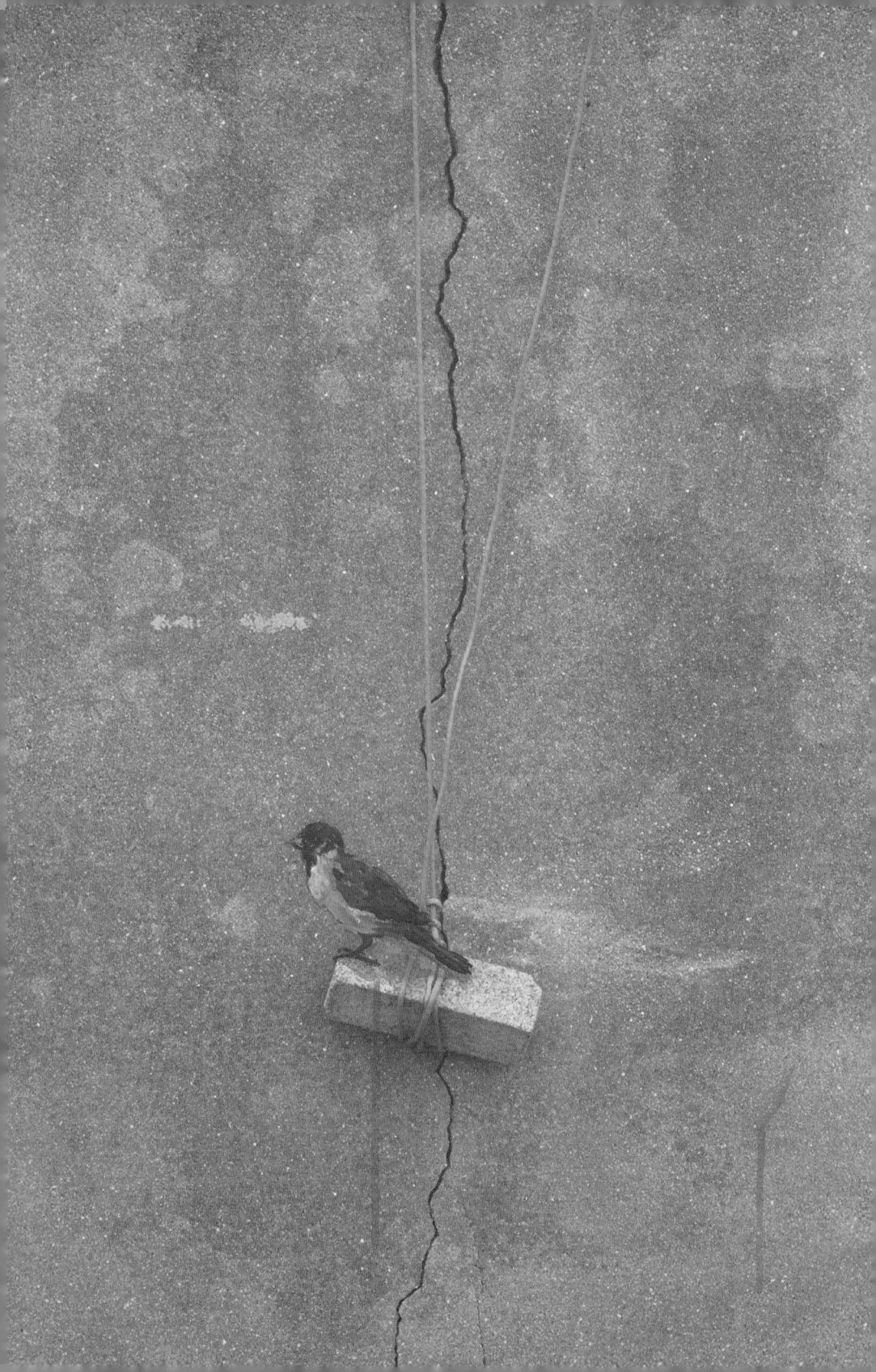

where am I ?

한국문학의
시간

이영준

한국문학이 근대문학의 모습을 갖추는 단계에서 시간의 문제가 해결해야 할 과제로 떠오른 것은 1919년, 김동인에 의해서이다. 김동인은 단편소설 『약한 자의 슬픔』을 쓰면서 서술문에서 과거 시제와 삼인칭 대명사를 사용했다. 한국어 문장에서 그 이전에도 산발적으로 과거 시제를 사용한 적은 있으나 뚜렷한 목적의식을 가지고 과거 시제를 사용한 것은 김동인이 처음이다. 그 후 소설가들의 문장에서 과거 시제 문장이 더러 사용되기도 했지만 이 문제는 그다지 심각한 고민의 대상이 되지 않았다. 그런데 1965년에 이르러 백낙청이 시제 문제를 다시 작품 성패의 중요한 요건으로 지적하고 나섰다. 1965년 『신동아』 4월호에서 백낙청은 박경리의 장편소설 『시장과 전장』에 대해 혹평하면서 그 주된 이유로 박경리의 현재형 서술문을 지적했다. 백낙청에 의하면 『시장과 전장』은 톨스토이의 대작과 비견되는 제목을 가졌으나 한국전쟁의 상흔을 한국문학의 유산으로 남겨주는 데 실패했는데 그 실패의 이유는 『시장과 전장』이 방대한 양에도 "아무런 의미도 이루지 못하고 수난의 열거로만 그친 기록"이기 때문이다. 한국전쟁이 가진 전체적인 의미는 포착하지 못하고 "그때그때의 장면만을 부각"시키게 된 주된 요인으로 백낙청은 그 소설에 나타나는 현재형 서술을 지적했다. 박경리는 백낙청의 비판에 즉각 반발했는데 도대체 누가 과거 시제 사용의 원칙을 수립했는지 들은 바 없을 뿐만 아니라 설사 그러한 원칙이 있다고 하더라도 왜 작가가 그런 원칙을 따라야 하는가라고 반문했다.

현재형 서술이 한국 소설의 중요한 특징이며 그것 때문에 한국 소설이 소설에 미달하는 사태가 벌어지고 있다는 보다 과격한 주장은 김우창에 의해 제기되었다. 1981년 『문예중앙』 봄호에 발표한 「한국 소설의 시간」이라는 논문에서 김우창은 한국 현대 소설에서 현재형 동사를 사용하는 관습의 뿌리는 고전소설에서부터 발견된다고 지적한다. 김우창은 한국 현대 소설의 예로 염상섭의 『삼대』와 이광수의 『무정』의 첫 장면을 제시하고, 한국 고전소설로는 『구운몽』, 『춘향전』, 『사씨남정기』의 한 장면을 제시한다. 그리고 서양 현대 소설로는 헤밍웨이의 『무기여 잘 있거라』의 한 장면을 제시하여 한국 소설과 대조한다. 여기서 김우창은 서양 소설에서는 사건을 묘사할 때 과거 시제를 사용하여 사태를 객관화시키는 데 비해 한국의 소설은 현재형 동사를 사용하여 현장 묘사에 치중한다고 지적한다. 이러한 기법의 차이는, 김우창이 보기에, 소설 기능에 대한 이해에서 중대한 차이를 드러낸다. 현장 묘사는 독자가 사건 현장에 존재하는 듯 생생한 감각을 경험하게 해준다. 하지만 그것은 사물의 질서를 새로이 구조화하는 힘, 소설이 가진 예술적인 힘의 원천인 시간적 변화의 내면적 경험을 삭제한 대가로 얻어진 것이다.

　　사건의 연쇄를 통해 세계의 전체에 대응하는 개인적 내면의 질서를 이룩해가는 과정이야말로 근대소설의 핵심 내용인데, 그러한 세계의 전체성이 끊임없이 유동하고 휘발하는 현재로 그려진다면 내면적 질서는 이룩되기 힘들다. 김우창의 이러한 지적은 서구의 근대소설 형식에 대한 고전적 이해를 잘 반영하는 동시에 한국의 서사 전통에 대한 중요한 통찰을 담고 있다. 롤랑 바르트(Roland Barthes)에 의하면 과거 시제와 삼인칭 대명사라는 마스크의 사용에 의해 소설이 하나의 예술 작품으로 성립할 수 있는 조건, 즉 인위적 시간 분절과 세계와의 거리 설정이 가능하게 되었다(『글쓰기의 영도』). 시간의 선후 관계에 질서를 부여하면서 복합적 현상을 하나의 줄거리로 요약하는 과거 시제는 그 뒤에 질서의 주재자를 숨기고 있다. 그리고 삼인칭 대명사에 의해 지칭되는 인물은 구체적 개인이 아니라 예술적으로 설정된 가상의 인물이며 그 인물의 행위가 세계와 맺는 관계는 과거 시제에 의해 확정된 사건으로 구체화된다. 즉 과거 시제의 사용은 이러한 과거를 가능하게 하는 어느 시점의 관찰자의 존재를 상정한다는 점에서 삼인칭 화자와 분리 불가능하며, 이러한 근대소설에 의해 개인의 내면성이 거주하는 시공간이 확보된다고 할 수 있다. 이러한 서사 장치에 의해 독자는 그것이 비록 추상적이라 할지라도 세계의 전체상에 대한 이해를 얻을 수 있는 관점을 획득할 수 있는데, 한국 소설에서는 이러한 서사 장치가 받아들여지지 않고 있는 이유는 무엇일까?

    1920년, 김동인이 소설 쓰기란 인형 조종술과 같다고 한 것은 서양 근대소설의 근본적 성격을 간파한 탁견이다. 다면적이고 동시적인 세계를 파악 가능한 계층적 시간 질서로 변환시키는 소설의 기능은 전근대 서구에서 신이 차지한 자리를 과학혁명 이후 대신하고 있다고 할 수 있다. 하지만 한국을 포함한 동아시아 문학 전통에서 서사시 전통은 부재에 가깝다. 무엇보다도 아리스토텔레스(Aristoteles)가 『시학』에서 제시한, 처음과 중간과 끝이 있다는 시간관은 한국인의 시간 감각에서는 편하게 작동하지 않는다. 처음과 중간과 끝이 있다는 시간관, 특히 이전이 없는 처음, 나중이 없는 마지막이라는, 문학작품의 질서에 적용한 아리스토텔레스의 시간관은 실재와 분리된 초월성을 상정하거나 세계와 분리된 인공적 허구라는 관념이 가능한 서구적 서사 질서에나 부합할 따름이다. 동아시아적 시간관에서는 인공적 허구라 할지라도 그것은 언제나 어떤 주어진 시간 흐름의 중간에 속하며 실재와의 상관관계 속에서 작동한다. 인간 조건의 전체성은 삼인칭의 마스크로 대체된 가상의 존재가 그려내는 서사의 객관성으로 환원되지 않으며, 특히 한국어 담론 공간에서 한 인물을 '그'라고 지칭하는 것은 그 사람의 존재를 무화시키고 모욕하는 효과를 가져오기 때문에 회피된다. 한국 소설에서 삼인칭 대명사 '그' 대신에 등장인물의 이름이 계속해서 사용되는 이유가 여기에 있다. (이혜경의 「피아간」이라는 단편소설에서 "경은"이라는 주인공의 이름은 150번 반복된다.) 서구 문학에서 등장인물과 독자 사이의 거리는 예술 작품으로 성립되기 위한 결정적 조건이지만 한국문학에서 그러한 분리와 거리와 소외는 회피된다.

독립된 개인이 만들어가는 시간은 한국인의 서사에서는 불가능에 가깝다. 개인의 등장은 서구 소설의 성립에서 결정적 요소이며 서구 근대소설에서 개인 간의 관계에서 복합적이고 불특정한 위치에 놓인 사태를 처리하는 자유간접화법은 20세기에 와서 서사 이론가들에게서 새로이 주목받았다(플로베르 『마담 보바리』, 프루스트 『잃어버린 시간을 찾아서』 등). 하지만 한국 일상어에서 자유간접화법은 전혀 새로운 현상이 아니다. 일부러 노력하지 않는 한 대부분의 한국 소설에서 자유간접화법 문장은 피할 도리 없이 나타난다. 소설의 어느 페이지에서 '그는 슬프다'라는 문장을 발견할 경우, 독자는 그 문장이 화자의 생각인지 작가의 생각인지 등장인물의 생각인지 판별할 수 없다. 한국어에서 '그'를 등장인물의 이름으로 교체할 경우 '그'는 허구적으로 추상화된 인물에서 세계-내-존재로 위치가 부여되고 독자와의 거리는 가까워진다. 서사시의 통합된 시간에서 개인의 서사로 전환되면

백낙청이 박경리의 『시장과 전장』의 현재형 서술문의 문제점을 지적하자, 박경리가 이에 대한 반박문을 『신동아』 1965년 5월호에 기고했다.

서 서구의 서사 이론이 주목한 자유간접화법이 한국인의 서사에서 왕성하게 나타난다는 사실은 한국인들이 개인과 집단의 관계성에 유달리 예민하게 반응하는 결과로 해석된다. 여기에는 한국 문화의 독특한 전통이 작용하고 있다.

　근대 세계문학의 지도에서 시의 강세는 한국문학에서만 발견되는 현상이다. 여러 권의 시집이 밀리언셀러로 판매된 경우는 한국을 제외하고는 어느 언어권의 문학에서도 일어난 적이 없는 예외적 현상이다. 시는 본질적으로 일인칭 문학이며 한 인간의 목소리를 독자에게 직접 인용으로 전달하는 방식이다. 시의 목소리는 가장 개인적인 발화로서 독서 행위의 현장에서 독자에게 즉각적으로 전달되기 때문에 과거 시제의 객관화가 가능할 수 없다. 달리 말하자면 시를 읽는 방법은 한 가지 뿐인데, 하나의 시를 독자가 스스로 하는 말로 읽는 것이다. 이러한 직접성은 다른 언어와 달리 의태어, 의성어가 도태되지 않은 한국어의 특징에도 의존하고 있으며, 감정 재현의 현재성에 집중하는 한국 문화의 전통에 깊이 연루되어 있다. 이러한 문화적 전통과 한국어의 특징은 인쇄 문화의 문자적 시각성에 지속적으로 저항하면서 구어적 청각성을 보존하려는 노력으로 나타나고 있다. 문어에 비해 구어가 우세한 한국어의 화행 조건은 한국 소설을 과거 시제가 아니라 현재 시제에 붙들어 매어두는 가장 강력한 힘이다. 최근의 한국 시 창작에서는 문장이 끝나도 마침표를 사용하지 않는 것이 거의 관습으로 굳어져 있다. 그리고 소설의 대화문에서 따옴표를 사용하지 않는 경우가 늘고 있으며 한 문단 안에서 과거 시제와 현재 시제가 번갈아 나타나는 것은 현대 한국 소설의 오랜 특징 중의 하나다. 이러한 현상은 인쇄 문화의 도입과 함께 정착되고 있는 문자 문화의 관습을 거부하는 한국문학의 특징을 잘 보여주고 있다.

노래의 상실과 지향*

자유시의 기원에 놓인 시적 실험의 의미

박슬기

자유시의 기원, 노래를 잃은 언어의 향방

　나의 오랜 주제는 한국에서 자유시란 무엇인가 하는 것이다. 얼핏 자유시란 전통 시가의 정형률에서 벗어나, 개화기의 과도기적 형태의 시를 거쳐 최종적으로 도달한 일종의 한국 근대시의 장르적 이념이라고 할 수 있다. 말하자면 한국 근대시의 형성 과정은 '자유시'라는 목표로 향하는 일종의 발전론적 도상에 놓여 있다는 것인데, 자유시가 태동하던 시기의 자료들을 살펴보면 조금 고개를 갸웃거리게 하는 것을 발견하게 된다.

　일단 문제적인 것은 자유시가 통념과는 달리 산문시 이후에 출현했다는 점이다. 정형적 율격에서 얼마나 이탈했는가 하는 기준으로 자유시의 성취 여부를 가늠하고자 한다면 사실은 산문시야말로 자유시의 성립 이후에 나와야 하는 것이며, 이는 서구 시의 발전 과정에서도 보이는 부분이다. 그러나 한국에서 산문시의 출현은 자유시의 출현에 선행한다. 가령 최초의 산문시는 홍명희의 번역 시「사랑」(『소년』, 1910. 8.)이며, 논란의 여지는 있지만 이광수의「옥중호걸」(『대한흥학보』, 1910. 1.) 역시 산문시의 효시로 평가된다. 최초의 자유시로 평가되는 주요한의「불노리」(『창조』, 1919)에 9년 앞선다. 그러나 산문시이든 자유시이든 '최초의 것'은 무엇인가 하는 문제는 확언하기 어렵다. 자유시는 단순히 정형적 형식으로부터 탈피한 것을 의미하지는 않기 때문이다.

＊ 이 글은 자유시의 기원에 관해 작성했던 여러 글의 내용을 모아 발표를 위해 정리한 것이다. 이에 사용된 글들은 다음과 같다.『한국 근대시의 형성과 율律의 이념』(소명출판, 2014),「최남선 신시에서의 율의 문제」(『한국근대문학연구』 21집, 2010),「한국 근대시의 형성과 최남선의 산문시」(『한국근대문학연구』 26집, 2012),「한국과 일본에서의 자유시론의 성립」(『한국현대문학연구』 42집, 2014).

여기서 중요한 것은 자유시와 산문시에 대한 장르적 자각이다. 어떠한 작품을 산문시 혹은 자유시로 명명하는 것은 그 작품이 명명에 걸맞은 형식을 갖추었다는 것을 의미하는 것은 아니다. 산문시와 자유시를 구별하는 장르적 인식이 출현했다는 것을 보여주는 것이다. 1919년 11월에 황석우가 조선의 새로운 시는 자유시로부터 출발해야 한다고 선언[1]한 후, 전통 시가와는 다른 어떤 새로운 형태의 시를 '자유시'로 부르기 시작했다. 그 전에는 그냥 새로운 시라는 뜻으로 '신시'로 불렀다. 새로운 시를 '신시'가 아니라 '자유시'라고 명명하는 것은 '자유시'의 장르적 양식에 관한 인식이 개입되기 시작했다는 의미이므로 한국 시사에서 매우 중요한 사건이다. 주요한의 「불노리」를 최초의 자유시로 간주한 것도 같은 맥락에 있다. 「불노리」는 연의 구별만 있을 뿐 사실상 산문에 육박하는 시이다. 또한 「불노리」 이전에 '형식적으로 자유로워 보이는 시'들의 창작이 없었던 것은 아니다. 「불노리」가 최초의 자유시인가 아닌가, 혹은 최초의 자유시는 정확히 어떤 작품인가 하는 문제는 지금까지 논쟁거리이긴 하지만, 중요한 것은 당대의 시인들이 「불노리」를 '최초의 자유시'로 생각했다는 사실이다.

도대체 그들에게 자유시는 무엇이었던가. 그리고 지금 우리에게 자유시란 무엇인가. 왜 근대시는 자유시이며, 그것은 산문시와는 어떻게 다른가. 이런 점들은 아직도 내게 명확하지 않다는 점을 고백하고 싶다. 그러나 자유시 담론을 살펴보면 자유시에 관한 일반적 정의, 즉 '근대적 개인의 내면을 자유로운 운율

---

1. 황석우, 「조선시단의 발족점과 자유시」, 『매일신보』, 1919. 11. 10.

로 표현한 시'라는 정의가 과연 적합한지를 의심하지 않을 수 없다. 어쨌든 그들은 자신들이 창조할 새로운 시를 자유시로 규정했고, 이들의 자유시론과 이후의 논의 과정을 탐색할 때 나는 그들이 일종의 진퇴양난의 토대 위에서 출발하지 않았나 하고 생각한다. 1920년대에 본격화된 자유시론은 두 가지 맥락에 놓여 있다.

하나는 그들이 배워왔던바, 프랑스 상징주의 시이다. 이는 김억이 1918년에 『태서문예신보』에 번역 수록한 베를렌(Paul Verlaine)의 「작시법」의 첫머리에 놓인 구절 "무엇보다 음악을!"에 집중될 수 있는 것이다. 그들은 이 새로운 시가 지향해야 할 이념으로 '음악성'을 놓았다. 그리고 또 하나는 시와 노래는 하나라는 전통적인 시가 관념이다. 가령 "옛날에 노래하는 사람은 반드시 시를 썼다. 노래를 글로 쓰면 시가 되고 시를 악기에 맞추면 노래가 된다. 그러므로 노래와 시는 하나인 것이다"라고 선언한 『청구영언』의 서는 조선 후기 가집에서 전개된 시가일도론을 집약하는 선언이다.

이 두 맥락이 암시하는 바는 시는 노래이며, 그것은 음악을 지향하는 것이자 음악의 언어적 재현을 지향하는 것이라는 점이다. 나는 바로 이 지점에 주목하여 한국 근대시의 형성 이념으로 '율'의 개념을 제시했다. 이전 책에서 나는 한국 자유시가 태동하던 지점에는 '음악과 노래'의 지향이 놓여 있다는 것과 이를 근대적 언어로 재현하고자 했던 자유시론자들의 노력을 조명했다(박슬기, 2014). 즉 시의 언어는 음악이 되기를 지향한다는 것이다.

그런데 이들에게는 한 가지 문제가 있었다. 그들에게 주어진 언어가 조선어였다는 사실이다. 그들은 조선어로는 서구의 시와 같은 리드미컬한 음성적 효과를 가질 수 있는 시를 창작할 수 없다는 점을 깨달았다. 한시와 조선어 노래를 구별한 전통 속에서, 우리의 시는 노래라는 점을 확인해왔다. 그렇다면 노래를 창작해야겠지만, 노래는 가창의 공동체 혹은 구송의 공동체 속에서만 가능한 것이다. 이것이 그들이 마주쳤던 진짜 문제이다. 그들이 서 있었던 시대가 개화기 이래로 노래를 구전 음송하는 전통이 소멸한 시대, 이미 광범위한 인쇄 매체를 통해 이제 시는 '노래하는 것'이 아니라 '읽는 것'으로 전환된 시대였다는 점이다. 전통적인 공동체에서 시는 귀로 듣고 입으로 노래하는 것이 가능했으며, 이는 민족의 낭송/가창의 방식 속에서 공통적으로 향유될 수 있었다. 그러나 이제 시는 '종이 위에 인쇄된 문자'의 상태로 독자에게 전달되며, 독자는 '읽은 시'를 노래하지 않으며 낭송하지 않는다. 혹여나 독자가 낭송을 하더라도, 개별적인 독자의 낭송 방식을 시 창작자가 규율할 수는 없다. 요컨대 시는 이제 눈으로 읽어야 하는 시대가 도래한 것이다.

이러할 때, 이 시인들은 어떤 불가능한 지향점을 지니고 있었다고 생각된다. 노래의 공동체가 소멸한 시대, 인쇄물이 광범위하게 유통되던 시대에 시-노래하기가 가능한 것인가? 그들에게 시는 여전히 음악 혹은 노래였지만 그들에게 주어진 조건은 시의 언어가 이제 소리를 상실한 문자, 즉 "침묵하는 문자"[2]로 주어졌다는 사실이다. 이러할 때 근대시란 '소리를 상실한 문자'로서 '음

---

2. 대표적인 자유시론자인 김억은 바로 이러한 괴리를 깊이 탄식했는데, 그는 "뛰놀지도 못하고 소리도 내지 못하"는, "문자와 언어의 침묵"을 깊이 탄식한다(김억, 1925).

악/노래를 재현'해야 하는 조건 속에서 탄생한 것이다.

최남선의 시적 실험, 시각적 리듬의 가능성

이 지점에서 나는 1920년대 자유시론자들의 선배이자, 대표적인 계몽주의자인 최남선의 시적 실험에 주목하지 않을 수 없다. 자유시 발전론에서 그의 시는 '개인의 내면'보다는 '집단의 요구'를 강조했던 계몽주의적 지향을 보여주는 것이자 형식적으로도 전통적인 시가와 근대적인 시 사이에서 과도기적인 양상을 보이는 것으로 평가되어왔다. 나는 최남선이 자신이 편집한 잡지 『소년』에서 실험한 수많은 시적 형식이 근대시가 처한 조건들을 넘어서려는 시도였으리라고 생각한다. 그는 '근대시의 근본적 조건'을 발견했고, 이 조건을 넘어설 수 있는 가능성을 탐색했다. 그는 소리와 문자가 분리될 수밖에 없는 상황 속에서 가능한 '시-노래하기'의 지점을 탐구한 것으로 보인다. 결과적으로 최남선은 다양하게 실험해보던 시를 포기하고 노래로 나아갔다. 『소년』 폐간 후에 창간한 『청춘』에서는 오직 창가만을 창작하여 실었다. 그러나 1920년대 자유시는 최남선이 열어놓은 이 한계와 가능성 속에서 출발하고 있다.

다음의 〈그림 1〉은 1908년 2월에 『대한학회월보』에 수록된 「모르네 나는」이라는 시이다. 5언을 한 구로 하고, 2구로 된 한 행과 1구로 된 한 행이 하나의 단위가 되어 반복되다가 마지막에 1구를 한 행으로 하여 11번 반복하는 형태의 시이다. 하나의 구가 일관되게 5언으로 되어 있다는 점에서 음수율적 정형성을 보여주는 작품이기도 하다. 그러나 이 시를 읽게 되는 독자의 경험을 생각해보자. 이 작품을 대면했을 때 최초로 경험하게 되는 것

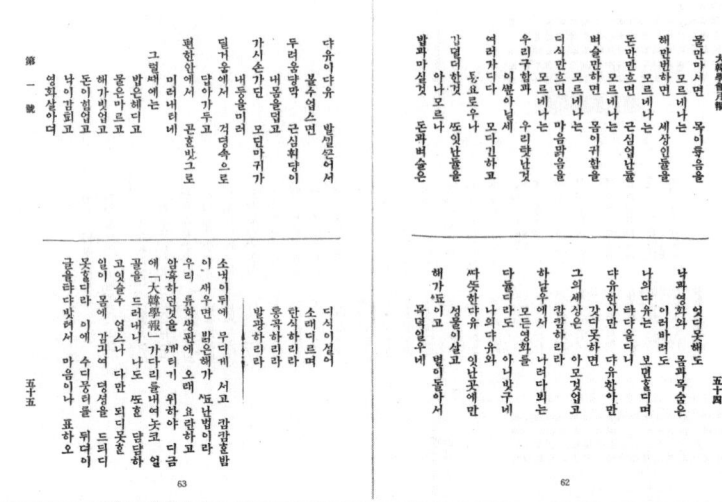

그림 1. 「모르네 나는」

은 이 구의 배열들이 지니고 있는 시각적 인상이다. 즉 읽기 전에 일단 "밥만 먹으면 배가 부름을"과 "모르네 나는"의 배열이 주는 기묘한 공간적 어긋남이 먼저 인지된다. 그리고 그것은 묘한 리드미컬한 효과를 자아낸다. 공간의 배치가 보여주는 '반복적 어긋남'은 5언의 반복적 낭송에 앞서서 인상적으로 지각되며, 이 시의 리드미컬한 효과는 이 최초의 인상으로부터 출발한다.

물론 여기에서 각 5언이 통사적으로 동일한 방식으로 결합되어 있다는 점을 배제해서는 안 된다. 그러나 이 시에서 더 강렬하게 지각되는 것은 '비언어적인 공간의 배치' 자체이다. 여백은 행의 차이 속에서만 드러난다는 점에서 행들의 관계 속에 있는 요소들이다. 즉 여백은 행의 연속적인 배열을 깨뜨린다는 점에서

그림 2. 「구작 삼편」

(그것을 강조하는 것이 2행의 배치 방식이다), 일종의 '휴지(pause)'에 해당한다. 이는 전통적으로 말하는 '율격적 휴지'가 아니라 '시각적 휴지'이다.

이 '시각적 휴지'는 최남선의 시적 실험의 많은 부분을 차지한다. 이 휴지가 이 시에서만 돌연 나타난 특성이 아니라는 점은 다음 작품에서 알 수 있다. 「구작 삼편」이라는 제목으로 발표된 〈그림 2〉의 작품은 1909년 4월 『소년』에 수록되었지만, 최남선은 이를 1907년경에 창작한 것이라고 밝히고 있다. 더불어 그는 "우

노래의 상실과 지향   307

리 국어로 신시의 형식을 시험하던 초기의 작품"이라고 부언하고 있다. 요컨대 이는 최남선이 우리말로 새로운 시의 형식을 만들어보고자 실험적으로 창작한 시라는 것이다.

여기에서 중요한 것은 최남선의 신체시의 형식으로 지적되어 온, '동일한 음절 수를 가진 행이 연 단위로 반복되는 것'일 수도 있다. 그런데 그것을 알기 위해서는 일단 글자 수를 세어봐야 한다. 글자 수를 세기 전에 먼저 눈에 들어오는 것은 2행의 줄표, 6, 7행의 앞에 있는 여백, 2-5행이 차지하는 상대적으로 적은 공간의 크기, 행의 끝에 찍혀 있는 쉼표나 마침표와 같은 것들이다. 말하자면 이 시에서 더 효과적으로 지각되는 것은 비언어적인 기호들이다.

「구작 삼편」에 실린 세 편의 시는 동일한 형식을 지니고 있다. 최남선은 이 세 편의 형식을 새로운 시의 형식이라고 생각했음이 분명하고, 형식의 동일성은 '동일한 음절 수'보다는 비언어적인 기호들과 문자가 나타나지 않는 여백들, 즉 형태의 반복이자 형태의 통일성에서 드러나는 것이다.

이러한 점을 가장 명백하게 보여주는 것이 〈그림 3〉 「우리의 운동장」이다. 운동장은 '바다'를 가리키며, 이 시에서는 파도의 형태를 연의 배치로 보여주고 있다. 더불어 말줄임표, 느낌표의 사용 역시 파도를 시각화하는 데 도움을 준다.

이러한 측면에서 최남선이 시의 '시각적'이고 '형태적'인 가능성을 추구했다는 점을 알 수 있다. 그것이 특히 시인 이상 리듬을 상정하지 않을 수 없는데, 최남선의 작품들은 낭송을 통한 음성적 반복으로는 실현될 수 없는 새로운 리듬의 가능성을 품고 있는 것으로 보인다.

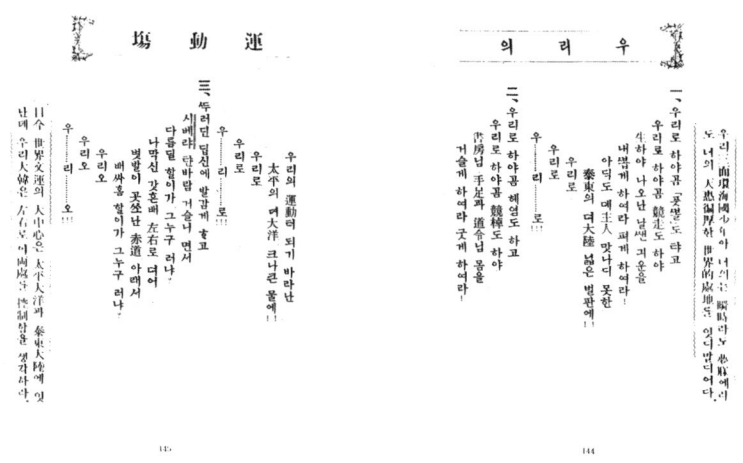

그림 3. 『우리의 운동장』

　　방브니스트(Émile Benveniste)가 지적한바, 리듬은 사실 공간적인 것이다. 그런데 여기서 주목하고 싶은 것은 독자들이 한 편의 작품을 낭송하기 전에 지각하는 '공간 구조'에 주목하는 미첼의 논의이다. 미첼(William J. T. Mitchell)은 시를 읽는 독자가 마주하게 되는 리듬의 경험은 일차적으로는 '언어의 공간적 형태'에서 출발하며, 이를 청각적인 것으로 바꾸는, 다시 말해 공간적인 것을 시간적인 것으로 재구성하는 경험과 결부되어 있다고 말한다(Mitchell, 1980: 542). 즉 시간적 구조로서 이해되어왔던 리듬을, 쓰인 텍스트의 차원에서는 공간적 구조와 결부하여 이해해야 한다는 것이다. 텍스트의 차원에서 리듬은 시공간적 패턴으로 구현되며, 문자 텍스트에서의 리듬의 요소는 이러한 '텍스트의 공간을 구축하는 요소들', 즉 이미지, 문자 배열, 통사론, 문법론을

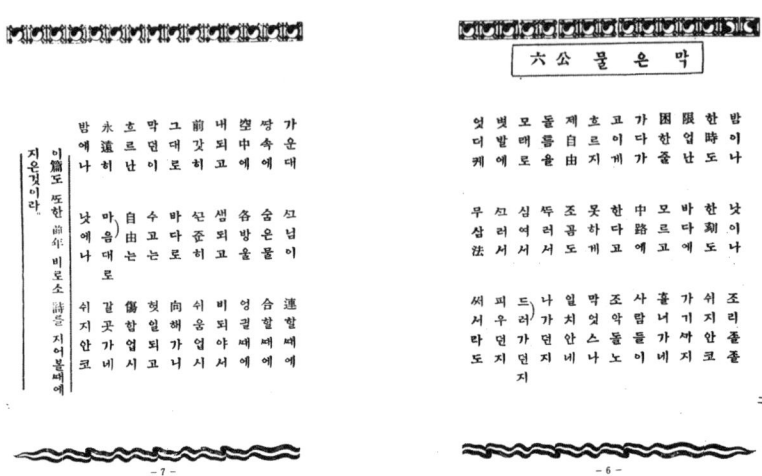

그림 4. 「막은 물」

포괄하는 모든 영역에서 확인될 수 있는 것이다. 타이포그래피의 양상이 그것이다. 이런 측면에서 나는 최남선의 작품들에서 이 형태적인 양상들, 시각적 휴지와 비언어적 기호의 반복을 근대적인 리듬의 한 양상으로서 수용해야 한다고 생각한다. 그것을 나는 이전의 책에서 '소리의 율[聲律]'과는 다른 '문자의 율[響律]'로 지칭했다.

앞서 지적한 바와 같이 시는 노래라는 인식이 여전히 유효하다면, 인쇄된 문자로서 어떻게 이 소리의 영역을 재현할 수 있을 것인가 하는 문제를 생각하지 않을 수 없다. 최남선은 한편으로는 이러한 문제를 집요하게 추구해갔다.

〈그림 4〉는 1909년 6월 『소년』에 수록된 「막은 물」이라는 작품이다. 이 시에는 이음표가 있다. 이 이음표는 여러 군데서 나타

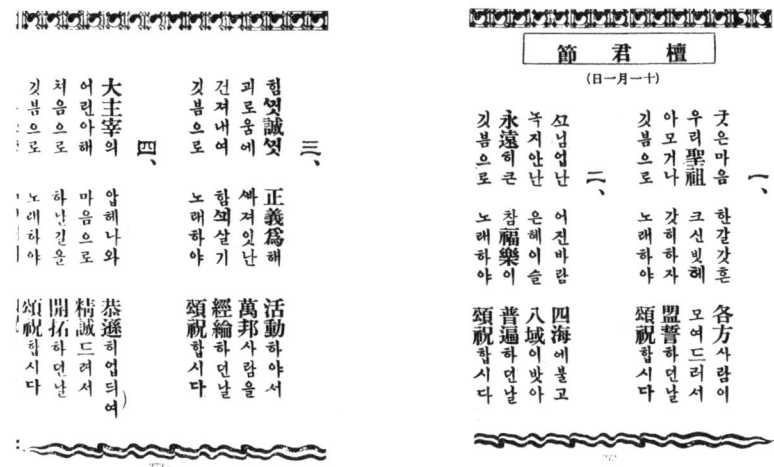

그림 5. 「단군절」

나는데, 보통은 음절 수를 맞추려는 최남선의 정형성에 대한 강박이라고 평가한다. 이음표만이 아니다. 「소년 대한」과 같은 작품에는 "산ㅅ골중"이라고 ㅅ이 삽입되어 있다. 이 역시 음절 수를 맞추려는 것일까.

이것은 외부의 곡조, 즉 문자의 배열이 상기하는 외부의 노래를 상기시키려는 의도의 표현이었던 것으로 보인다. 이는 악보가 첨부되었던 「단군절」(그림 5, 6)을 보면 확실해진다. 이음표가 붙은 '듸어'는 점 이분음표에 상응하는 것이다. 그러나 악보가 없이 어떻게 외부의 곡조를 호출할 수 있었을까. 개화기에 유통되었던 창가나 찬송가의 경우, 하나의 곡조에 다른 가사가 붙어서 향유되는 경우가 많았다. 초창기 애국가의 곡조였던 〈올드 랭 사인(Auld Lang Syne)〉과 같은 경우가 대표적인데, 〈올드 랭 사

노래의 상실과 지향   311

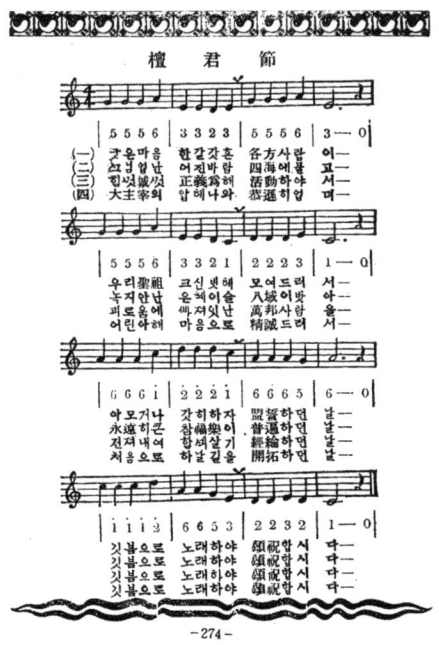

그림 6. 「단군절」악보

인)은 다양한 가사를 붙여 다른 노래로 불렀던 것이다. 말하자면 익숙한 곡조에 상응하는 언어의 배열은 자동적으로 익숙한 곡조를 불러일으키는 것이다. 마치 우리가 노래 가사만 보고도 그 가사와 연결되어 있는 노래를 자동으로 떠올리는 것과 같다. 이러한 점에 비추어보면, 최남선의 시적 작업은 '외부의 곡조를 호출하는 방식으로 문자로 쓰인 시를 음악화하려는 작업'이 아니었을까. 이러한 작업은 정형적인 대부분의 시에서 시행되었다. 그러나 이러한 방식은 어쨌든 한계가 있었을 것이다. 『청춘』에서 최남선은 시라고 명명한 권두시에 꼬박꼬박 악보를 붙였다. 이

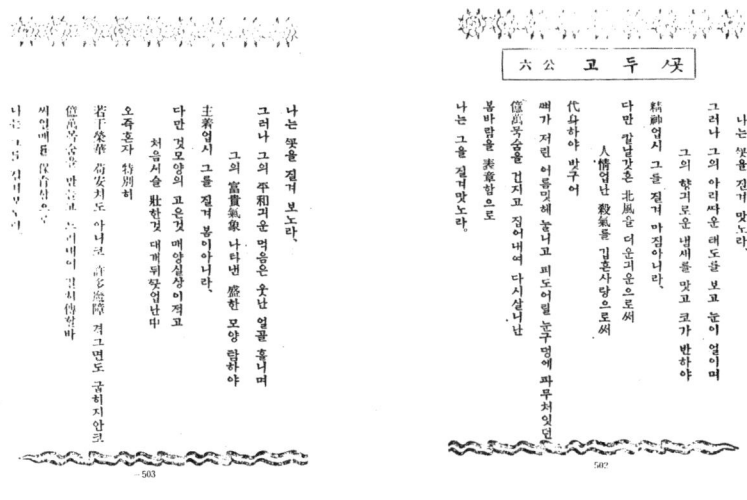

그림 7. 「꽃두고」

는 아마도 이음표와 같은 부차적인 것으로는 사실상 한계가 있었다는 점을 보여주는 것인 동시에, 이 악보대로 이 시를 '노래해'달라는 가장 강력한 요청이라고 할 수 있다.

소리 재현의 한계와 파편적 문자의 리듬

어쨌든 이러한 측면이 '소리'의 가능성을 외부로부터 호출하는 것이라면, 이 가능성이 없어질 때 최남선은 앞의 공간적 배열, 문자의 배치의 차원을 확대해간다. 「꽃두고」(『소년』, 1909. 5.)와 같은 작품 역시 이전과 같은 공간적 배치를 보여주지만 훨씬 불규칙해진다. 「우리의 운동장」에서와 같은 명백한 시각적 효과를 보여주지 않는다.

「꽃두고」에서 율격적으로도, 의미적으로도 아무런 역할을

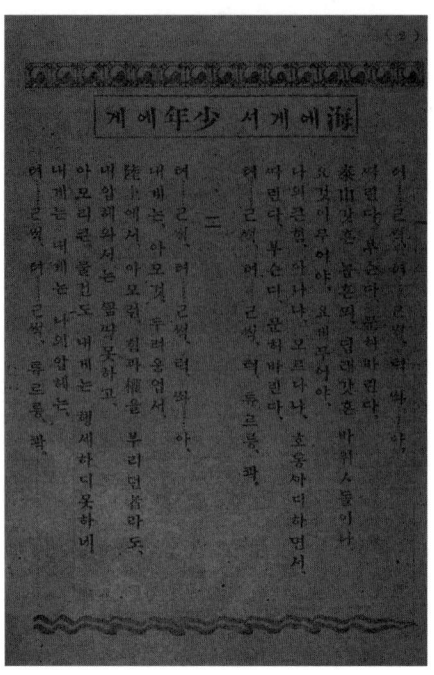

그림 8. 「해에게서 소년에게」

하지 않는 이 여백은 연속되는 음절이 중단되는 순간을 현현한다. 이 여백으로 인해서, "그의아리따운태도를보고눈이얼이며"와 "그의향긔로운냄새를맛고코가반하야"의 통사 구조의 반복은 어떤 통일적인 율성(律性)을 지닐 수 없게 된다.

이는 최초의 신체시이자, 최남선의 가장 대표적인 작품인 「해에게서 소년에게」(『소년』, 1908. 6.)에서도 마찬가지이다. 이 작품에서는 각 어절의 끝에 일일이 쉼표가 붙어, 각 행들이 하나의 율격을 지니기도 전에 율격을 중단시킨다. 쉼표는 음수율로뿐만 아니라, 음보율로 율독되는 것도 중단시킨다. 음보율에서 쉼표는 일정한 양의 호흡 단위를 반복할 수 있도록 하기 위해서, 한 호흡으로 율독하기 어려운 어절을 끊어주는 율격적 휴지의 역할을 한다. 이때 한 단위의 음절 수가 너무 많거나 적지 않도록 통제하는 이유는 한 호흡으로 율독할 수 있는 어절의 수는 등가적이어야 효과적이기 때문이다. 그런데 이 시에서 쉼표는 지나치게 많이 들어가서 이 율격 단위들이 적정한 지속량을 지닐 수 없도록 방해하고, 음절 수를 조절하지 못함으로써 율격 단위의 등시성도 파괴한다. 쉼표가 절대적으로 많이 사용되면 음절이 아니라 휴지 부분의 지속량이 길어지고, 이는 결과적으로 소리 자체의 소멸로 이어진다. 그런데 이 지점에서 「해에게서 소년에게」는 독특한 전략을 선택하게 되는데, 문자를 푸른색으로 인쇄했다는 것이다. 여기서 파도의 움직임은 문자의 색으로 나타난다.

최남선의 신체시의 대표작으로 꼽히는 이 두 시에서 율격은 생성되기 전에 소멸하고, 이로써 외부의 소리를 호출하는 일은 중단된다. 나열되는 것은 다만 통사적 규칙에 따라 배열된 문자일 뿐이며, 이 문자들의 배열과 문자의 의미 작용만이 남는 것이다. 이 작업이 더욱 진척될 때, 산문시의 형태로 등장한다.

〈그림 9〉는 「뜨거운 피」(『소년』, 1910. 3.)라는 작품이다. 이 시는 사실상 '산문'에 가까워 보이는데, 그는 여기에 '시'라는 명칭을 붙였다. 그전에 이와 유사한 산문 형태의 작품을 창작했으나, 그 작품을 시로 명명하지는 않았다. 이후에 실린 산문시들은 모두 시로 표기되는데, 중요한 것은 이를 '시'로 인식했던 최남선의 명명 그 자체이다. 이는 그가 장르적 구별 의식이 없었다는 것을 의미하지는 않는다. 왜냐하면 그가 창가, 시, 시조를 근대적인

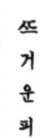

그림 9. 「뜨거운 피」

문학 장르 구별법에 맞게 분류하던 시기가 딱 3개월(1910년 5월부터 1910년 8월까지)인데, 이 기간에 산문을 시로 불렀기 때문이다. 이런 형태는 어떻게 시로 인식할 수 있을까.

여기서 시를 통일적으로 규제하는 반복 형태 — 시각적인 것이든 음성적인 것이든 — 는 완전히 소멸된다. 여기서 문자는 그의 창가와 같이 외부에 존재하는 악곡을 상기시키기 위해 배치되어 있지 않다. 문장과 여백이 교차되었다는 것만이 이 산문시가 가지는 유일한 시적 형식이다.

근대시의 리듬: 노래의 지향과 실패가 의미하는 것

인쇄된 문자로서 어떻게 노래를 재현할 수 있을 것인가 하는 문제는 자유시론의 근원적 문제였다. 노래의 가능성, 즉 리듬의 가능성은 가장 먼저 시각적인 차원에서 찾아져야 한다. 최남선이 탐색한 부분은 바로 이 지점이다. 최남선의 시에서의 띄어쓰기, 여백, 부호 등이 보여주는 것은 소리의 율격을 시각적인 것으로, 즉 문자의 배열과 배치로 전환하고 있다는 점이다. 말하자면 그의 시적 실험이 보여주는 것은 7·5조의 율격 형식, 즉 음절적 정형성으로 인한 율격의 창출이라기보다는 형태의 반복을 통한 운문화이다. 이것은 쓰인 시로 가능한 유일한 율적 형식이었다.

이때 반복은 리듬의 핵심적 요소이자, 동시에 전통적인 노래의 방식이기도 하다는 점을 지적해둘 필요가 있다. 전통적인 노래에서 율격은 '기대와 만족'의 반복이며, 이는 창작자의 창작 방법을 규제하는 일종의 원리이다. 율격이 단순한 언어 패턴이 아닌 것은 그것이 기본적으로 이 가창 방식을 공유하는 공동체의 관습에 기대고 있기 때문이다. 그런 의미에서 율격은 일종의 관습이자, 사회적 코드이다(Aviram, 1997: 224). 그러나 이는 음송자와 청취자가 동일한 낭송의 공동체를 구성할 수 있어야만 가능한 것이다. 낭송의 공동체가 소멸한 시기에, 쓰인 시에 도입되어 있는 '반복'은 소멸한 공동체의 불가능한 소환이라고 할 수 있다. 텍스트에 기입되어 있는 시각적 요소는 소리의 흔적 기호이며, 흔적 기호에서 음악은 일종의 유령 효과로서(Roubaud, 2009: 19) 반향(反響)되고 있는 것이다.

이러한 측면에서 시 형식을 규율하는 '지배적인 반복'을 찾을 수 없는 시는 음악으로부터 완전히 멀어진 것이다. 그러나 앞서 살펴본 바처럼, 음악/노래는 여전히 문자로 쓰인 시가 지향하는 이념으로 작동하고 있다. 그러할 때 이는 보다 근원적인 차원을 향하게 된다. 타이포그래피를 글쓰기 자체의 측면으로 이해한 라쿠라바르트(Philippe Lacoue-Labarthe)에 따르면 완결된 자기 서술을 방해하는 어떤 '중단'의 표지에서 음악은 지금-여기에서 실현되지 않는 방식으로 텍스트 속으로 기입된다. 라쿠라바르트는 이를 휴지(caesura), 절단(scission), 순수한 단어 등 다양한 용어로 설명했으며, 이는 문장의 통사론적 연쇄에 끼어들어 이 통사론적 의미와 완결성을 파괴하는 것들을 총칭하는 것이다. 즉 이는 전통적인 미터론에서 리듬을 파괴하는 것으로 여겨졌던 것들을 리듬의 현상으로서 불러들이는 것이다(Lacoue-Labarthe, 1989: 234).

최남선의 산문시가 시적으로 실패했다는 것은 명백해 보인다. 그러나 중요한 것은 그가 이를 '시'로 인식했고, 이 파편적인 문자의 배열 자체에서 문자로 쓰인 시의 가능성을 찾아놓았다는 것이다. 최남선은 결국에 이를 시로 인정하지는 못했다. 그는 『청춘』에서 오직 악보가 부가된 창가만을 '시'로 명명했다. 그에게 시는 '노래'였기 때문이다. 그러나 자유시는 바로 이러한 지점에서 출발한다. 조선어의 가능성과 한계, 인쇄된 문자가 끊임없이 호출하는 음악에의 지향점이 그러한 것이다. 이상한 말이지만, 불가능하기 때문에 그것은 끊임없이 추구된다. 그리고 추구되자마자 실패함으로써 중단되지만 여전히 반복적으로 추구된다.

요컨대 노래는 실현될 수 없다는 방식으로만 실현되며 그럼에도 불구하고 이 실현을 계속하고자 하는 자기 서술 충동이 문자의 연속과 중단의 반복을 추동하고 있는 자유시의 율적 원리가 아닐까 한다. 그것이 한국 근대 자유시에서 작동하는 율의 이념이며, 자유시는 상실을 끊임없이 반복하는 우울가의 작업과 동일한 것이다.

참고 문헌

『소년』, 1908-1911.

김억, 1925, 「작시법」(2), 『조선문단』 5.

박슬기, 2010a, 「김억의 번역론, 조선적 운율의 정초 가능성」, 『한국현대문학연구』 30집.

박슬기, 2010b, 「최남선 신시에서의 율의 문제」, 『한국근대문학연구』 21집.

박슬기, 2012, 「한국 근대시의 형성과 최남선의 산문시」, 『한국근대문학연구』 26집.

박슬기, 2013, 「한국 근대시와 새로운 리듬론」, 『한국시학연구』 36집.

박슬기, 2014a, 「한국과 일본에서의 자유시론의 성립」, 『한국현대문학연구』 42집.

박슬기, 2014b, 『한국 근대시의 형성과 율律의 이념』, 서울: 소명출판.

Aviram, Amittai F., 1997, *Telling Rhythm*, Ann Arbor: The University of Michigan Press.

Lacoue-Labarthe, P., 1989, *Typography*, Stanford: Stanford University Press.

Mitchell, W. J. T., 1980, "Spatial Form in Literature: Toward a General Theory", *Critical Inquiry* Vol. 6, No. 3(spring).

Roubaud, J., 2009, "Prelude: Poetry and Orality", translated by Jean-Jacques Poucel, *The Sound of Poetry / The Poetry of Sound*, ed. M. Perloff and C. Dworkin, Chicago: The University of Chicago Press.

포월(匍越)에서,
월포(越匍)로

김진석

1

소설과 시는 개념에 거의 의존하지 않는 반면에, 산문은 그보단 조금 더, 그리고 비평은 꽤 많이 개념에 의존한다. 그리고 철학적인 글은 개념이 없으면 거의 죽은 글이라고 할 수 있다. 개념에 덜 의존하는 글과 개념에 꽤 의존하는 글은 시공간에서 움직이는 방식이 다르다. 아니 글 자체야 움직이지 않고 가만히 있더라도, 그들의 경험과 존재 방식은 상당히 다르다. 때로는 개념에 크게 의존하지 않는 산문을 쓰고 때로는 개념 없이는 꼼짝할 수 없는 글을 쓰면서, 나는 이 점을 많이 관찰했다. 아이러니일 수 있는데, 개념에 상당히 의존하는 비평적 글을 쓸 때는 말할 것도 없지만, 개념에 많이 의존하지 않는 산문을 쓰는 경우에도 나는 한국어가 지독한 개념 빈곤에 사로잡혀 있다고 느꼈다.

한국어로 에세이나 비평을 쓰면서 개념의 빈곤을 느끼는 것은 특별한 일이 아니다. 어쩌면 아주 자연스러운 일이다. 근대화 이후 사람들은 한국어로 된 개념이 허겁지겁 받아 적었거나 허둥지둥 수입된 것임을 많건 적건 알고 있었고, 또 많건 적건 그 점을 지적하곤 했다. 그러나 다른 한편으론 그토록 날카롭게 경험한 개념의 빈곤을 극복하는 일은 쉽지도 않았고 제대로 이루어지지도 않았다고 할 수 있다. 나는 이 점과 관련하여 한국의 지식인들은 전반적으로 이론 생산에 실패했다고 언급한 적이 있는데, 개념으로 바꿔 말하자면 한국어는 개념을 생산하는 데 실패했다고도 할 수 있다.

은유적으로 표현하자면, 개념은 시공간 속에서 일종의 표지판이나 이정표의 역할을 하는 듯하다. 다만 일반적인 표지판이나 이정표 혹은 간판과 개념 사이에는 공통점 못지않게 차이점도 있다. 도시의 시공간 속에서 이들 표지판이나 간판이 모든 사람에게 동일한 방향을 알려주고 또 동일한 목표를 제시하는 것과 달리, 개념들은 그렇게 보편적으로 혹은 목적론적으로 혹은 '실재론적으로' 확정된 방향이나 목표를 제시하지 못한다. 오히려 20세기 중반 이후 개념들의 역할은 바로 그런 목적론적 목적이나 실재론적 방향이 없는 상황에서 혹은 그것을 거부하는 국면에서, '나'와 '우리'가 존재하는 곳을 관측하거나 방향을 설정하는 구실을 했다고 할 수 있다.

그러나 과연 혹은 정말 개념들이 제대로 방향을 가리키는가? 지도나 도시 공간 속에 세워진 표지판은 대부분의 경우 목표를 안내하는 역할을 하고, 대부분은 거기에 성공한다. 내비게이션에 주소나 건물을 입력하면, 우리는 가끔 골탕을 먹기도 하지만, 대부분 그리로 갈 수 있다. 개념의 표지판은 그런 명확한 기능을 하지 못한다. 오히려 개념들은, 심하게 말하면, 그것들이 가리키는 타깃을 대부분 가지지 않거나 혹은 가진다 하더라도 엉뚱하게 혹은 말도 안 되는 방식으로 그쪽을 가리킨다. 혹은 안내하는 역할 못지않게 호도하거나 헷갈리게 만드는 역할을 한다.

개념이나 이론이 일종의 이상적 보편성 혹은 보편적 합리성을 제공하는 역할을 하지 못할 때, 어디에서나 지평의 혼돈과 혼란이 일어나는 것은 당연하다고 할 수 있다. 서구에서는 근대가 제공한 보편성이나 합리성이 흔들린 20세기 중반 이후 그런 혼돈과 혼란이 도래했다고 할 수 있으며, 여러 언어는 그 혼돈과 혼란을 나름대로 대변한다고 하겠다. 그와 비교하면, 직접 근대적 보편성이나 합리성을 경험하지 못한 채 식민지 상태에서 번역을 통해 그것을 접한 한국어는 몇 배의 혼돈과 혼란을 겪을 수밖에 없었다.

　한국어로 개념이라는 표지판을 발견하거나 세우는 일은 어렵다. 그 어려움은 역설적으로 우리가 거의 모두 일본어에서 번역된 개념어 속에서 살고 말하면서도 그것들이 일본어 개념이라는 것을 느끼지 않는 데에서도 감지된다. 어떤 점에서 한국어는 거의 모든 개념을 스스로의 땀과 노력 없이 공짜로 사용했다고 할 수 있다. 물론 정말 '공짜로' 사용한 것은 아니다. 식민 상태에서 주어진 말들이 어찌 공짜일 수 있겠는가? 절대로 공짜가 아닌데도 마치 공짜로 주어진 것처럼 사용된 개념들. 처음엔 한국어에 없었으나 지금은 한국어의 기둥이나 벽으로 작용하는 수많은 말들.

　지난 한 세대 동안 '내'가 시공간의 혼돈과 언어의 혼란 속에서 얼마나 제대로 서 있기 어려웠는지, 과거에 '나'는 안다고 여겼지만 실제로는 잘 몰랐던 듯싶다. 어떤 점에서는 오늘의 관점에서 과거를 돌아볼수록, 겨우 그 혼돈과 혼란이 짐작이 된다. 지나간 한 세대 동안, '나'는 과연 어떤 한국어를 사용하고 어떤 언어 속에서 숨을 쉬고 있었던 걸까? 산문과 비평을 쓰면서 '문학적인' 혹은 서정적인 혹은 흔히 말하듯이 '아름다운' 글을 쓰려는 목표가 나에게 전혀 없었다고 하기는 어려울 것이다. 산문을 쓸 때는 상대적으로 비평보다 훨씬 더 '문학적인' 혹은 '아름다운' 글을 쓰려고 애를 썼을 것이다. 드러내놓고 문학적인 글에는 최소한 '문학이라는 이름으로' 문학성에 대한 일정한 기준과 일정한 척도가 작동한다고 할 수 있다. 그러나 많건 적건 개념을 사용하는 글을 쓰면서 동시에 개념의 빈곤을 예민하게 느끼는 일은, 매우 이상하고 엉뚱한 일이었다.

개념은 표지판과 달리 보편적 혹은 일반적으로 누구에게나 인식되는 것은 아니라고 했다. 다르게 말하면, 개념적 언어는 일반적인 시공간을 이해하거나 관측하는 데 직접 투입되기 어렵다. 일반적인 방향 표지판이나 지도의 기호들은 일단 사용되는 순간에 일반성을 획득하는 반면에, 개념들은 그렇지 못하다. 방향을 알려준다는 개념들이 오히려 인식과 지평의 차원에서 착시와 왜곡을 야기하는 경우가 흔할 정도이다. 또는 새로 만들어진 개념들은 지식 사회 혹은 지식 시장에서 서로 다른 것들과 경쟁을 하는 처지에 있고, 이렇게 경쟁하는 다수의 표지판들은 시공간 경험을 더 어렵게 만든다고 할 수 있다. 물론 일상생활에서 사용되는 일상 언어는 개념과 비교할 때 훨씬 덜 그 위험에 빠진다.

그러니 개념은 세우기도 어렵지만, 역설적으로, 개념을 세웠다고 해서 그것만으로 그냥 좋은 건 아니다. 잘 만들어진 개념은 제대로 사용되어야 좋은 기호 노릇을 한다. 아무리 잘 만들어졌어도 제대로 사용되지 않는 개념은 표지판으로서 곤란한 처지에 빠지거나 사람들을 곤란하게 만들 것이다. 따라서 혼돈 속에서 한국어로 개념을 세우는 일은 어려움의 시작일 뿐이었다. 게으른 개념들 옆에서 새로 개념 표지판을 몇 개 세운다고 혼돈을 거듭하는 '마음의 시공간' 또는 '역사의 시공간'이 깨끗하게 정리될 일도 아니었다. 또 아무리 개념을 세우는 일이 중요하다고 하더라도, 말하고 글 쓰는 일이 개념 세우는 일로 끝날 일도 아니었다. 글이란 것은 개념 세우기와 달리, 표지판을 세우는 일로 그치는 게 아니기 때문이다. 오히려 표지판으로 세워진 개념 주위에서 돌고 또 도는 일에 가깝다. 목표를 따라 나아가지 못한 채, 그 주위를 돌고 도는 일. 더욱이 그 표지판들은 누구에게나 잘 보이는 그런 것들도 아니어서, 그 주위를 돌다 보면 다른 표지판들을 보고 도는 사람들과 부딪치기 일쑤다. 실제로 글 공간 속에는 서로 다른 곳을 가리키는 표지판들이 같이 서 있을 때가 드물지 않다. 얼마나 우스운 일인가. 그러니 보통 글을 쓰는 사람들은 역사의 거리에 세워진 수많은 개념 표지판들 사이에서, 곧 같은 말이라도 서로 다른 곳을 가리키거나 다른 방향으로 가라고 말하는 표지판들 사이에서, 그것들을 아예 못 본 체하거나 혹은 되는 대로 되겠지 또는 어떻게 되겠지 하는 심정으로 그것들을 사용하곤 한다.

표지판이라는 은유 또는 환유를 사용하자면, 대개 개념들은 형편없는 또는 엉뚱한 표지판이다. 한국어 개념은 특히 더하다. 그럴 수밖에 없으리라고 짐작은 가면서도, 어처구니없다. 공간 속에서 우리는 표지판의 도움으로 특정 목표에 도달하기는 한다. 그러나 개념 표지판은 도움 못지않게 혼돈을 준다. 그렇다면 사람들은 어떻게 개념을 사용하는가?

그렇게 개념 표지판들이 서로 부딪치고 어긋날수록, 내 경우에 글은 자주 느리게, 촉각으로 느끼며 움직이는 벌레처럼 느리게 움직여야 했다. 글은 자주 제자리에서 빙빙 돌거나, 앞으로 나아갔다가 거듭 다시 돌아오곤 했다. 때로는 여기저기 세워진 개념 표지판을 뽑는 시늉을 하거나 실제로 뽑는 데 시간을 낭비하기도 하였다. 그렇게 왔다 갔다 하는 와중에서 '퍽 유!' 소리가 입에서 튀어나오지 않는다면, 이상한 일일 것이다.

내가 관찰한 또 다른 점은, 우리는 우리가 아는 세상 바깥으로 내던져지면서 낯설어지는 게 아니라는 것이다. 우리는 바로 세상 내부에서, 개념 표지판들이 얽히고설킨 세상 내부에서, 낯선 시공간을 만난다는 것이다. 더욱이 이 세상 내부라는 것은 그저 단일한 시공간이 아니라 너무 복잡하게 분열되거나 중첩된 시공간이다. 서로 다른 개념 표지판들이 같은 자리에 서 있으며 서로를 밀치고 깔아뭉개는 일이 공공연하게 일어날 뿐 아니라, 특정 영역에서 사용되는 표지판들이 다른 곳에서는 통용되지 못하기도 한다. 그 결과로 또는 그 징후로, 지식인이라는 사람들의 글은 서너 사람 정도만 읽는 하찮은 글이 되고, 보통 사람들은 연예인들이 하는 말 또는 그들의 행동에 관한 말을 가장 공적인 말로 생각한다.

개념 표지판이 이렇게 혼란에 빠진 것은 이상하게 보이지만, 가만히 보면 아주 이상한 일도 아니다. 개념들은 애초에 표지판처럼 특정 방향을 가리키는 역할을 하지는 않는다. 또 원인과 결과의 관점에서 어떤 일이 그렇게 된 이유를 설명하는 것이 개념의 중요 기능으로 알려져 있지만, 무엇보다 인과관계의 관점에서 인물들과 사물들이 움직이는 방향이나 위치 그리고 역할을 따지는 일은 매우 어렵기 때문이다. 애초에 개념 표지판이라는 표현 자체가 잘못되었다고 말할 수 있다. 대부분의 개념에 정확한 '의미'는 내재하지도 않는다. 사용되는 만큼 '의미'가 생긴다고 말할 수도 있겠지만, 그 경우에도 '사용되는 만큼'이란 말이 명확한 것도 아니다. 일상 언어야 일상적 관습의 테두리에서 사용된다고 하겠지만, 개념은 그렇게 두루뭉술하게 사용되지는 않기 때문이다. 두루뭉술하게 사용되지 않는다는 점에서 개념들은 까칠하게 사용된다고 할 수 있겠지만, '까칠하게 사용된다'는 말도 다시 벽에 부딪친다. 많은 개념들은 까칠하게 사용되지도 않기 때문이다. 특정 집단이 자신의 이해관계와 권력관계를 '진리'

의 이름으로 포장하는 경우가 빈번하다.

2

그러니 개념에 대해 말하면서도 처음부터 의미에 대해 말하지 않는 것이 좋을 수 있다. 오히려 말과 음의 문제로부터 출발해 보자. 일반적으로 개념은 소리로 듣고 소리로 전달해야 할 언어 표현은 아닌 것으로 여겨진다. 개념은 의미를 세우는 일 또는 의미들의 혼돈 속에서 제대로 된 의미의 기준을 세우는 일로 여겨지기 때문이다. 또는 어떤 사건이나 구조가 어떤 역사 과정을 통해 발생했는가를 따져 새로운 방향을 제시하는 일일 것이다. 더욱이 한국어가 한자어에 터를 잡은 면이 크기에 한자에 어느 정도 근거하거나 한자를 어느 정도 공유해야 하는 것도 피할 수 없는 일이다. 그렇지만 한국어로 글 쓰는 일은 개인적으로 나름대로 음을 찾는 일이기도 할 것이다. 음은 한국어에 고유한 소리이거나 리듬이다. 나에게 한국어 개념을 찾는 일은 일종의 음을 찾는 일이기도 했다. 초월에서 포월로, 탈이 탈을 탈로⋯ 탈탈탈 거리기, 소외에서 소내로, 소외되기, 소내되기, 소내하기, 기우뚱한 균형, 우충좌돌⋯ 다르게 말하면, 개념은 누구에게나 도움이 되는 표지판으로 잘 기능하기도 애초에 어렵지만 어쨌든 조금이라도 표지판으로 서 있을 개념은 단순히 문자나 의미로만 확보되는 것이 아니라, 소리로 듣고 알아챌 수 있는 음이었다. 저 소리가 아닌 이 소리. 또는 이 소리가 아닌 이 소리. 그렇다고 이제까지 우리가 알던 이 소리와 전혀 다른 소리도 아닌, 비슷하면서도 다른, 이 소리를 얻기. 물론 음을 얻어도 그것이 그 자체로 흥겨운 리듬이나 멜로디가 되는 경우는 드물다. 개념이, 그리고 개념

주위에서 노는 일이 어떻게 쉽게 노래가 되겠는가? 한국어로 개념 있게 말하는 일은 왕왕 노래도 안 되는 음을 가지고 음음거리는 혹은 흥흥거리는 짓으로 보일 수 있다. 그러나 어쨌든 각자의 한국어에는 나름대로 음이 살아 있을 것이고, 이것은 단순히 의미에 종속되거나 의미로 환원되지 않는 어떤 것이다.

개념이 내는 소리에 우선 주의를 기울이는 일은 개념의 의미를 일차적인 기준으로 삼는 관점에서 보면 엉뚱하거나 우스운 일로 보일 수도 있다. 그러나 그 일은 겉보기와 달리 중요한 일이다. 왜냐하면 한국어 개념이 한국어로 존재하는 한 첫 번째 징표는 소리일 수 있기 때문이다. 한자를 빌려 쓴 한국어 개념 '포월(匍越)'에서 '포(匍)'는 '기다', '기어가다'의 의미를 가진 한자어다. 다르게 말하면, 의미의 차원에서 '포월'은 기본적으로 한자어에 의존하며 한자의 의미망 위에서 구별되고 식별되는 표현이다. 물론 '포월'은 '순(純)' 한국어로 '기어 넘어가다'라고 표현할 수 있다. '기어 넘어가다'와 달리 '포월'은 한국어 개념이면서 동시에 한자의 의미망에 잡힌다. 바로 그 점에서 역설적으로 '포월'이 한국어로 말해지고 들리기 위해서는, 한자의 의미망 옆에서 한국어 음에 관심과 주의를 기울일 필요가 있었다.

그런데 흥미로운 사실은, '기어 넘어가다'라는 한국어 표현은 '한자 없이도' 존재할 수는 있다는 사실이다. 그럼 한자어 표현에 의존하지 않아도 독립적으로 존재할 수 있는 한국어 개념 '기어 넘어가기'가 때때로 또는 개념의 구조에 대한 일반적 기대에 상응해 한자어 표현 '포월'로 전환되는 이유 또는 맥락은 어떤 것일까? 그 전환이 필연적이거나 필수적이지는 않지만 '실제로는' 일어난다는 말은 무슨 말인가? 여기서 영어나 독일어 또는 프랑스어 개념들이 어원에 근거해서 발전해나가는 과정을 살펴보자. 그 말들의 어원이 고대 그리스어나 라틴어에 있는 한, 근대 이후에 영어나 프랑스어 또는 독일어 개념들은 그 어원으로 거슬러 올라가 거기에서 출발해 자신을 개념으로 정립하곤 했다. 물론 그와 비슷하게 한국이나 일본 사람들이 근대 이후 자신들이 사용하는 또는 사용할 표현의 뿌리를 한자어에서 찾는 경우도 적지 않았다. 이때 뿌리를 찾는 일은 어원을 찾는 일은 아니더라도, 텍스트의 전거를 찾는 일이었다. 또 새로 번역어를 만드는 경우, 한자를 빌려 새 표현을 주조해야 했다. '철학(哲學)'이 그 대표적인 경우이다.

'기어 넘어가기'라는 한국어 표현이 한자어로 전환된 '포월'은 그와 비슷하게 어원이나 텍스트 및 콘텍스트의 뿌리를 참조하거나 빌린 경우는 아니었다. 오히려 그것은 이제까지 동양철학의 어떤 고전 텍스트에서도 뿌리를 찾을 수 없는 표현이라고 할 수 있다. 다르게 말하면 기존 철학사에서 어떤 권위도 빌리지 않은, 혹은 빌리지 못한 표현이라고 할 수 있다. 한자어이기는 하지만 한자 텍스트의 아우라나 권위에 기대거나 의존하지는 않는 표현. 더 나아가면, 결국 서양철학사의 어떤 텍스트나 콘텍스트에도 기대지 못하지만 마찬가지로 동양철학사의 어떤 텍스트나 콘텍스트에도 기대지 못하는 표현. 그것이 한국어 개념인 '기어 넘어가기'와 '포월'이 짊어져야 하는 언어적 운명일 것이다. 물론 '짊어져야 한다'는 은유를 다시 사용한다면, '기어 넘어가기'와 '포월'은 철학사의 권위나 아우라를 전혀 어깨에 짊어지지 않은/못한 말이라고 할 수 있다. '초월'이란 개념에 의존하는 끈질긴 의미와 은유의 그물망을 고려하면, '기어 넘어가기'와 '포월'

은 그로부터 자유로운 개념이다. 그래서 쓸쓸한 면도 있는 개념이다.

　물론 '포월' 개념이 '초월' 개념에 저항한다는 사태는 단순하지 않다. '초월' 개념에 저항한다고 해서 '포월'이 단순히 그것에 대립되지는 않는다. 오히려 이제까지 '초월'로 이해된 행위나 경험들도 따지고 보면 '기어 넘어가기'와 '포월'의 일종 또는 한 형태라는 점이 드러난다. 그렇기에 '기어 넘어가기'와 '포월'은 그 자체로는 철학사에서 근원으로 되돌아가거나 근원에서 발생했다는 계보를 가지고 있지 않지만, 이제까지의 철학사의 관행을 뒤흔드는, 또는 그 역사에서 빠져나오려는 몸짓을 하고 있다. 언어 표현이 작동하는 관점에서 그 몸짓 또는 말 짓은 패러디일 것이다. 이 전략은 '소외되기'와 '소내되기'에서도 비슷한 방식으로 적용되었다.

3
　이번에는 개념을 구성하거나 건축하는 의미의 관점에서 이야기해보자. 모든 개념은 많건 적건, 좋건 나쁘건, 의미를 가진다. 그렇다면 개념이 가지는 의미들은 그 개념이 처음 생길 때 또는 처음 어떤 텍스트에 출현할 때, 그 한 번의 특이한 등장 덕택에 자신의 의미로 완성될까? 그런 경우도 있겠지만 역사 과정이나 맥락 또는 경로 등에 의존하는 개념의 특성을 고려하면, 그 경우는 오히려 많지 않다고 할 수 있다. 또 어떤 개념이 한 텍스트나 한 저자의 텍스트들에 등장한다고 해서, 그 텍스트나 텍스트들이 일관되고 어긋남이 없는 의미의 집을 건축하리라는 법은 없다. 오히려 그 반대가 더 일반적이라고 할 수 있다. 한 저자의 경우에도 초기 텍스트와 중기 텍스트 그리고 후기 텍스트에 나오는 말들의 의미가 자꾸 바뀌는 일은 전혀 드물지 않다.

다시 '기어 넘어가기'와 '포월'로 돌아가보자. '기어 넘어가기'에서 '기어가다'라는 의미는 어떤 점에서 일의적이지 않고 은유적이고 환유적이다. 또 그 수사학적 맥락도 어떤 점에서는 매우 복잡하다고 할 수 있다. 인간이 직립보행하는 특이한 동물인데 왜 기어가기가 나오는가라는 물음도 나올 수 있다. 한번 차분하게 살펴보자. '기어 넘어가기'라는 개념은 직립보행하는 동물이라는 인간의 우월성과 특이성을 부정하는가? 전면으로 부정하지는 않는다. 다만 직립보행하면서 이성적으로 말하고 행동하는 동물이라는 기준만을 주장하며 그 기준이 인간 존재에 핵심이라는 전통적인 관점에는 저항하거나 그 관점을 부정한다. 비록 두 발로 걷는 행위가 매우 중요하다는 점을 인정하더라도, 그 행위로만 인간의 동작과 행위를 모두 다 설명할 수는 없다. 엎드리거나 눕는 동작을 비롯해서 기어가는 동작은 언뜻 생각하는 것과 달리 매우 폭넓고도 지속적으로 인간의 동작을 관통하고 있다. 오이디푸스 신화에 나오듯이 인간은 네 발로 기다가 두 발로 걷다가 다시 세 발로 걷는다고 여겨질 수도 있다. 그 경우엔 네 발로 기어가기는 두 발로 걷기에 의해 극복되고 또 극복되어야 할 임시 단계에 지나지 않을 것이다. 그러나 두 발로 걷는 단계에서도 인간은 무수히 많은 상황에서 기어간다. 좌절하거나 쓰러지는 상황은 예외 상황이 아니다. 또 알아서 기는 행위도 드물기는커녕 매우 빈번하게 반복된다. 사람들이 두 발로 직립하고 있는 듯이 보여도, 실제로 그들은 알아서 기고 있다고 할 수 있다. 또 알아서 길 뿐 아니라, 많은 사람이 억지로 또는 억울하게 기어간다. 알 수 없고 알고 싶지도 않은 이유로 기어가는 것이다. 이렇게 생각하면 놀라운 일 아닌가? 일반적으로 우리가 상상하는 직립보행하는 모습의 멋있음 혹은 근사함은 실제로는 기어가기와 겹쳐지거나 기어가기의 다른 모습, 곧 그것의 탈이다. 그것이 탈이 나면서 그것에서 이탈하고 다시 그것의 탈을 쓰는 일. 좌절하거나 쓰러지는 상황 없이, 또 알아서 기는 상황 없이, 또 알 수 없는 이유로 억울하게 기어가는 상황 없이 근사하게 두 발로만 걷는 상황은 허구다. 잘 걷거나 잘 뛰는 사람도 보통 사람보다 더 잘 넘어질 수 있다. 좌절과 쓰러짐 또는 알아서 기어가기 또는 도저히 알 수 없는 이유로 기어가기 등의 상황에서 드러나는 기어가기는 말하자면 실존적 상황으로서의 기어가기이다.

실존적 상황으로서의 기어가기만이 '기어가기'를 구성하지는 않는다. 아무리 두 발로 잘 걸어도 인간의 하루하루는 결코 명확하게 주어진 목적을 향해 날아가는 화살이나 총알처럼 진행되지는 않는다. 같은 동작을 몸으로 수없이 반복한 사람만이 어떤 단계를 넘어서 다음 단계로 갈 수 있다. 일련의 동작을 10만 번 정도 반복해야 훌륭한 동작이나 자세가 나온다는 관찰도 있다. 악기 연주자든 미술가든 운동선수든 작가든 누구나 다 몸으로 자신의 동작을 하고 또 해야 한다. 매일매일. 지난 하루하루의 연습과 훈련이 쌓이고 쌓여서 훌륭하면서도 말끔한 동작과 솜씨에 이르는 것이다. 하나의 구조를 형성하기 위해 필요한 이런 형태의 기어가기를 '구조를 형성하는' 기어가기라고 할 수 있다. 하루는 또 다른 하루를 필요로 하고 그 또 다른 하루는 또다시 다른 하루를 필요로 한다.

그러나 연습과 훈련을 통해 하루 그리고 또 하루를 기어간다고 해서 훌륭한 동작이나 완벽한 동작이 저절로 이루어지는 것도 아닐 것이다. 우리는 이 점을 호랑이나 사자가 사냥하는 모습에서 관찰할 수 있다. 맹수는 그냥 걸어서 또는 처음부터 맹렬하게 뛰어서 먹이에 도달하지 않는다. '동물의 왕'이라 불리는 호랑이와 사자도 오랜 거리를 질주하기는 어렵기 때문에 목표물이 낌새를 알아채고 잽싸게 달아나지 않도록 적절하게 목표물에 가까운 거리까지는 살금살금 기어가야 한다. 거기서 왕의 늠름함은 보기 힘들다. 그러나 그 기어가는 동작은 왕의 지혜로움을 알려준다. 이런 형태의 기어가기는 퍼포먼스를 실행하기 위해 일어나는, 실행하는(performative) 기어가기라 할 수 있다. 폭풍 전야의 고요함도 그와 비슷한 의미에서 실행을 준비하거나 기다리는 웅크림이라 할 수 있다. 연주자와 운동선수도 퍼포먼스 전에 숨을 고르는 고요함의 순간을 가진다. 웅크리거나 가만히 정지하는 순간 없이, 시작은 실행되지 않는다. 작가나 화가도 결정적 첫발을 내딛기 전에 한동안 웅크리거나 기어가야 한다. 그러나 시작하기 전에만 웅크리는 동작이 나오지는 않는다. 치타를 비롯한 잘 뛰는 짐승들의 동작을 보라. 빠르게 뛰는 동작 자체가 매 순간 온 몸을 구부리는 동작을 통해 이루어지고 또 탄력을 받는다.

다른 형태의 기어가기가 또 있다. 막힘 또는 정체 현상. 도로를 넓히고 또 넓혀도 차는 막히고 또 막힌다. 아예 처음부터 차가 별로 다니지 않는 도로는 막히지 않을 것이다. 그러나 한번 일정하게 교통량이 증가한 다음에는, 또는 다른 말로 하면 교통량의 증가를 전제한다면, 전혀 막히지 않는 도로라는 것은 아마도 불가능할 것이다. 또 잘나가는 직업이 있다면 그리로 사람들이 몰릴 것이다. 그래서 포화 상태에 이르렀다는 아우성이 높아질 것이다. 로스쿨 졸업생이 몇 해 변호사로 진출하자마자, 벌써 변호사들이 몰려든 시장에서 정체 현상이 일어난다는 아우성이 높아진다. 인구의 증가도 비슷한 현상이다. 의료 기술이 발달하고 위생 수준이 높아지면 유아사망률이 낮아지고 수명도 늘어난다. 생활수준의 전반적 향상은 그렇게 인구를 증가시킨다. 인구의 증가는 지구에 여러 형태의 막힘 또는 정체를 유발한다. 식량 부족이 생길 뿐 아니라, 해외 이주민도 늘어난다. 또 내전이나 전쟁 같은 재난이 거기에 더해지면, 난민이 대량으로 발생한다. 이 모든 형태의 기어가기를 '발전에 따라 일어나는' 기어가기라고 부를 수 있다.

이것과 비슷하면서도 경제나 발전의 관점에서 중요한 기어가기가 또 있다. 성장 이후에 찾아오는 정체기 또는 노화. 제2차 세계대전이 끝나고 1970년대 중반까지는 세계적으로 유례없는 산업 성장이 있었다. 그 성장 덕택에 인권의 발전도 가능했다. 그럼 그 이후에 찾아온 불청객이 무엇인지는 알려져 있을까? 신자유주의라는 이름은 매우 유명하지만, 그것이 저 유례없는 성장기 이후에 찾아온, 또는 이미 그 성장기를 동반하고 있던 불청객이라는 점은 잘 알려져 있지 않은 듯하다. 그것은 성장이 더뎌지는 상황에서 그 정체 현상에서 벗어나기 위해 가동된, 또는 이미 그 성장을 관리하기 위해 가동된, 정치경제적 전략인 셈이다. 그런데 신자유주의를 옹호하거나 지지하는 사람만 성장 이후의 기어감에 대응하기 위해 애쓰는 것은 아니다. 거의 거꾸로, 생태주의자들도 성장 이후의 정체기 또는 성장 속의 기어가기를 예측하거나 심지어 그 손님이 필연적으로 온다며 분주하다. 이런 형태의 정체기를 성장 이후의 또는 성장을 동반한 기어가기라고 부를 수 있다. '제로 성장' 단계라는 것은 성장이 기어가는 모습이다.

　물론 여기서 그려진 기어가기의 여러 모습은 많건 적건 은유와 환유의 연결고리를 따라 이어진다. 그러나 『이상 현실, 가상 현실, 환상 현실: 초월에서 포월로 3』에서 서술했듯이, 은유와 환유라는 개념은 더 이상 설명이나 수식이 필요 없는 개념이 아니다. 그것들 자체도 설명이나 개념의 도움이 필요하다. 은유나 환유가 작동하는 메커니즘이나 과정도 따지고 보면 일종의 기어 넘어가기이며 포월의 과정이다. 하나의 표현에서 다른 표현으로 넘어가는, 아니 넘어간다고 이해되는 과정 자체가 다시 설명되어야 할 과정이며, 기어 넘어가기는 그 과정을 잘 설명할 수 있다. '본래'의 표현에서 다른 표현으로 넘어가는 일, 곧 은유나 환유는 본래의 지점에서 다른 지점으로 이동하는 과정에 의존하는데, 한자리에서 조금씩 오랫동안 움직이던 말이 어느 순간 다른 곳으로 훌쩍 넘어가는 과정은 다름 아닌 기어 넘어가기의 특징적인 모습이다. 물론 여기서 정말 공간을 이동하는 움직임이 일어날 필요는 없다. 이동의 움직임 자체가 일종의 은유이며 '포월'이다.

　그리고 초월이라고 이해되는 것, 흔히 사람들이 이해한다고 생각하는 그 동작이나 과정도 가만히 보면 또 다른 은유나 환유의 형태이다. '저 높은 곳으로' 또는 '저 먼 곳'으로 짠! 하고 넘어간다는 것은 매우 수직적인 상승에 의존하는 수사적 표현인 것이다. 이 지상에서 조금씩 움직이던 사람, 제자리에서 오랫동안 움직이지 않고 기도하던 사람, 기도하다가 일어났지만 다시 기어가는 사람은 넓고 길게 보면 실존적 기어가기의 과정 가운데 있다. 그런 사람이 어느 한 순간, 그 웅크린 공간을 넘어서 다른 곳으로 넘어가는 것이다.

4

    도저히 피할 수 없는, 결코 우회할 수 없는 실존적 상황으로서의 기어가기 및 그와 연결된, 발전과 함께 일어나는 기어가기 그리고 성장 이후에 또는 성장과 함께 일어나는 기어가기 등은 자연스럽게 기어가기가 느린 움직임이자 느려터진 움직임일 것이라고 암시하거나 추론하게 한다. 아니 그 이전에, 그 움직임이 이젠 높은 곳을 쳐다보지도 못하는 그저 낮은 곳의 움직임이라고 생각하게 한다. 그럴까?

    처음에 기어 넘어가기와 포월 개념을 생각할 때, 그 개념은 나도 모르는 새 그 비슷한 단순화에 기여한 듯하다. 예를 들자면 초월의 움직임이 수직 방향으로 일어난다면 포월의 움직임은 수평 방향으로 일어난다는 구별이 그런 인상을 주었을 수 있다. 그 구별이 잘못된 것은 아니지만, 조금 단순한 것도 사실이며 따라서 보충 설명이 필요하다. 우선, 아무 생각 없이 또는 별 생각 없이 그저 초월의 상승 이미지에 기대는 관습적 게으름을 때릴 동기는 '수직성과 수평성'을 대별하는 데 있을 것이다. 그러나 그렇다고 높은 곳을 쳐다보는 모든 움직임이 차단될 필요는 없을 것이다. 기어갈수록, 오랫동안 길수록 우리 고개는 어느 순간 높은 곳을 쳐다보기 쉽다. 어쩌면 높은 곳을 쳐다보는 동작은 오랜 관습에서 기인할 수도 있다. 어쨌든 높은 곳을 쳐다보는 동작 자체를 폄하하거나 부정할 필요는 없다. 다만 그 동작에서도 섬세한 변화가 일어난다는 점에 주목할 필요는 있을 것이다. 젊을 때,

곧 두 발로 쉽게 걷고 뛸 때에는 높은 곳을 쳐다보면서 푸른 하늘에 감동하고 그것을 칭송하기 쉽다. 푸르를수록 하늘은 고결함의 상징으로 여겨진다. 고결함과 높음과 티 없음의 모든 이미지가 한 줄로 연결되고 결합된다. 그러나 삶의 경험이 쌓이면서 그리고 기어가는 경험의 두께가 두터워지면서 인간은 푸른빛이 쨍쨍한 또는 푸른빛만 쨍쨍한 하늘보다 그 옆에 둥둥 떠다니는 구름을 더 사랑하게 될 것이다. 그리고 구름도 그냥 둥둥 떠다니지는 않는다. 하늘에서 살금살금 혹은 사뿐사뿐 떠다니기도 하지만 짐짓 아무 일도 없다는 듯 엎치락뒤치락하거나 별거 아니야 하는 표정으로 기지개를 켠다. 그 모습을 올려다보면서, 우리는 또 하루를 살게 된다.

그러니 높은 곳을 향하는 동작이라고 그저 똑같은 건 아니다. 높은 곳을 향하는 동작에도 결이 있고 갈라짐이 있다. 높은 곳을 바라보는 동작의 결과 갈라짐을 경험하고 인지하면서 우리는 기어가기가 기어 넘어가기로 변화하는 굴곡점을 분별해낸다. 높은 산을 올라갈수록, 사람들도 안다. 공기가 희박한 높은 곳에서 우리 몸은 겨우 기어가거나 기어가듯 걷는다는 것을.

이런 경험을 하고 나면 기어가기와 기어 넘어가기가 단순히 느림으로, 느림으로만 환원되는 움직임은 아닐 것이라는 데 주의를 기울이게 된다. 물론 초월과 비교해 포월이 중요해지는 과정은 무엇보다 느림에 새롭게 눈을 뜨는 과정이라고 할 수 있다. 그러나 그렇다고 모든 동작을 '슬로우'로 하는 일이 기어가기일까? 여기서도 높음을 향하는 과정과 비슷하게 다른 결이 생기고 갈라짐이 생긴다. 처음부터 끝까지 느리게 가는 듯이 보이는 움직임이 있을 수 있다. 모든 빠름을 애초에 거부하거나 그것을 싫

어하는 움직임. 애초에 빠르게 움직이지 못하거나 빠르게 움직일 생각이 없는 움직임. 문명과 기술의 빠른 진행 속에서 이런 움직임은 한편으론 점차 거의 사라지는 듯하지만, 거꾸로 그 빠른 진행 때문에 새로 생기는 느림도 있다.

그와 달리 빠름을 경험하면서 느림을 깨닫거나, 매우 빠르게 움직인 후에도 느림이 존재한다는 것을 깨닫는 움직임이 있다. 이 움직임은 기술과 기구가 빠르게 발전하고 서로를 대체하는 과정을 통째로 또는 단순히 부정하거나 거부하지 않는다. 지식의 발전이나 관습의 대체도 빠르게 일어나는 국면들이 많다는 것 또한 부정하거나 거부하지 않는다. 1960년대 들어서야 미국에서 인종차별이 금지되었다는 것을 생각해보자. 오랫동안, 전혀 바뀌지 않을 듯 아수라장 속에서 부글부글 끓던 것이 어느 순간 급속도로 빠르게 진행되었다. 동성애 결혼이 합법으로 인정되는 과정도 그야말로 빠르면서도 느린 과정이었다. 와야 할 것이 너무 느리게 왔다고 여길 수 있는 반면에 매우 빠르게 도래했다고도 말할 수 있다. 더욱이 아직 그것이 합법으로 인정되지 못한 곳에서 보면 합법 인정은 매우 빠르게 진행된 과정이다. 또 합법으로 인정된 후에도 일상에서 그것을 아무렇지 않게 인정하는 과정은 또 매우 느리게 진행될 것이다.

그러니 오로지 자신이 느리게 기어간다는 것만을 강조할 필요는 없다. 이 점은 다른 면에서도 중요하다. 왜냐하면 빠르게 앞으로 나아가는 사람들이 얄삭빠르거나 심지어 천박한 행동을 하는 면이 많은 이 시대에 그 모습이 싫은 사람들은 그저 느리게 가거나 또는 앞으로 나아가지 못한 채 제자리에서 뱅뱅 돌기만 하는 모습을 보여줄 수 있기 때문이다. 기어서도 넘어갈 수 있고 또 어떤 면에서는 넘어가야 한다. 기어가는 사람도 그저 제자리에서 맴돌 수도 있지만, 큰 산을 한 바퀴 돌거나 먼 거리를 갈 수도 있다. 먼 거리를 갈 때 기어가기의 지난함이 드러날 수 있다. 기어가는 사람이 뒤에 처져서 불만과 분노를 터뜨리기 쉬운 이 시대에, 이 점에 주의를 기울일 필요가 있다. 우리가 무선으로 전화를 하거나 문자를 보내는 행위 자체가 이미 매우 빠른 속도로 이루어지는 것이다. 이젠 아무것도 아닌 일로 보이겠지만, 유선전화가 보급되기 시작한 19세기 후반만 해도 전화하는 일은 매우 빠른 소통 과정이었다. 인터넷은 말할 것도 없다. 그러니 모든 빠름을 쉽게 또는 선언과 이념의 차원에서만 거부하거나 부인하는 일은 자칫하면 허풍이 될 수 있다.

그렇다면 빠르게 움직이고 발전하면, 그래서 긍정적인 진보가 연거푸 이루어지면 이상적인 공간과 공동체가 도래할까? 자유와 평등이 실현되고 소통이 잘 이루어지면 모든 잡음과 헛소리, 모든 빈말과 헛짓이 사라질까? 그래서 모든 불평등도 없어질까? 모든 사람이 원하는 사랑을 하게 될까? 그렇게 믿는 사람들도 있다. 그러나 내가 보기에 역사는 그런 유토피아로 넘어가지는 않을 듯하다. 그런 넘어가기는 이루어지지 않을 듯하다. '커뮤니케이션'을 '소통'이라 번역하면서 사람들은 사람과 사람 사이의 막힌 것이 뻥 뚫리는 상태를 상상하곤 한다. 그러나 커뮤니케이션은 그런 '소통'이 아니다. 커뮤니케이션 속에서 정보는 왔다 갔다 한다. 왔다가 다시 갔다가 다시 오고 다시 가고…, 거기에서 얼마든지 발전과 진보가 일어날 수 있다. 그러나 그렇다고 문제가 사라지지는 않는다. 그러므로 문제가 전혀 없는 유토피아로 넘어가는 일은, 그런 넘어가기는, 더 이상 일어나지 않는다.

그렇다면 빠른 진보가 이루어져도, 우리는 다시 일종의 느림 속에서 기어가고 있을 것이다. 물론 그냥 기어가지는 않는다. 우리는 점점 빠르게 달리고 더 나아가 빠르게 날아갈 것이다. 그런데, 이상하게, 이상하게도, 기어가고 있을 뿐이다. 이 느림의 원인은 쉽게 찾지 못할 수 있다. 또는 사람마다 느림의 인과관계는 다르게 진행될 것이다.

빠름을 경험하면서 다시 느림을 발견하는 일은, 포월에서 다시 월포(越匍)로 뒤집히거나 다시 갈라지는 일이다. 아무리 빨리 움직이고 날아가도, 다시 느려지고 기어가는 순간이 도래한다. 광속으로 날아가는 우주선이 느려지는 순간이 있다. 어쩔 수 없이 우주 속에서는 느려진다. 그때 우주인은 동면에 들어간다. 지구를 벗어나 우주로 가려는 몸은 다시 기어야 한다. 동면에 들어간 몸은 지구에서 뒤척이던 몸과 비교하면, 죽은 듯 움직이지 않는 몸이다. 빛의 속도로 날아가는 시간 속에서 그 속도에 맞추기 위해서 기어가는 몸.

물론 지구에서도 그 비슷한 일은 어디서나 일어난다. 20세기 중반과 후반 그리고 21세기의 빠른 속도를 주파한 사람들은 다시 시간이 느려지는 것을 경험한다. 느려 터진 시간 속에서 이상을 향해 내달리던 몸은, 바닥에서 뒹굴고 바닥에서 뒤척인다. 현대의 발전이 느려지고, 계몽주의의 빛이 사그라지는 상황에서, 노인들은 물리적으로만 많아지는 것이 아니다. 젊은이들, 심지어 10대들도 벌써 노인의 경지에 도달해 있다. 괜찮은 일자리가 꽤 있었던 시간은 소위 선진국뿐 아니라 한국 사회에서도 20세기 중반에서 후반까지 불과 한 세대 동안만 지속됐다. 이제 그런 일자리를 가지지 못하는 세대는 마치 벌써 삶을 다 살고 다

아는 것처럼 행동한다. 마치 다 살아본 것처럼, 움직인다. 마치 노인처럼.

　다시, 알아서 기는 움직임일까, 아니면 알지도 못하면서 억울하게 기는 수밖에 없는 움직임일까. 모바일을 통한 사회적 연결은 매우 빠르게 진행되고 심지어 각 개인들은 이제까지와 비교하면 최고로 높이 스펙을 쌓는데도, 그리고 동성애 합법화에서 드러나듯 사회제도의 발전은 어떤 점에서는 매우 빠른데도, 인간의 어떤 행위들은 정말 변하지 않는다. 삶도 진보하기보다는 다시 생존 자체가 문제가 되는, 그것이 문제가 되었던, 그 옛날로 돌아가는 듯하다. '진보'는 설설 긴다. 현대도 박박 긴다. 21세기는 빠르게 가면서도, 매우 빠르면서도, 점점 빠르면서도, 느리다.

언더프린트의
담벼락

박영선

아카이브와 근대

'아카이브'라는 용어는 서구 문명사에서 중요한 위상을 가진다. 고대 그리스어의 동사 '아르코(archo)'는 '군대를 싸움으로 인도하다'라는 뜻을 가지며, 여기서 확장되어 '앞서다', '지배하다'라는 의미를 갖게 된다. 그 명사형 '아르콘(archon)'은 '법적 통치권자'를 뜻하고, 그 통치자가 사는 공간이 '아르케이온(arkheion)'이다. 이 말들과 같은 어원을 가진 아카이브(archive)는 '통치권자의 거주 장소'이자 '국가 공식 문헌의 보존 장소'라는 뜻을 동시에 갖는다. 고대 그리스의 직접민주제에 의해 뽑힌 통치권자들은 그들이 거주하는 장소(아카이브) 내의 일정한 장소(아카이브)에 통치에 필요한 공식 문헌들을 보관해두고 정치적 필요에 따라 폴리스 시민들에게 공개했다.

자크 데리다(Jacques Derrida)는 아카이브라는 말이 '아르케(arkhē)'라는 명사형을 지시한다는 점을 환기시켰다. 아카이브는 "물리적, 역사적, 존재론적 의미에서 근원적이고 시원적인 것"을 뜻하는 아르케를 지시할 뿐 아니라, "그보다 더 앞서서 더 강하게 '법률학적' 의미에서(in the *nomological* sense) 법의 집행을 강요하는 명령(commandment)을 지시한다."(Derrida, 1998: 1-5) 아카이브는 모든 사물 현상을 지배하는 원리, 근원, 원인이 되는 진리로서의 지식 체계와 그것을 가능케 하는 법과 권력의 명령 체계가 발생되는 상징적 공간이다. 서구 문명사에서 아카이브는 그 어원적 실천적 기원에서부터 통제 체계로서의 권력과 지식, 나아가 합법화된 폭력과 합리성의 문제에 언제나 직접 연루되어 있다. 고대 그리스 통치권자들은 자신들의 거주지(아카이브) 안에 그들이 행사하는 통치권의 입법적 정당성을 증명할 공식 자료들의 보관소(아카이브)를 마련해두고, 시민들에게 자신들의 권력 행사가 정당함을 증명할 필요가 있을 때 그 목적에 맞게 취사선택한 공식 기록 체계(아카이브)를 내보임으로써 자신들의 권력을 유지했다. 이런 일련의 합법적 실천 속에서, '통치자와 증거물들의 처소'인 아카이브는 지식과 법의 타당성을 입증하는 과정을 통해서 권력 주체인 통치자를 다시 지시하게 된다. 아카이브가 통치자의 거주지이자 공식 문헌의 보관소인 것은, 통치자가 행사하는 권력의 정당성이 '아카이브를 통해서' 다시 통치권의 정당성으로 환원된다는 것을 지시한다. 이러한 환원성은 고대 그리스에 기원을 두는 서구의 이성주의가 이성적 진리 체계의 동일성(identity)을 유지하기 위해 이성과 진리가 참이라(고 가정되)는 대전제로 되돌아가는 자기지시성(self-referentiality)과 긴밀한 관련을 가진다.

서구 근대는, 고대 그리스 시대부터 아카이브라는 용어가 함축해온 위와 같은 권력-지식-법의 자기지시적 정당화의 실천 관계를 모티브로 해서 세계 전체를 하나의 거대한 합리적 관리 체계로 구축하려는 야심에 의해 추동되었다. 코젤렉(Reinhart Kosellek)은 서구 근대가 16-19세기까지 400여 년의 형성기를 거쳤다고 보았는데, 수학적 이성에 바탕을 둔 추상적 사유가 물질 실천의 연산 체계로까지 구현되는 18-19세기가 근대의 정점을 이룬다. 어떤 면에서 서구 근대의 기획은 '자기지시적 이성을 매개로 한 아카이브 프로젝트'라고 부를 수 있다. 이 프로젝트의 초기 단계에서 18세기 계몽주의자들은 추상적 지식들의 무수한 분류 색인(index)이 집합된 백과사전으로 세계를 표상하는 '18세기 아카이브'를 구축했다. 19세기 역사가들과 과학자들은 18세기적인 추상 지식들을 나열하는 분류 체계를 넘어서, 인간 이성으로 통제하기 어려운 우발적이고 구체적인 순간들, 운동들, 사건적 과정 그 자체를 '잘게 나누어진 측정 가능한 시간'과 '잘게 나누어진 고정된 범주로서의 공간'의 이름으로 통제하고자 했다. 우발적일 뿐인 현재 순간의 측정과 기재가 가능할 것이라는 수학적 상상, 나아가 자연의 유동적 힘의 측정과 기재 역시 가능하다는 과학적 야망이 대다수의 19세기 서구 학자들을 지배했다. 그들은 선형적으로 측정 가능한 시간과 범주적으로 분할 가능한 공간의 개념에 입각해서 19세기 아카이브를 구축했다. 19세기 아카이브는 권력과 지식과 법의 장소이기를 넘어 측정 가능한 시간 자체의 퇴적층을 찾기 위한 공간, 즉 역사적-과학적-고고학적 장소로서 자연스러워졌다. 우연한 시간과 유동적 공간을 통제 가능한 것으로 바꾸려는 이 기획은 그것을 물질적으로 받쳐줄 '진실한 기록'의 매체를 요청했다.

사진, 찍기

사진은 이미 그 발명 초기에 천문학자 프랑수아 아라고(Francois J. D. Arago)에 의해 공식적으로 보고되어 프랑스 의회로부터 과학 탐구를 위한 탁월한 장치로서 공인된 바 있다. 생리학자 에티엔 쥘 마레(Etienne-Jules Marey)는 동물뿐 아니라 지구와 대기 운동을 연구하기 위해 '사진총(fusil photographique)'이라고 불리는 연속 사진 장치를 개발했다. 프랑스 경시청 직원이자 생체 인식 기술(biometrics) 연구자였던 알퐁스 베르티용(Alphonse Bertillon)은 인류학의 기술 분과인 인체 측정학과 사진 기술을 결합시켜서 법 집행을 위한 범죄자 분류-증명 체계를 고안했다. 이

질적이고 우발적인 사건들의 연쇄, 그리고 복잡한 유동성을 보이는 물질현상을 분절적 단위의 측정 대상으로 분석해서 객관적 지식을 구축하려 한 19세기 과학자와 역사가들의 아카이브적 열망을 효과적으로 실행하기 위해서는, 적절한 기술 장치가 필요했다. 그 필요에 의해 선택된 장치가 사진이다.

사진은 데리다의 표현을 빌리자면 "물리적, 역사적, 존재론적 의미에서" 아카이브를 지시하며, "법률학적 의미에서는 그보다 더 앞서서 더 강하게" 아카이브를 지시한다. 19세기 아카이브의 전통 속에서 사진은 존재와 진리의 강력한 증거로서, 지식-법-권력의 순환적 통제 체계가 원활히 작동하도록 매개한다. 근대 문명과의 연관 안에서 볼 때, 사진이라는 장치는 아카이브 프로젝트를 추동하는 학문과 기술의 산물이며 선형적 진보를 믿는 역사주의 프로그램을 실행한다. 사진이 구질서를 전복하는 근대적 의미에서의 예술의 매체가 되기 위해서는, 그 매체 자체의 문명적 기원에 대한 재검토와 탈구축 작업이 필요할 수밖에 없었다.

글그림, 긋기

사진의 발명이 당시 화가들에게 큰 위협이면서도 매혹으로 받아들여졌던 것은 19세기 아카이브가 수립한 매우 효율적이고 강력한 분절과 통제의 체계가 이룬 기술적 성취에 대한 양가적 태도 때문이었다. 현생 인류의 기원으로까지 거슬러 올라가는 그림의 초역사적 전통은 19세기 서구인들이 수행하려는 과학적 역사적 아카이브 프로젝트의 선택을 받지 못했다. 그림은 분절적이기보다 종합적이며, 비가시적 기억을 물질의 측정 불가능한 유동성에 '기대어' 가시화하기 때문이다. 데리다는 화공이 그림을 그릴 수 있는 이유는 자신이 긋는 선의 진행이나 눈앞에 있는 모델을 눈으로 볼 수 있기 때문이 아니라 '눈에 보이지 않는 기억' 때문이라고 말한다(Derrida, 1993: 45). 그림의 필선은 눈의 영역 밖으로 탈주한다. 진리의 시각적 재현성을 추구하는 서구 이성주의 형이상학을 탈구축했던 데리다가 제시한 그림 그리기와 기억에 대한 현대적 해석은, 도리어 우리에게 쓰기와 그리기가 하나였던 중국 문화권의 수행론인 서화론(書畫論)을 상기시킨다. 문사(文士)들에게 글쓰기와 그림 그리기는 사물의 외양이 아니라 천지 만물 사이에서 생동하는 보이지 않는 우주적 기의 유동적 흐름을 자신의 몸과 마음을 통해 일거에 누리기 위해 행해야 하는 수련의 과정이었다. 석도(石濤)의 "대저 한번그음이라고 하는 것은 천지의 만물을 그 속에 다 포함하는 것이다[夫一畫, 含萬物於中]"(김용옥, 2012: 77-78)라는 일획론은 이런 맥락에서 발화되었다. (획劃, 그음은 화畫, 그림과 통한다.) 문사들에게 그음-그림은 존재의 본질이나 확실성을 보여주기 위해 제작된 이미지가 아니다. 그들에게 그림은 긋기, 즉 쓰기이자 그리기이다. 그것은 몸이 획을 긋는 현재 진행 과정 속에서 보이지 않는 잊어버렸던 기운생동하는 천지 만물의 원(原)기억을 단번에 되살려내려는 수행이다.

그래프, 값 매기기

사진 발명 이후 지금까지 그림과 사진의 특성을 비교하는 다양한 담론이 제시되었다. 그 내용의 세부를 떠나서 이러한 비교 담론의 양적 방대함은 서구 근대 아카이브를 축으로 둘 때 이 두 매체가 인간에게 매우 대조적인 세계 경험과 실천을 유발하기 때문일 것이다. 넓게 말해서 인간의 몸에 의해 생산된 이미지와 기계장치에 의해 생산된 이미지를 구분하는 큰 기준은 분절성의 여부이다. 윌리엄 미첼(William Mitchell)은 후지 산을 그린 그림은 충만한 아날로그적 상징이지만 후지 산의 지진을 기록한 지진계 그래프는 농밀하면서도 부분적으로는 아날로그적이고 부분적으로는 디지털적이라고 비교한다. 종이 위에 묻어 있는 먹이나 물감은 0과 1로 명료하게 분절될 수 없는 잡(雜)물질들로 뒤섞여 하나가 된다. 그림의 선의 굵기에서 나타나는 모든 차이, 색이나 질감의 변화는 그림에 대한 감상자들의 독해에 다양한, 거의 무한한 차이를 허용한다. 결국 그림 독해의 차이들은 측정이 불가능해진다. 그와 달리 그래프의 독해에서는 차이를 허용하기 어렵다. 오히려 동일성을 독해자에게 강요한다. 그래프에서 중요한 것은 오직 측정 가능한 좌표의 위치, 값이다. 그렇기 때문에 그래프가 지닌 잉크의 색, 선의 굵기, 종이의 색조나 질감에서의 차이는 의미의 다양한 차이를 낳지 못한다. 사진 장치가 생산하는 이미지는 다양한 읽기보다 주로 측정 가능한 분절성에 바탕을 둔 동일한 독해를 매개한다는 점에서 일종의 그래프다.

믿지 않다

내 사진은 전통적 의미의 사진이 아니라 위장된 사진이다. 그 위장은 사진의 인증력을 비롯한 관념에 대한 불신의 결과이다. 그리고 그 불신은 사진뿐 아니라 사진에 기반을 둔 모든 시각적 매체들이 제공하는 정보에 대한 불신이다. (중략) 대중매체 시대에 특수한 커뮤니케이션으로서의 미술 혹은 사진은 그러한 매체들에 의해 매개될 수 없는 욕망에 대한 대안으로 존재한다. 세계에 대한 개인적 시선이 무의미한 시대에 심미성과 신화화라는 함정을 피할 수만 있다면 개인적 시선은 존재 자체로 의미가 있다. 따라서 미술가들이 할 수 있는 일이란 **더욱더 개인적으로 되거나, 개인적인 시각을 영향력 있는 대중매체의 시각과 최대한 충돌시키는 길**밖에 없는 것처럼 보인다. 그럴 수 있는 탁월하고도 적절한 방법이 있을까? 물론 나는 디지털 사진을 그 수단으로 선택했지만…(강홍구, 2009: 80-81).

강홍구는 1990년대부터 디지털 사진 장치와 기법을 활용해서 이미지를 관류하며 순환하는 지식-권력의 작동 체계의 은밀한 세부를 탐색해왔다. 그는 전반기 작업에서 디지털 사진을 유희적 냉소적으로 조작하는 수행을 주로 하다가, 2010년경부터 디지털적 조작을 최소화한 기록 작업이나 사진 인화지 바탕 위에 그림을 그리는 수행 쪽으로 옮겨 가고 있다. 이런 그의 이행에서, 서구 근대의 아카이브 프로젝트에 깊이 연루된 사진이 결국 '그래프'일 가능성이 높다는 혐의와 그에 따른 사진적 의미 작용의 한계에 대한 문제의식이 읽힌다. 사진으로 대표되는 서구 근대의 지식-권력-법의 생산과 통제 체계에 대한 강홍구의 불신은, 사진이 지닌 인증력의 근거인 물리적 지시성으로서의 지표(index)가 비어 있는 기호임에도 불구하고 이를 적극적으로 오인하는 지식-권력 체계의 암묵적 합의에 대한 의심에서 비롯된다. 만약 사진의 인증력이 위장된 것이라면, 그것이 매개하는 서구 19세기 아카이브의 객관성 역시 허구가 될 것이다.

그림 1. 강홍구, 〈그 집 물〉, 피그먼트 프린트, 잉크, 아크릴물감, 127×100cm, 2010 ⓒ강홍구

그 집, 희미해지다

2010년 개인전《그 집》에서 강홍구는 재개발로 철거되기 위해 비워진 집들을 찍은 디지털 사진 파일들에서 컬러를 제거하고 흑백으로 프린트한 뒤, 그 위에 자신이 기억하는 색을 물감으로 덧칠한 사진그림 연작을 발표했다.《그 집》에서의 수행은, 이미지와 지식의 생산-통제 체계에 의해 부과된 '사진의 색'을 벗겨내고, 색이 벗겨진 사진의 윤곽 위에, 작가가 사진 찍었던 '사라져버린 그 집의 그 색'을 기억해내며 붓질로 색을 덧입혀 부재하는 그 집들을 '지금의 이 집'들로 되살려내는 것이었다(그림 1). 사진 위에 그림을 그린다는 것은 사진적 기억을 따라 그리는 더하기의 과정이면서 동시에 사진적 기억을 지우며 그리는 빼기의 과정이다. 빼기와 더하기의 과정이 겹치고 꼬이면서 만들어내는 그 집과 이 집 사이에서 지어지는, 보이지 않지만 느껴지는 이상한 시공간에서 사진을 매개로 하는 근대 아카이브의 기획은 제대로 작동하기 어렵다.

2015년 강홍구는《언더프린트: 참새와 짜장면》(《언더프린트》로 약칭)이라는 제목의 개인전을 열었다. 언더프린트(underprint)는 돈, 수표, 우표 등 국가나 그 밖에 유사한 주요 자본 권력 기관에서 발행하는 (대용)화폐나 중요 문서의 위조를 방지하기 위해 이미지나 반복 패턴의 기호들을 종이 바탕에 인쇄하는 기법이자 그 결과물인데, 그 물건이 '진짜'임을 발행처의 권위로써 인증하는 기능을 한다. 언더프린트는 그것이 인쇄된 화폐나 기타 문서가 담고 있(다고 가정되)는 교환가치와 정보의 진리성을 권력의 이름으로 인증하는 (상징적 허구적) 지표(index)이자, 서구 근대 아카이브와 자본주의적 교환가치를 지탱하는 (상품 아카이브의)

색인 목록(index)으로 기능한다. 언더프린트의 대조 쌍인 '오버프린트(overprint)'는 화폐나 우표의 유통 과정에서 특수한 추가 가치나 용도가 발생했을 때 덧인쇄하는 기법이자 그 결과물이다. 오버프린트는 서구 근대 제국들이 식민지에서 자국의 화폐와 우표를 별도로 유통시킬 때 식민지의 이름과 현지 가격 등을 추가 인쇄하는 데에 주로 사용되었다. 언더프린트와 오버프린트는 구텐베르크의 인쇄술 이후 서구 근대 산업자본주의 체계의 원활한 작동을 위해 교환가치를 독점적으로 물화(物化, reification)하는 매체로 기능했다. 이는 사진이 서구 근대 아카이브의 강화와 확산 — 특히 19세기 과학과 역사학의 대중화 및 자본주의적 상품 형식의 범세계적 이미지화를 매개한 주된 기술 매체로서 기능한 것과 긴밀히 연관된다. 이들은 모두 부재하는 실재들(사용 가치, 현존하는 경험적 실체로서의 과거 등)을 물화하는, 없는 것을 있는 것이라고 가리키는 모순의 지표이며, 근대를 지탱하는 지식-권력-상품 아카이브 체계의 주된 색인이라 할 수 있다.

담벼락, 낙서하다

언더프린트는 돈이나 우표의 밑바탕에 깔리는 희미한 인쇄를 말한다. 이번 내 작업들도 그와 비슷하다. 여러 곳에서 찍은 벽 혹은 담 사진 위에 뭔가를 그린다는 점에서.

담 사진들은 서울 재개발 지역, 창신동, 한남동에서 부산, 청주, 전남 신안군에서 찍었다. 어디엔가 쓸 수 있을 것 같아 찍어놓은 것들이다. 담 위에 왜 뭔가를 그리냐고? 그냥 그리고 싶어서였다. 십여 년 전부터. 우리나라 담은 일본이나 유럽과 전혀 다르다. 한국적이라고 할 수도 있겠다. 엉성함, 정리 덜 됨, 내버려둠에 가까운 분위기. 그리고 그건 비싼 건물이나 부잣집 담이 아니라야 더 두드러진다.

그릴 내용들을 특별히 정하지도 않았다. 사진을 프린트해서 붙여놓고 뭔가를 그리고 싶어질 때까지 드로잉을 하거나 생각을 하다 떠오르면 그렸다(강홍구, 2015).

《그 집》에서 그림 그리기는 사진을 따라서 동시에 사진을 지우면서 (최소한으로) 수행되었는데, 사진 이미지에 재현된 사물의 윤곽들을 1차 조건으로 수용하면서 그것을 수정 보충하는 방식이었다.《언더프린트》에서는 (이미지의 물질적 지지대인 인화지를) 그리기라는 행위를 자극하는 바탕이자 매체이면서, 망각된(잠재된) 유년의 기억이 깨어나서 감상자의 현재적 경험을 결합하고 자극하는 시공간, 장(場)으로 용도를 변경시킨다. 사진을 바라보며 이런저런 이미지들을 그리는 느슨한 수행을 통해 사진은 이제 윤곽이라기보다 배면이자 유동적 프레임이 된다. 강홍구는 의도와 계획을 최소화하고 벽(사진)을 보며 이런저런 생각을 하며 그리고 싶어질 때까지 기다렸다가 다섯 개의 의자와 파파 스머프와 고길동을 그리기도 하고(그림 2), 노랗고 빨간 승용차와 나무 한 그루를 그리기도 한다(그림 3). 〈의자〉(그림 2)에서 다섯 개의 의자와 스머프와 고길동은 그들 위쪽에 있는 누구누구들의 연애를 지시하는 듯한 푸른색 낙서와 무언가를 붙였다 뗀 자국들, 담 안쪽으로 보이는 집의 창에 강홍구가 끼워 넣은 겸재(謙齋)의 〈인왕재색도仁王霽色圖〉 복제 사진과 거의 대등한 비중을 지닌다.

이러한 배치는 〈자동차〉에서 변주된다(그림 3). '차고 앞 주

그림 2. 강홍구, 〈의자〉, 사진 위에 아크릴물감, 150×100cm, 2015 ⓒ강홍구

그림 3. 강홍구, 〈자동차〉, 사진 위에 아크릴물감, 170×100cm, 2015 ⓒ강홍구

차 금지'라고 써진 벽의 사진 위에 나란히 그려진 노란색 차와 나무 아래 빨간색 자동차, 그 옆의 철문 위에 그려진 트럭은 사진의 왼쪽 프레임을 향해 있다. 충신동 1-134번지의 빈 집의 잠긴 문 위의 일련번호와 딱지들은 공권력이 퇴거와 철거 명령을 집행하기 위해 부여한 일종의 분류 색인이다. 빈 집들은 그 자체가 이미 아카이브가 되어 있다.

자동차 그림의 노란색은 첫 국산차 포니, 빨간 차는 자살한 국정원 직원 차입니다. 뭐 중요치는 않아요. 그리고 트럭은 아들이 그냥 그린 거네요(2016년 8월 16일자 작가와의 메일 인터뷰 중 일부).

자동차를 둘러싼 개인적 기억과 집단적 기억이 중첩하는 몽타주 〈자동차〉에서, 길고 짧은 시간 차를 두고 서로 다른 누구누구들이 벽과 사진 위에 남긴 흔적들은 강홍구의 표현대로 딱히 '중요치는 않은' 대등한 긴장을 주고받으며 감상자들이 망각한 과거를 현재화하도록 이끈다. 대등한 배치법은 《언더프린트》 연작의 모든 작품에서 확인된다. 사진을 찍기 전에 이미 그곳에 자리 잡은 낙서나 흔적들의 위치가 존중되고, 그 자리를 피해서 그림이 그려진다. 〈의자〉와 〈자동차〉는 실제의 벽에 누군가 낙서했을 시간, 누구누구들이 벽에 벽보나 스티커를 붙이고 떼기를 거듭했을 시간들, 그 후 벽이 강홍구에 의해 사진 찍혔을 시간, 그리고 강홍구가 그 벽 사진 프린트 위에 그림을 그린 시간, 고길동과 스머프의 이야기를 즐긴 무수한 누구누구들의 시간, 한국 최초의 소형 승용차 생산과 국정원 자살 사건에 연루된 천지 만물의 시간…들 사이의 격차가 유지된다. 물론 〈의자〉의 경우, 겸재가 인왕산을 바라보고 유람하고 〈인왕재색도〉를 그렸을 시간들, 〈인왕재색도〉가 누구누구들에 의해 감상되고 기억되었을 시간, 원본이 누구누구에 의해 사진 찍히고 복제 파일이 생성되었을 시간들, 강홍구가 그 복제 파일을 퍼 와서 사진 찍힌 창틀에 다시 얹었을 시간의 층들이 더해진다. 이 과정은 〈도둑고양이〉, 〈뭉크〉, 〈세잔〉, 〈고호〉 등 조선 민화나 서양화 이미지를 인용한 작품들 모두에서 일어난다. 시간적 격차의 공간적 중첩과 병렬-압축에 의해 생성되는 긴장이 누구누구들의 구체적이고 개별적인 행위가 생생하게 진행되던 시간의 지층대를 활성화하면서 〈의자〉와 〈자동차〉는 준(準)고고학적 현장이 되어 감상자의 현재 속으로 흘러내린다(되돌아온다).

참새의 자리로

여기서 질문을 던지게 된다. 이 작품들의 작가는 과연 강홍구 한 사람만일까? 이 질문에 대해 '차용'이라는 현대미술의 관례적 기법과 개념을 그 답으로 제시할 수도 있겠지만,《언더프린트》에서는 '단독 저자' 또는 '주체로서의 인간'이라는 관념에 대한 믿음이 별로 느껴지지 않는다. 누가 그리는가(만드는가)의 문제는 간단하지 않다. 누군가 벽을 만들었고, 누군가 그 위에 그림을 그렸다. 그림이 그려진 벽을 사진 찍고, 그 사진 위에 다시 그림을 그렸다.

베르너 헤어조크(Werner Herzog)의 영화 〈잊혀진 꿈의 동굴(Cave of Forgotten Dreams)〉(2010)은 1994년 프랑스 남부 아르데스 협곡에서 발견된 3만 2000년 전 선사시대 인류의 벽화가 그려진 '쇼베 동굴'에 관한 고고학적 기록영화다. 이 영화에서 고고학자들은 동굴 벽화에서 아주 가까이에 그려진 두 개의 그림 사이에 약 5000년의 시간 격차가 있다는 과학적 분석 결과를 보고했다. 《언더프린트》연작의 대부분 개별 작품에서 보이는 시간적 격차 유지와 공간적 병렬의 몽타주 방식은 고대 동굴 벽화에서 보이는 시간적 격차와 공간적 인접성을 '압축'하고 있다. 이 연작은 '몸-그림-건축-사진-그림-몸'으로의 매체 이동과 순환을 거듭하면서 이 매체들의 중층적 연결 가능성을 연다. 여기서, 서구 근대가 만들어낸 '예술 작품'과 그 제작 주체로서의 '예술가'라는 제한된 관념은 상대화되고 딱히 중요치 않아진다.

주체 관념이 헐거워지고 시공간과 물질적 실천 층위가 넓혀지면서 누가 만드는가의 문제는 비인간의 영역으로 옮겨간다. 〈참새〉(그림 4)에서 벽 사진의 오른쪽 하단 위에 강홍구가 영어로 쓴 질문 "Where am I?"의 주체는 강홍구에서부터 (사진 찍힌 돌 위에 그려지면서 내려앉게 된) 참새에게로 확장된다. 이는 초기 작 〈나는 누구인가?(Who am I?)〉(그림 5)에서의 강홍구 자신의 정체성에 대한 질문을 불러들여서, 지금(그때) 어디에 있는지(있었는지)에 대한 참새 자신의 위치에 대한 질문으로 바꾼다.《언더프린트》의 수행 과정에서 'I'는 강홍구에서 참새로 바뀐다. 강홍구는 서구 근대인들이 '회의'라는 방법적 사유를 통해 획득한 자아와 주체 개념을 언제나 대문자로 표기되는 일인칭 주어 'I'로써 적시하면서, 동시에 'I'에 관한 질문을 본질과 진리에서 위치로, 질문의 주체를 인간에서 비인간(참새)으로 바꾼다.

떠다니다

이런 감상과 해석은 작가에 의해 의도된 것이라기보다 각

그림 4. 강홍구, 〈참새〉, 사진 위에 아크릴 물감, 240×110cm, 2015 ⓒ강홍구

그림 5. 강홍구, 〈나는 누구인가(Who am I?)〉, 가짜 영화 스틸, 1996-1999경 ⓒ강홍구

감상자의 개별 체험의 조건 속에서 예기치 않게 일어날 수 있다. 각 이미지는 그것들이 향유(되었다고 역사가들에 의해 지정)된 사회 문화적 의미 맥락에서 떨어져 나와 벽 사진 위에 떠다니듯이 재배치되어 있다. 부유하는 과거에서 온 이미지들의 가능한 맥락들을 저마다 (그리고 의식되지는 않겠지만 집단적으로도) "재현장화"(김남시, 2014)할 여지(餘地)가 감상자들에게 주어진다. 과거를 역사적으로 분절하고 선형적 시간의 연대기로 기술하는 것은 서구 근대 아카이브의 방식이다. 유년의 기억, 개인적 기억과 집단적 기억의 중첩, 집단적 기억에로의 부단한 생성적 재접속에 의해서 가능해지는 지금 여기의 살아 있는 역사는, 여전히 작동하는 19세기 서구의 역사적 과학적 아카이브를 탈구축하는 실천을 통해서 가능하다.《언더프린트》에서는 이미지들 간의 의도된 연결성을 최소화하고 해석과 효과의 우발성을 허용하는 '여백'이 가시적 비가시적으로 비중 있게 배치되면서 잘 관리된 아카이브의 의도된 색인들 사이의 틈이 열린다.

담벼락의 쓰임새

다시 벽으로 돌아가보자. 사람이 사는 공간들 사이의 경계인 담과 벽은, 작가의 유년 시절에는 주로 동네 어린아이들(과 간혹 어른들)의 낙서판이었고, 국가 권력자들의 반공 이데올로기와 경제개발 정책이 선전되는 게시판이면서, 끊임없이 재개발이 진행되는 대도시에서는 빈민들에게 법(권력)의 이름으로 자진 철수를 명령하고 강제 철거의 임박을 알리는 고지 스티커와 분류 번호가 낙인찍히고 매겨지는, 사라질(사라져버린) '그 집'들의 피부였다. 이러한 담벼락의 용도는 한국 근현대기에 머물지 않는다. 몇만 년 전 선사인들은 동굴의 암벽에 들소, 동굴곰, 털코뿔소, 매머드 등 지금은 멸종된 동물들을 심혈을 기울여 그렸다. 그것은 생존 욕구와도 관계있다. 고대인들은 수렵의 대상인 짐승들을 벽에 그렸고 현대의 강홍구는 짜장면과 식빵을 벽에 그린다. 그리고 고대 인류의 야생동물들이 21세기의 동굴이라 할 어느 건축 공사장 속으로 되돌아온다(그림 6-9).

벽이 집(안)과 밖의 경계라는 점에서 그것은 솟대, 큰 나무와 연결되며, 성과 속을 구분하는 경계이면서 그 양자가 만나는 (서로에게 되돌아가는) 양가적 장소이기도 하다. 벽-솟대-큰 나무의 양가성은 사람의 경우에 국한되지 않는다. 짐승들이 나무에 몸을 문지르거나 배설물을 남겨 자신의 영역(공간을 지배하는 힘)을 표시하는 공식적이면서도 은밀한 양가적 행위가 발생하는 장소이기도 하다.

다시 어떤 집, 너머의 섬뜩함

스벤 스피커(Sven Spieker)는 『빅 아카이브(The Big Archive)』에서 앤디 워홀(Andy Warhol)의 〈타임캡슐(Time Capsule)〉에 들어 있던 30년 전의 콩코드기 수집품을 보게 된 일화를 얘기한다. 그것을 보기 직전에 콩코드기 추락 사건이 일어났기 때문에 그는 마치 그 수집품들이 30년 후에 일어날 사건을 미리 추념하는 것처럼 보였다고 했다.

아카이브가 기록하고 있는 것은 아카이브와 대면하는 우리가 의식에 기재할 수 있는 것(what our consciousness is able to register)과 거의 일치하지 않는다. 아카이브는 경험을 기록

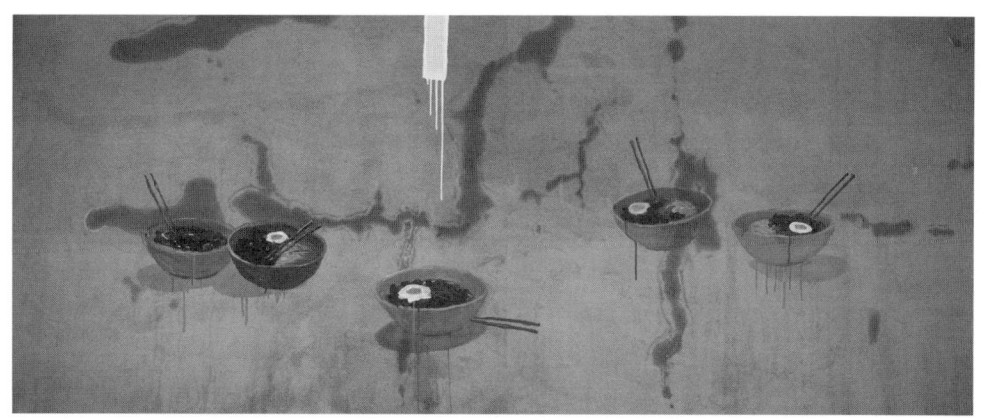

그림 6. 강홍구, 〈짜장면〉, 사진 위에 아크릴, 240×100cm, 2015 ⓒ강홍구

그림 7. 강홍구, 〈빵〉, 사진 위에 아크릴, 100×135cm, 2015 ⓒ강홍구

그림 8. 강홍구, 〈코뿔소〉, 사진 위에 아크릴, 100×35cm, 2015 ⓒ강홍구

그림 9. 강홍구, 〈고릴라〉, 사진 위에 아크릴, 100×35cm, 2015 ⓒ강홍구

하는 것이 아니라 오히려 그 경험의 부재를 기록한다. 아카이브들은 어떤 경험이 그 원래의 장소에서 사라져버린 바로 그 상실의 지점을 표시할 뿐이다. 따라서 어떤 아카이브에서 우리에게 주어지는 것은 당연히, 그 최초의 장소에서 우리가 경험할 수 있을 바로 그것이 아니다. 아키비스트의 통제를 벗어나는 아카이브의 어떤 부분, 말하자면 (아키비스트의) 발견의 도구들로는 결코 접근할 수 없는, "아카이브 너머"의 어떤 것이 존재하는 것일까? 이런 "너머의 것"은 운하임리히(unheimlich, 섬뜩하다)라고 말할 수 있다. 집(Heim)과 숨은(heimlich)이라는 어원을 갖는 이 말은, 아카이브와 여러 가지로 접속된다(Spieker, 2008: 3).

아카이브 너머의 것이 불러일으키는 섬뜩함을 나타내는 형용사 '운하임리히'는 집(Heim), 즉 안으로(index의 'in')서의 장소(아카이브)를 상실하고 유령처럼 떠돈다는 의미로 확장된다. '운하임리히'라는 말은 실패할 (수밖에 없는) 아카이브에 관한 정조를 함축한다. 스피커는 이 섬뜩함을 프로이트(Sigmund Freud)가 말한 어떤 기록이 예기치 않게 우발적으로 '되돌아옴'과 관련시킨다. 예기치 않게 되돌아와 섬뜩함을 자아내는 기록(에 관한 기억)이 우리 의식의 기재록에 빠져 있었는데도 우리는 그것을 친숙하게 인식한다는 것이다. 근대인들은 아카이브 너머로 나갈 때의 섬뜩한 실패를 피하는 데 매진해왔다. 집-안-아카이브 '너머'의 것은 집을 구성하는 공간의 테두리인 벽이나 담을 그 경계로 한다.

스피커는 '실패한 아카이브'의 사례로 일리야 카바코프(Ilya

Kabakov)의 1984년 설치 작품 〈열여섯 줄(16 Ropes)〉을 들었다. 그는 노버트 위너(Norbert Wiener)의 피드백으로서의 역사의식 개념의 성공적 사례인 양키 바스켓메이커의 공구 수집물 아카이브와 〈열여섯 줄〉을 비교한다. 온갖 잡동사니들(쓰레기들)을 모아놓은 카바코프의 아카이브는 살아 있는 과거에 대한 준객관적 상관물이 되지 못하고 역사적 체계화와 역사의식의 수립에 실패했다는 것이다. 강홍구는 그런 길로 가지 않는다. 《언더프린트》에서는 개인적(집단적) 기억을 현재화하는 긋기-그리기 수행을 통해 사진의 인증력이 약해지고, 여백을 운용한 중층적 압축적 재배치를 통해 서구 근대 아카이브의 역사성이 미미해진다.

인용하다 욕망하다

인용(引用)은 이전의 확정된 맥락에서 부분들을 '떼어냄'과 '다시 붙임', '덧붙임'을 통해 또 다른 맥락과 새로운 의미를 생성시킨다. 인용 행위는 일종의 몽타주적 재배치를 실천하는 것이다. 기존의 연대기적 역사 서술이나 기승전결의 서사를 파괴하는 인용 실천은 사진의 매체적 기능과 불가분의 관계를 맺는다. 사진이라는 매체는 양가적 욕망을 지닌 주체를 구성한다. 사진 인덱스의 위장된 지시성을 따라 우연한 순간을 측정 가능한 시간의 연속적 아카이브로 구성하려는 욕망, 그와 동시에 파편화와 몽타주적 재배치를 통해 연속체로서의 시간을 파괴하고 우발적인 질적 도약을 감행하려는 욕망, 이 이율배반적인 양방향의 욕망을 사진적 주체는 실천한다. 사진을 찍는 행위는 그 자체가 인용과 전용(轉用) 행위다.

사진적 인덱스의 위장된 지시성 역시 사진 찍힌 대상이 지닌 구체적 물질성의 추상적 인용 및 전용의 문제와 연관되어 있다. 사진은 주형일(2006)이 지적한 대로 인덱스의 일반성으로 인해 모든 사진 메시지의 의미는 필연적으로 맥락에 의해 결정된다. 그럼에도 사진의 오인된 인증력을 떠받치는 인덱스는 여전히 강한 설득력을 지닌다. 디디-위베르만(Georges Didi-Huberman)은 이 설득력을 "지시성의 환상"이라고 불렀다. "사진 인덱스가 (지시 대상에 대한 현존적 증거 그 자체가 아니라) 지시성의 환상을 통해 부재한 존재를 증거"하면서 "비물질성의 환상"을 통해 실재의 '흔적'을 불러온다는 것이다(Didi-Huberman, 1984: 78; 최종철, 2016: 11). 사진이 지닌 물리적 흔적성은 중요하다. 하지만 화이트헤드(Whitehead, 1991)의 지적대로 서구 근대 아카이브에서는 그 물리적 흔적의 구체성을 의도적으로 추상화(법칙화)하는 오류가 정당화되었다.

녹아내리다

강홍구는 사진에 찍힌 벽의 자국이나 흔적들을 바탕으로 그림을 그리면서, 사진적 인덱스가 불러일으키는 지시성의 환상을 반어적(反語的)으로 활용한다. 〈불〉(그림 10)에서, 왼쪽 벽의 돌출된 기둥 구석에 기대어진 삽과 그 기둥의 돌출된 하단에 강홍구가 그린 삽질하는 사람의 실루엣(그림 11)은 인덱스의 지시성과 그 반어적 전이(轉移)에 대해 흥미로운 단서를 제공한다. 삽질하는 사람 그림은 사진 찍힌 삽에 의해 연상되는 도상일 수 있다. 그런데 삽질하는 사람의 세부를 들여다보면, 이 그림은 사진 찍힌 벽의 얼룩의 바탕 윤곽에 섞이면서 그 모양을 찾아가는 방식으로 그려져 있다. 거기서 사진적 인덱스의 효과가 비슷한 색

그림 10. 강홍구, 〈불〉, 사진 위에 아크릴, 240×100cm, 2015 ⓒ강홍구

그림 11. 〈불〉의 부분, 삽질하는 사람 ⓒ강홍구

그림 12. 〈불〉의 부분, 합판과 불 ⓒ강홍구

그림 13. 강홍구, 〈Home Sweet Home〉, 디지털 합성 이미지, 1996-1999 ⓒ강홍구

의 물감과 붓질의 물질성 속으로 스며드는 것을 발견할 수 있다. 이러한 인덱스의 용해(溶解)는 옆에 놓인, 그림보다 훨씬 큰 사진 찍힌 삽과 충돌하면서 미묘한 의미 작용의 파장을 일으킨다.

또 벽에 기대 세운 합판의 사진 이미지(그림 12)는 불 그림을 그릴 지지대(캔버스)가 되며, 한편으론 실제로 불이 붙을 수 있는 원물질인 나무이기도 하며, 또 그것은 공장에서 나무를 가공한 건축용 상품이며, (그려져서 합판 옆에 기대어진) 나무둥치이면서, 이 나무둥치가 고대부터 솟대나 기둥처럼 공간의 중요한 경계 표시에 사용되어왔다는 기억을 불러일으킨다. 애초에는 옆에 그려진 둥근 나무와 가깝게 생겼을 납작한 합판에 박힌 못들은 불과 못 박힘과 지옥의 날카로움과 고통을 불러일으킨다. 이 파장은 변주되고 중첩되어 이어지면서 〈불〉의 물리적 프레임을 넘어서 강홍구의 초기작 〈Home Sweet Home〉(그림 13)의 불을 되불러낸다.

그림이 사진의 인덱스를 전용하면서, 달리 표현하자면 그림이 사진을 느슨한 조건으로 수용하면서, 사진의 인덱스적 지시성이 그림에로 사진에로 그림에로 거듭 퍼져나가고 나아가 작품의 물리적 경계를 넘어서까지 돌고 되돌면서 이리저리 옮겨간다. 한마디로 규정하기 어려운 복잡 미묘한 겹겹의 의미 작용은 다른 작품에서도 계속된다. 〈돌〉(그림 14)에서 벽돌을 쌓으면서 배어 나온 시멘트 흔적들의 색(사진)을 인용하며 섞이고 닮아가며 그려지는 회색 사발은 벽의 고고학적 지층에서 막 발굴되고 있는 유물처럼 보인다. 사진 찍힌 벽 속에 들어 있는 벽돌들이 벽의 표면으로 배어나온 '흔적'은 벽을 쌓은 누군가의 행위, 그 행위가 이루어지고 있을 때의 현장 분위기까지 불러온다. 〈바나

그림 14. 강홍구, 〈돌〉, 사진 위에 아크릴, 100×65cm, 2015 ⓒ강홍구

그림 15. 강홍구, 〈바나나〉, 사진 위에 아크릴, 100×150cm, 2015 ⓒ강홍구

나〉(그림 15)에서는 미장이가 담장 손질을 마무리하면서 흙손으로 그려놓았을 꽃 그림의 기울기(사진)를 인용하며 (앤디 워홀의) 바나나가 그려진다. 인용과 전이에 의한 되돌아옴의 의미 작용은 다양하게 변주된다. 〈폭격기〉(그림 16)에서는 사진 찍힌 벽의 얼룩(무늬)들이 무거운 구름이 자욱이 깔린 회색 하늘로 인용된다. 그 하늘에 폭격기가 그려지면서 날아가고 그려지며 무거워지는 비구름에서는 비가 내려 벽 아래 그려져서 자라는 잡초 위로 그려지며 떨어진다. 〈게시판〉(그림 17)에서는 1975년에 만들어진 벽이자 공권력의 지침을 전달하는 장소인 "새마을 계시판"의 '계'(사진)라는 글자를 인용하며 게 한 마리가 그려지며 사진 위로 기어올라 되돌아온다.

바뀌어 되돌아오다

이 '되돌아옴'이, 지시성의 환상 개념을 참조하면서 실재의 귀환과 연결 지어지고, 정신분석학적 맥락을 참조하면서 아카이브의 실패가 함축하는 정조인 프로이트의 섬뜩함이나 라캉의 실재, 지젝과 할 포스터의 담론으로 연결 지어지는 것이 비평 담론계의 일반적 경향이다. 그런데 '바뀌어 되돌아옴'은 중국 문화권에서 오래된 세계관의 중심 주제다. 노자(老子) 『도덕경(道德經)』 40장에 나오는 "반자도지동(反者道之動)", 되돌아오는 것이 도의 움직임이라는 통찰은 중국 문화권에서 문사들의 긋기 수행을 떠받치는 핵심 사상이었다. 석도의 '한번그음, 일획(一畵)' 역시 천지 만물이 다채로운 생동 속에서 (분절될 수 없는) 일도(一道), 일기(一氣)로서 '되돌아오는' 우주적 차원의 기억 수행인 긋기-그리기를 가리킨다.

그림 16. 강홍구, 〈폭격기〉, 사진 위에 아크릴, 200×100cm, 2015 ⓒ강홍구

그림 17. 강홍구, 〈게시판〉, 사진 위에 아크릴, 100×65cm, 2015 ⓒ강홍구

발터 벤야민(Walter Benjamin)은 개인적 기억이 집단적 기억의 파편을 품고 있음을 통찰했다.《언더프린트》에서 생성되는 '되돌아옴'의 의미 작용을 중국 문화권 전통에서의 긋기 수행과 노장 사상의 현재적 인용을 통해 재배치할 때, 벤야민은 쓸모 있는 연결 고리가 된다.《언더프린트》에서 일어나는 바뀌어 되돌아옴[反]의 미묘한 연결 효과는 중국 문화권 거주자들이 오랫동안 공유해왔지만 근대화 이후 와해된 집단 기억의 파편과 흔적들이 작가와 감상자의 개인적 기억의 심층에 잔존하며 현재화하는 것으로 볼 수 있다. 여기서 담벼락(사진)은 아이가 낙서를 하듯 모든 사건이 생동하는 세계이면서, 우발적 만남과 비합리적 연쇄에 의해 근대 아카이브의 체계적 목록 작성과 합리적 관리를 실패시킬 어떤 미지(未知)의 아카이브 비슷한 것을 가능케 하는 매체가 된다. 그 담벼락은 역사적 서사의 고정성을 느슨하게 만들면서 자라나는 비(非)-아카이브의 시공간이 된다.

여백, 담벼락

《언더프린트》가 서구 근대 아카이브를 생성적으로 실패시키는 데 주효한 방법이 몽타주다. 역사가들이 부여하는 사회 역사적 내러티브의 맥락에서 이미지들을 떼어내어 재배치함으로써 시공간의 격차를 중층적으로 압축하는 준고고학적 병렬 몽타주는 관습적인 아카이브의 질서와 언어 체계를 파괴하고 불연속적인 이미지와 다른 요소들을 충돌시켜서 제3의 효과를 생성시키는 데 효과적이다. 따라서 20세기 초 서구 아방가르드 예술가들이 근대적 기획에 대항하기 위해 몽타주를 방법론으로 적극 사용했다.《언더프린트》에서도 이 방법이 적극적으로 사용되었다. 그런데《언더프린트》에서의 몽타주 사용법과 연결되어야 하는 것이 '여백'이다. 여백은 문사들의 산수(山水) 그리기(긋기) 수행에서 중요한 규범이자 특성 중 하나로 사혁(謝赫)의 육법(六法) 중 '경영위치(經營位置)'에서 등장한다.

가령 매화를 그린다면 중요한 것은 매화이지 그 배경이 아니다. 그러므로 배경은 아무것도 그려지지 않은 백지로 남는 것이다. 또한 이 여백은 그려진 대상이 존재하는 공간일 뿐만 아니라 그림을 보는 사람의 상상력을 자극하는 상상의 공간이기도 하다. 즉 끝없이 변화하는 천지 만물이 존재하면서 동시에 변화, 생성되는 상징적인 공간인 것이다(강홍구, 2002: 272).

강홍구는 여백을 단순히 구도나 포치(布置)의 문제로 환원하는 것에 동의하지 않는다. 그는 여백이 "비본질적이고 불필요한 것을 모조리 생략해버리고 핵심적인 것만 표현하려는 태도와 관련이 있다"고 본다. 산수화의 여백에 대한 강홍구의 해석은《언더프린트》의 시공간의 몽타주적 재배치에 결정적 영향을 미치고 있다. 가령 〈의자〉(그림 2)의 창에 강홍구가 따 붙인 〈인왕재색도〉의 복제 이미지는, 벽에 그려진 캐릭터들이 감상자가 되어 창을 통해 내다(들여다)볼 수도 있을 가능성 속에서 창 '너머'의 풍경이 되면서 벽의 바깥쪽이 안이 되고 벽의 안쪽이 밖이 되는 공간적 역전 효과를 일으킨다. 이러한 효과는, 선사시대 인류가 동굴 벽에 짐승들이 들판에서 싸우는 광경을 그릴 때와 문사들이 유람하고 돌아와 방 안에서 산수화를 그릴 때처럼, '기억에 의한 그리기'를 통해 공간을 뒤바꾸고 과거를 현재화하는 가능 세계의 확장을 관람자들이 상상하도록 허용한다. 세부 묘사가 거의 없는 밋밋한 담벼락 사진 위를 떠다니듯 그려진, 다시 '인용'된 그림들은 감상자의 기억과 상상 실천의 자치권을 무심히 보장한다.

《언더프린트》가 제시하는 또 다른 개인적 기억 수행이 함축하는 정치적 가능성은, 그것이 서구 근대 아카이브를 관통하는 "승리자의 역사관에 감정이입하는"(Benjamin, 2003; 김남시, 2014) 연속적 균질적 역사주의를 무색케 하고 과거를 현재 속에 불러내어 생동케 하는 데 있다. 《언더프린트》의 담벼락에서 과거는 더 이상 기념되고 분석되고 보존되기만 하는 객관적 대상이 아니다. 강홍구를 포함한 천지 만물이 함께 그리는 담벼락들에서, 과거는 지금과의 관계 속에 공명하며 새로운 수행과 의미를 생성할 가능성으로 우리에게 되돌아온다.

참고 문헌

강홍구, 2002, 『그림 속으로 난 길』, 아트북스.
강홍구, 2009a, 「캔버스-카메라-도망자」, 『인물과사상』, 인물과사상사 9월호.
강홍구, 2009b, 『사라지다』, 개인전 작품집, 몽인미술관.
강홍구, 2010, 『그 집 1996-2010』, 개인전 작품집, 원앤제이갤러리.
강홍구, 2013, 『사람의 집 — 프로세믹스 부산』, 고은사진미술관 연례기획전 '부산참견록' 작품집.
강홍구, 2015, 「언더프린트: 참새와 짜장면」, 개인전 팸플릿, 원앤제이갤러리.
김남시, 2014, 「과거를 어떻게 (대)할 것인가?: 발터 벤야민의 회억 개념」, 『영미문학연구 안과밖』 제37호, pp. 243-272.
김용옥, 2012, 『석도화론』, 통나무.

김우창, 2006, 『풍경과 마음』, 생각의나무.

미첼, W. J., 2005, 『아이코놀로지: 이미지, 텍스트, 이데올로기』, 임산 옮김, 시지락.

벤야민, 발터, 2010, 『1900년경 베를린 유년시절의 기억, 베를린 연대기』, 윤미애 옮김, 길.

서준환, 2017, 「튜브맨」, 『연결합 도시』, 고등과학원 초학제연구총서 7, 이학사.

스티글러, 베르나르, 2002, 「구분되는 이미지」, 『에코그라피』, 김재희·진태원 옮김, 민음사.

스피커, 스벤, 2013, 『빅 아카이브: 마르셀 뒤샹부터 소피 칼까지, 요식주의에서 비롯된 20세기 예술』, 이재영 옮김, 홍디자인.

양신 외, 1999, 『중국 회화사 삼천년』, 정형민 옮김, 학고재.

이경민, 2005, 『기생은 어떻게 만들어졌는가』, 아카이브북스.

이경민, 2010, 『제국의 렌즈』, 산책자.

이용주, 2009, 『생명과 불사』, 이학사.

이정하, 2015, 「모던의 예술제작 및 인식의 방법론으로서의 몽타주」, 『미학』, 제81권, pp. 113-140.

주형일, 2006, 『사진: 매체의 윤리학, 기호의 미학』, 인영.

최종철, 2016, 「디지털 아카이브 그리고 파라-인덱스」, 『예술과 미디어』, Vol. 15(2), pp. 11-32.

프로이트, 지그문트, 2008, 『예술, 문학, 정신분석』, 정장진 옮김, 열린책들.

한유주, 2013, 『불가능한 동화』, 문학과지성사.

함성호, 2011, 『키르티무카』, 문학과지성사.

헤어조그, 베르너, 2010, 〈잊혀진 꿈의 동굴〉.

화이트헤드, 알프레드 N., 1991, 『과정과 실재』, 오영환 옮김, 민음사.

謝赫, 1973, 「古畵品錄」, 『中國畵論類編』上, 兪崑 編著, 華正書局, pp. 355-367.

石濤, 1973a, 「苦瓜和尙畵語錄」, 『中國畵論類編』上, 兪崑 編著, 華正書局, pp. 147-162.

石濤, 1973b, 「石濤畵論」, 『中國畵論類編』上, 兪崑 編著, 華正書局, pp. 163-168.

王弼 注, 1973, 『老子道德經』, 商務印書館.

黃元吉 撰, 2012, 蔣門馬 校註,『道德經註釋』, 中華書局.

Benjamin, Walter, 1968, "Theses on the Philisophy of History", in: *Illuminations*, ed. Hannah Arendt, Schochen Books, pp. 253-263.

Benjamin, Walter, 2003, "On the Concept of History", in: *Walter Benjamin: Selected Writings*, Vol. 4, Harvard University, pp. 389-400.

Derrida, Jacques, 1993, *Memoires of the Blind: The self-portrait and other ruins*, trans. Pascale-Anne Brault and Michael Naas, The University of Chicago Press.

Derrida, Jacques, 1996, *Archive Fever: A Freudian impression*, trans. Eric Prenowitz, The University of Chicago Press.

Didi-Huberman, Georges, 1984, "The Index of the Absent Wound: Monograph on a stain", in: *October* 29, pp. 63-81.

Sekula, Allan, 1986, "The Body and the Archive", in: *October* 39, pp. 3-64.

Spieker, Sven, 2008, *The Big Archive: Art from bureaucracy*, MIT Press.

http://www.dictionary.com/browse/index

https://en.wikipedia.org/wiki/Underprint

https://en.wikipedia.org/wiki/Overprint#Colonial_overprints

인디트랜스 정기 세미나 '한국어, 그 시간과 공간'의 토론 시간. 2014년 12월 3일 고등과학원 세미나실 1424호.

부록

인디트랜스의 활동 과정

* 인명 표기에서 배열의 순서가 특별한 의미를 갖지 않는 경우 가나다순을 기준으로 했고, 존칭과 직함은 가급적 생략했다.

2012년
5월

고등과학원 초학제 연구 프로그램이 발족되었다.
패러다임-독립연구단이 연구 활동을 시작했다.

6-8월

한국에서 최초로 시작된 본격적인 초학제 연구 프로그램에 학자들이 관심을 보이면서 비공식적인 작은 공부 모임이 만들어졌다. 김시천(철학), 박부성(수학), 박영선(사진), 성민규(과학사회학), 송종인(철학), 오준호(매체예술), 최강신(물리학) 등 총 7명의 연구자가 참여했고, '인디트랜스(Indie-Trans) 세미나'라는 이름을 붙였다.

몇 번의 준비 모임에서 세미나 진행 형식과 내용을 아래와 같이 결정했다.
1. 팀원들이 각자 주제를 몇 개씩 제안하고 그 주제들을 모아 연결도를 만든다.
2. 매달 하나의 주제를 정하고, 발제자가 미리 발제문을 팀원과 공유한다.
3. 팀원 전원이 각자의 연구 분야에서 그 주제가 어떻게 다루어지는지를 A4 용지 1장 정도의 논평문으로 써서 공유한다.
4. 세미나에서 만나 발표와 토론을 한다.

8월 24일

1회 인디트랜스 세미나 개최
주제 하나의 몸, 두 가지 시선
발제 김시천
논평 박부성, 박영선, 성민규, 송종인, 오준호, 최강신

세미나 진행을 맡은 초학제 공동연구원 송종인의 타계로 세미나가 중단되었다.	8월 말
남은 팀원들이 과학자들과의 교류를 강화하는 방식으로 형식을 바꾸어 세미나를 재개하려고 했으나 성사되지 못했다.	9월
인디트랜스 재개를 위해 박영선, 오준호가 주일우와 협력해서 프로그램을 새로운 방식으로 진행하기로 하고, 고등과학원 초학제 운영위원회와 패러다임-독립연구단(책임: 서울대 철학과 교수 김상환)의 활동 승인을 받았다. 일회성 발표를 피하고 여러 번 개인적 대화를 나눈 뒤 도출되는 주제에 관해 공동 발표를 하는 방향으로 진행하기로 했다. 당시로서는 생소한 과학자와 예술가의 만남에 조정자의 역할이 필요하다고 생각되어 오준호와 주일우가 조정을 맡기로 했다.	10월
대화가 성공적으로 이루어질 수 있도록 팀을 짜기 위해 초학제 연구에 참여 의사가 있는 과학자들에게 설문 조사를 실시했다. 설문 조사 결과를 바탕으로 2013년에 1년간 진행할 과학자-예술가 공동 발표 팀 구성 작업을 진행했다. 세미나의 다양성과 창발성을 높이기 위해 초학제 연구에 관심 있는 다양한 영역의 연구자와 예술가들이 모여 인디트랜스 그룹을 구성했다. 그룹원들은 매달 고등과학원에서 개최되는 과학자-예술가 공동 발표 세미나에 지속적으로 참석해서 공동 발표를 듣고 함께 대화하기로 했다. 1월 발표 팀인 물리학자 이기명과 조각가 김주현의 사전 대화가 고등과학원에서 2회에 걸쳐 진행되었다.	11-12월
인디트랜스 세미나가 재개되었고, 웹 페이지가 고등과학원 초학제 연구 프로그램 패러다임-독립연구단 안에 개설되었다. 다음과 같은 인디트랜스 소개 글을 웹 페이지에 올렸다.	2013년

"과학과 인문, 사회, 예술 분야의 폭넓고 자유로운 만남이 초학제적 수준에서 실현되기 위해서는 각 분야 연구자들의 지속적인 대화가 구체적 주제를 중심으로 이루어질 필요가 있다. 또한 기존의 학제 내, 학제 간 연구에서 제기되기 어려운 초학제적 문제를 발견하고 발전시키기 위해 새로운 만남의 형식을 모색할 필요가 있다. 인디트랜스 그룹은 이러한 초학제적 주제와 형식의 모색에 관심과 열의를 지닌 자연과학자와 인문·사회·예술 분야 연구자, 그리고 다양한 장르의 예술가들이 모여 이룬 초학제적 공동체다. 그룹원들은 관심사별로 팀을 이루고 공유된 주제에 관해 자유롭게 토론하는 세미나를 2013년부터 진행하고 있다."

2013년 한 해 동안 11개 팀의 공동 발표와 1개의 초청 강연이 개최되었다.

공동 발표 세미나의 경우 모든 팀이 사전 대화를 팀별 사정에 따라 1-6회 정도 가졌다. 사전 대화에는 과학자, 예술가, 해당 팀의 조정자, 박영선이 참석했다. 온라인으로 개별적인 대화도 자유롭게 이뤄졌다. 사전 대화 과정에서 합의된 주제를 가지고 과학자와 예술가가 공동 발표를 준비하고 세미나를 열었다.

매월 도출된 주제와 공동 발표 팀, 개최 일정은 다음과 같다.

1월 10일 경험과 실재: 보이지 않는 실재에 대한 과학적 경험과 예술적 경험
이기명(양자장론과 초끈이론) - 김주현(조각)

2월 14일 곡면의 특성: 극소곡면의 수학적 특성과 건축에서 곡면의 문화적 특성
최재경(미분기하학) - 함성호(건축, 시)

3월 14일 초청 강연
성장하는 불안정성으로의 실험
김윤철(예술, 전자음악 작곡)

문학적 메타포와 물리적 실재   **4월 12일**
전웅진(입자물리학) - 서준환(소설)

양면성, 그리고 빼기의 방법론   **5월 10일**
이필진(초끈이론) - 박영선(사진)

위상수학과 영상 미술: 위상학적 구상과 영화적 구조   **6월 13일**
김인강(위상수학) - 이행준(실험영화)

극단적 질문들: 과학과 과학소설의 사고실험   **7월 15일**
이강영(입자물리학) - 정소연(과학소설)

부름과 불응: 또 다른 질문과 방법들   **8월 14일**
배윤호(영화 연출, 공간 디자인) - 한유주(소설) - 오재우(미술) -
김제민(매체예술, 공연 연출)

되돌림: 우주를 닮은 무한 소리 예술   **9월 16일**
박창범(천체물리학, 우주론) - 권병준(사운드 디자인)

과학과 예술에서 측정과 매개의 문제   **10월 18일**
최강신(입자물리학) - 오준호(매체예술)

스핀 하프 머신: 스핀 하프 현상의 시각화   **11월 11일**
김재완(양자정보학) - 이준(매체예술)

숨겨진 세계, 드러난 언어   **12월 12일**
고병원(고에너지물리학) - 김태용(소설, 텍스트 사운드 퍼포먼스)

2014년	2013년에 진행된 공동 발표 세미나 과정에서 과학자와 예술가 사이의 융화와 상호 이해가 진전되면서, 공동 발표 세미나에서 발견된 문제들을 보완하는 새로운 형식을 모색했다. 2014년에는 협업 세미나, 그리고 정기 세미나 및 심포지엄의 두 갈래로 진행했다. 1. 협업 세미나를 매달 2회 이상 개최했다. 2. 정기 세미나와 심포지엄을 2-3개월에 한 번씩 개최했다. 세미나 진행 세부 내용은 아래와 같다.
1. **협업** **프로젝트** **도시-에** (dossier)	'도시-에' 팀은 근대적 효율성을 바탕으로 하는 공간 미학의 한계를 21세기의 전 지구적 보편성과 한국적 특수성의 맥락에서 검토하고, 그 한 대안으로서 '과학적-예술적으로 가능한' 공감각적이고 관계적인 도시 공간을 탐색하는 초학제 연구를 수행했다. 기획-진행 박영선, 함성호 위상-소설 팀 서준환(소설), 최재경(미분기하학), 한유주(소설) 물질-행위 팀 김제민(매체예술, 공연 연출), 배윤호(영화 연출), 오재우(미술), 이기명(초끈이론), 전웅진(입자물리학) 진행 지원 이인협(매체예술), 양동훈(철학)
1월	하나의 구체적 주제를 정하고, 소수의 팀원이 집중적으로 대화할 수 있는 협업 프로젝트를 인디트랜스 그룹원들에게 제안했다.

함성호가 근대 도시 공간의 문제를 해결하기 위해 행위 중심의 '공감각적 도시 공간'을 과학자와 예술가들이 모여 함께 모색해 보자고 제안했다.
김제민, 배윤호, 서준환, 오재우, 이기명, 전웅진, 최재경, 한유주가 제안에 공감하고 합류하여 1년간 진행될 협업 팀이 구성되었고 세미나가 시작되었다.
한유주가 팀의 이름으로 '도시-에(dossier)'를 제안했다. 도시-에는 한국어로는 '도시(都市)+에'이면서 불어로는 'dossier' 즉 서류(보관함), 기록, 사건 등을 뜻한다.

첫 세미나에서 함성호가 쓴 아이디어 제안서에 대한 설명을 듣고 토론했다. **2월**
두 번째 세미나에서 최재경이 과학과 예술이 만날 수 있는 도시 공간 모델로 4차원 하이퍼큐브를 제안하고 그에 관한 글을 공유했다. 전웅진이 차원의 변화에 대해 예술가들에게 설명하고 숨겨진 차원에 관한 글을 써서 팀원들과 공유했다. 함성호가 뫼비우스 입체 공간에 대해 얘기했다.
세 번째 세미나에서 함성호가 뫼비우스 입체 공간의 종이 모형을 가져와 설명하고 대화했다.

건축학자 김정인 교수가 세미나에 참석해서 동아시아의 전통 공간과 근현대 도시 공간의 특성에 대해 발표하고 도시 공간의 대안을 수학적으로 접근하는 방식에 대한 의견을 개진했다. **3-6월**
도시의 모델을 물질적으로 만들어 제시하기보다, 1차적으로는 가능한 관계 공간의 개념적 구조를 모색하는 방향으로 대화가 진행되었다.
서준환과 한유주가 카프카의 「변신」에서 시공간성의 문제, 허먼 멜빌의 『필경사 바틀비』에서의 고착된 시공간의 문제를 이야기했다. 한국어에서 주어가 생략되는 현상과 우리가 근대적 시공간을 구성해가는 과정에서 부딪히는 문제들, 소설적 공간이 도시 공간, 위상학적 공간과 맺는 관계의 다양한 사례를 제시하고 함께 대화했다. 팀을 진행의 편의상 위상-소설 팀과 물질-행위 팀으로 구분했다.

도시-에 팀원의 연구를 위한 참고 문헌 자료집을 만들어 공유하고, 세미나에서 관련 주제들에 관해 대화했다.

|7-8월|위상-소설 팀 세미나에서 협업 팀의 공감각적 도시 공간의 설계도가 소설로부터 시작되는 방향으로 나아갔다. 위상학과 소설의 결합 작업이 필요하다는 데에 팀원들이 공감했다.

최재경, 서준환, 한유주의 소설 설계도가 생산되었다.

팀원 전원이 세 작품을 함께 소리 내어 읽고 감상과 후속 작업에 관해 대화했다.

9-12월 후속 작업의 세부를 보다 더 탐색하기 위해서 고등과학원 과학자들을 초청해서 각 연구 분야와 내용에 대해 집중적으로 이야기를 듣고 팀원들이 질문하는 세미나를 3회 가졌다. 공간과 차원의 문제, 자연 생태 공간과 수학적인 공간의 연결 가능성을 논의하면서 후속 설계도와 협업 마무리 방안에 관해 논의했다.

수학자 최재경과 물리학자 전응진은 협업 기간 내내 거의 빠짐없이 세미나에 참석하여 수학과 물리학에 대한 예술가들의 질문에 언제나 쉽고 재미있게 충분히 답해주고 대화했다.

2.
정기
세미나와
심포지엄
체계와
예술

2013년 공동 발표 세미나에서는 다루어진 많은 주제들 중에 보다 발전시켜야 할 것들을 협업 팀 도시-에의 주제와 연결시켜 다시 생각해볼 수 있는 넓은 장(場)이 마련되기를 기대했다. '체계와 예술'을 대주제로 하고 관련된 몇 개의 작은 주제들을 연결하여 세미나를 조직했다. 다양한 분야 발표자들을 여러 명 초대해 세미나를 진행한 경우, 일방적인 기획과 요청보다는 발표자들이 사전에 만나 대화하는 과정을 통해 발표의 내용이 그들의 만남 과정에서 초학제적으로 변화, 조율될 수 있기를 기대했다.

2월, 4월, 11월의 정기 세미나와 12월에 개최한 심포지엄의 경우,

발표자들이 사전에 미리 만나 서로의 영역과 관심사에 관해 대화했다.

수학 + 존재 + 시　　　　　　　　　　　　　　　　　　　　**2월**
집합론, 강제법, 실제와 가상의 대화
김병한(수리논리학)
알랭 바디우, 수학적 존재론과 그 너머의 시
장태순(철학)
시적 사건과 수학적 사건
함성호(건축, 시)

소리 + 몸 + 과학　　　　　　　　　　　　　　　　　　　　**4월**
공연과 담화 버려진 객체 뒤의 음악
류한길(음악)
중력과 몸 사이에서 말하기
정영두(안무)
형태, 소리, 과학
이필진(초끈이론)

리사이클링 시네마: 데이터베이스적 상상력과 아카이브적 상상력　　**6월**
유운성(영화 평론)

소리　　　　　　　　　　　　　　　　　　　　　　　　　　**11월**
물질과 소리
박창범(천체물리학, 우주론)
소리 또는 악(樂): 혜강의 「성무애락론」으로부터
한지훈(음악미학)
공연과 담화: 소리의 물질성과 사건성 속에서
진상태(음악)
논평 김윤철(예술, 전자음악 작곡), 함성호(건축, 시), 류한길(실험 음악),
윤원화(매체 연구, 번역)

12월	한국어, 그 시간과 공간

한국 근대 자유시의 기원: 노래의 상실과 우울
박슬기(한국 현대문학, 문학비평)
한국 문학의 시간
이영준(한국 현대문학)
혼돈 속에서 개념 세우기
김진석(철학)
논평 서준환(소설), 한유주(소설), 함성호(건축, 시)

심포지엄 **물질과 에너지**
암흑 물질과 암흑 에너지
전응진(입자물리학)
물질과 기, 그리고 기의 수련
이용주(종교학)
사물의 풍경과 탈인간적 미디어 생태학
오준호(매체예술)
공연과 담화 빛과 무거움
김윤철(예술, 전자음악 작곡)
논평 류한길(음악), 한지훈(음악미학), 김수철(문화 연구), 윤준성(매체미학), 이기명(초끈이론), 함성호(건축, 시)

2015년	도시-에 팀의 공식적 연구 기간은 끝났지만 팀원들이 고등과학원에 모여 마무리 작업을 위한 세미나를 여러 차례 열었다.
1월	함성호가 최재경, 서준환, 한유주의 소설에 이어 연결합 도시의 설계도 초안을 만들었다.
4월	물질-행위 팀의 배윤호, 김제민, 오재우가 공연에 대한 각자의 구상을 발표했다.

도시-에 팀의 마무리를 위한 행사에 관해 각자의 진전된 구상을 다시 이야기했다. 공연을 포함한 심포지엄을 열고, 인디트랜스 활동에 동참했던 과학자, 예술가들의 대담을 진행하고 그 기록 영상을 제작하기로 했다. 김제민이 모든 팀원이 연출자이자 배우로 동등하게 참여하는 형식의 공연을 제안했고, 즉석에서 팀원들과 행위 연습을 했다. 배윤호, 오재우, 박영선이 과학자와 예술가의 대담을 진행하고 기록 영상을 촬영했다.	7월
협업 마무리 심포지엄 준비를 진행했다. 김윤철이 공연 준비 과정에서 합류하여 공연을 위한 알고리즘 제작과 공간 디자인을 맡았다. 김태용(2013년 12월 인디트랜스 세미나 공동 발표)이 공연에 합류했다. 모두 김윤철의 스튜디오 로쿠스솔루스에 세 차례 모여 공연 세부를 논의하고 연습했다.	8월
고등과학원 1503호에서 공연 〈흩어진 합〉의 리허설을 했다.	8월 27일
심포지엄 '연결합 도시'를 개최했다. 심포지엄 진행 내용은 다음과 같다.	8월 28일

인디트랜스 협업 팀 도시-에의 심포지엄
연결합(連結合) 도시

2015년 8월 28일 저녁 7시
고등과학원 1호관 5층 세미나 룸 1503호

공연
〈흩어진 합〉
김윤철, 김제민, 김태용, 박영선, 배윤호,
서준환, 김제민, 최재경, 한유주, 함성호

상영
다큐 〈연결합 도시〉

강연
인디트랜스와 연결합 도시
박영선
과학과 예술의 연결합
최재경
연결합 도시, 그 조우(遭遇)
함성호

2017년
4월
인디트랜스 그룹의 초학제 연구 활동을 정리, 기록한 고등과학원 초학제연구총서 제6권 『체계와 예술』, 제7권 『연결합 도시』 발간.
과학자와 예술가의 대담 영상 〈연결합 도시〉와 공연 〈흩어진 합〉의 기록 영상 공개.

관련 웹 페이지 주소

고등과학원
http://www.kias.re.kr/

고등과학원 초학제 연구 프로그램
http://newton.kias.re.kr/trans2/

패러다임-독립연구단
http://conf.kias.re.kr/trans/paradigm/

인디트랜스 세미나
http://conf.kias.re.kr/trans/paradigm/indie-trans/

과학자와 예술가의 대담 영상 〈연결합 도시〉
https://youtu.be/PDILt9-YFLI

공연 영상 〈흩어진 합〉
https://www.youtube.com/watch?v=CV3ioxXL-bw&feature=youtu.be

2017년 3월 박영선 정리

물리학자 이기명 교수와 조각가 김주현 작가가 발표한 2013년의 인디트랜스 공동발표 세미나 첫 회를 마치고 참석한 그룹원들이 기념사진을 촬영했다. 왼쪽에서부터 지그재그 방향으로 오재우, 이기명, 김주현, 이강영, 박영선, 김수환, 함성호, 정소연, 김홍중, 최재경, 서준환, 전응진, 배윤호, 서영채, 주일우, 이상수, 오준호, 이관수, 유운성, 이준. 2013년 1월 10일 고등과학원 세미나실 1423호.

인디트랜스 공동발표 세미나에서 수학자 김인강 교수와 실험영화예술가 이행준 작가가 '위상수학과 영상미술: 위상학적 구상과 영화적 구조'라는 주제로 공동발표를 했다. 2013년 6월 13일 고등과학원 1호관 2층 회의실.

함성호 시인이 하이퍼큐브에서 바깥으로 확장되는 차원들을 정육면체 '안으로' 확장시키는 것이 '시'라고 이야기했다.

렘 콜하스의 「정크 스페이스」를 함께 읽고 도시 공간 설계에서 제기되는 '가치와 욕망'이라는 두 기준의 충돌 양상에 관해 대화했다. 2014년 7월 11일 위상-소설 팀 세미나. 고등과학원 세미나실 1424호.

세 편의 완성된 소설 「수미쌍관」-「튜브맨」-「없」'을 도시-에 팀원들이 모두 돌아가며 낭독한 뒤 이후 작업 진행에 관해 대화했다. 위상-소설 팀과 물질-행위 팀 전체 세미나. 2014년 10월 27일 고등과학원 2층 회의실.

김윤철 작가의 스튜디오 로쿠스솔루스에서의 공연 준비 모임. 2015년 8월 12일.

김제민이 몸과 행위, 시간의 관계를 어떻게 표현할 것인가를 얘기하며 팀원들의 동작 연습을 이끌었다.
2015년 7월 1일 고등과학원 1424호.

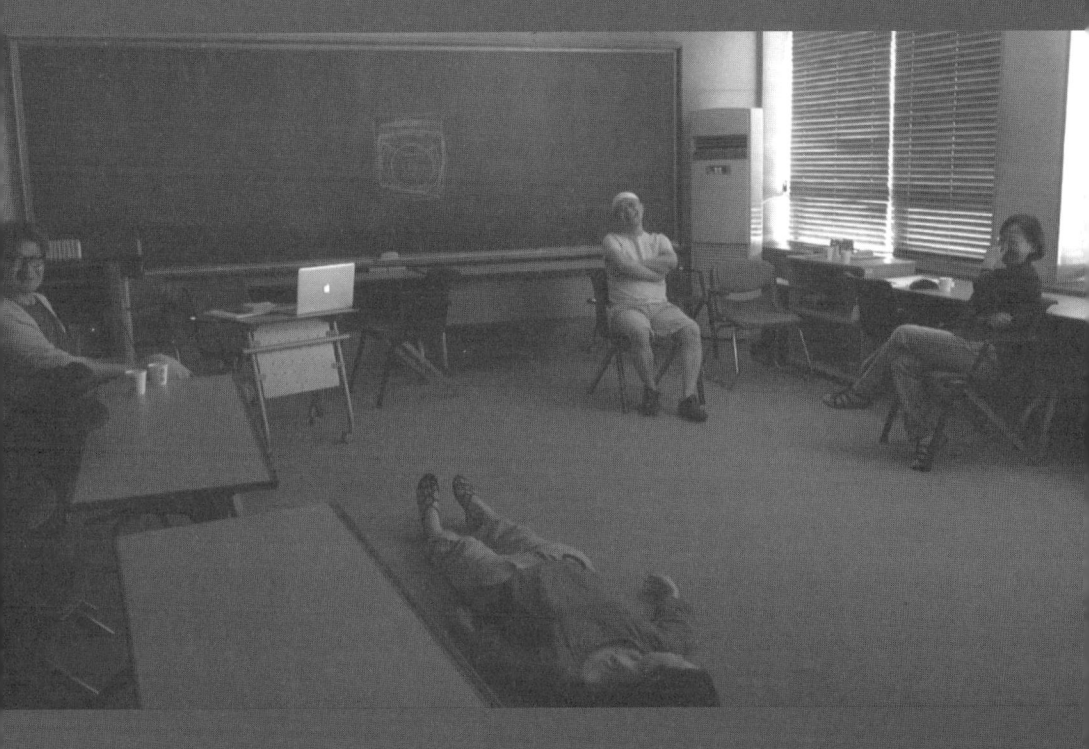

'오늘 각자가 직접 했던 일상적 동작 중에 다섯 개를 떠올려서 연결해 연습한 뒤 2분 동안에 표현하라'는
김제민의 주문을 받고 한유주가 표현했다. 2015년 7월 1일 고등과학원 1424호.

도시-에 팀의 협업을 마무리하기 위해 팀원이 모두 모여 상의와 연습을 한 뒤 기념사진을 촬영했다.
왼쪽에서부터 전응진, 배윤호, 박영선, 한유주, 함성호, 서준환, 김제민, 최재경, 오재우. 2015년 7월 1일
고등과학원 1호관 앞뜰.

참고 문헌

『소년』, 1908-1911.
강홍구, 2002, 『그림 속으로 난 길』, 아트북스.
강홍구, 2009a, 「캔버스-카메라-도망자」, 『인물과사상』, 인물과사상사 9월호.
강홍구, 2009b, 『사라지다』, 개인전 작품집, 몽인미술관.
강홍구, 2010, 『그 집 1996-2010』, 개인전 작품집, 원앤제이갤러리.
강홍구, 2013, 『사람의 집-프로세믹스 부산』, 고은사진미술관 연례기획전 '부산참견록' 작품집.
강홍구, 2015, 「언더프린트: 참새와 짜장면」, 개인전 팸플릿, 원앤제이갤러리.
김남시, 2014, 「과거를 어떻게 (대)할 것인가?: 발터 벤야민의 회억 개념」, 『영미문학연구 안과밖』 제37호, pp. 243-272.
김동인, 2004, 『약한 자의 슬픔(외)』, 종합출판범우.
김병한, 2006, 「괴델과 그의 불완전성정리」, 『대한수학회소식』 107: 7-14.
김병한, 2017, 「집합론, 강제법, 실제와 가상의 대화」, 박영선 엮음, 『체계와 예술』, 고등과학원 초학제연구총서 6, 서울: 이학사.
김억, 1925, 「작시법」(2), 『조선문단』, 5.
김용옥, 2012, 『석도화론』, 통나무.
김우창, 1981, 「한국 소설의 시간」, 문예중앙 봄호.
김우창, 2006, 『풍경과 마음』, 생각의나무.
김재희, 2014, 「질베르 시몽동의 기술미학」, 『한국미학예술학회지』 제43집.
김채수, 2012, 「생명현상과 지구의 우주공간이동」, 『인문과학연구』 제35집, 강원대학교인문과학연구소.
미첼, W. J., 2005, 『아이코놀로지: 이미지, 텍스트, 이데올로기』, 임산 옮김, 시지락.
바디우, 알랭, 2010a, 『비미학』, 장태순 옮김, 서울: 이학사.
바디우, 알랭, 2010b, 『철학을 위한 선언』, 서용순 옮김, 서울: 길.

바슐라르, 가스통, 2005, 『부정의 철학』, 김용선 역, 일산: 인간사랑.
박경리, 2013, 『시장과 전장』, 마로니에북스.
박슬기, 2010a, 「김억의 번역론, 조선적 운율의 정초 가능성」, 『한국현대문학연구』 30집.
박슬기, 2010b, 「최남선 신시에서의 율의 문제」, 『한국근대문학연구』 21집.
박슬기, 2012, 「한국 근대시의 형성과 최남선의 산문시」, 『한국근대문학연구』 26집.
박슬기, 2013, 「한국 근대시와 새로운 리듬론」, 『한국시학연구』 36집.
박슬기, 2014a, 「한국과 일본에서의 자유시론의 성립」, 『한국현대문학연구』 42집.
박슬기, 2014b, 『한국 근대시의 형성과 율律의 이념』, 서울: 소명출판.
박영선, 2016, 「아카이브 다시 그리기」, 『한국미학예술학회지』.
박이문, 1996, 『문명의 위기와 문화의 전환-생태학적 세계관을 위하여』, 서울: 당대.
벤야민, 발터, 2010, 『1900년경 베를린 유년시절의 기억, 베를린 연대기』, 윤미애 옮김, 길.
서준환, 2017, 「튜브맨」, 『연결합 도시』, 고등과학원 초학제연구총서 7, 이학사.
스티글러, 베르나르, 2002, 「구분되는 이미지」, 『에코그라피』, 김재희·진태원 옮김, 민음사.
스피커, 스벤, 2013, 『빅 아카이브: 마르셀 뒤샹부터 소피 칼까지, 요식주의에서 비롯된 20세기 예술』, 이재영 옮김, 홍디자인.
양신 외, 1999, 『중국 회화사 삼천년』, 정형민 옮김, 학고재.
이경민, 2005, 『기생은 어떻게 만들어졌는가』, 아카이브북스.
이경민, 2010, 『제국의 렌즈』, 산책자.
이용주, 2009, 『생명과 불사』, 이학사.
이정하, 2015, 「모던의 예술제작 및 인식의 방법론으로서의 몽타주」, 『미학』, 제81권, pp. 113-140.
장태순, 2015, 「진리, 주체, 강제: 알랭 바디우 철학에서 새로움의 문제」, 김상환·장태순·박영선 엮음, 『동서의 학문과 창조: 창의성이란 무엇인가?』, 고등과학원 초학제연구총서 4, 서울: 이학사.

전응진, 2017, 「숨겨진 차원」, 『연결합 도시』, 고등과학원 초학제연구총서 7, 이학사.

주형일, 2006, 『사진: 매체의 윤리학, 기호의 미학』, 인영.

최재경, 2017, 「수미쌍관」, 『연결합 도시』, 고등과학원 초학제연구총서 7, 이학사.

최종철, 2016, 「디지털 아카이브 그리고 파라-인덱스」, 『예술과 미디어』, Vol. 15(2), pp. 11-32.

프로이트, 지그문트, 2008, 『예술, 문학, 정신분석』, 정장진 옮김, 열린책들.

한유주, 2013, 『불가능한 동화』, 문학과지성사.

한흥섭, 1997, 『중국 도가(道家)의 음악사상』, 서울: 서광사.

한흥섭, 2003, 「신명의 어우러짐-국악의 향연」, 『한국의 멋과 아름다움』, 안동: 국학진흥원

함성호, 2011, 『키르티무카』, 문학과지성사.

헤어조그, 베르너, 2010, 〈잊혀진 꿈의 동굴〉.

현우식·김병한, 2003, 「신학과 수학에서의 진리와 믿음: 사영결정공리의 신학적 함의」, 『신학사상』 123: 263-291.

화이트헤드, 알프레드 N., 1991, 『과정과 실재』, 오영환 옮김, 민음사.

「延陵君鍊氣法」, 『雲笈七籤』卷61, 中華書局.

謝赫, 1973, 「古畫品錄」, 『中國畫論類編』上, 俞崑 編著, 華正書局, pp. 355-367.

石濤, 1973a, 「苦瓜和尚畫語錄」, 『中國畫論類編』上, 俞崑 編著, 華正書局, pp. 147-162.

石濤, 1973b, 「石濤畫論」, 『中國畫論類編』上, 俞崑 編著, 華正書局, pp. 163-168.

神塚淑子, 1999, 『六朝道教思想の研究』, 創文社.

王弼 注, 1973, 『老子道德經』, 商務印書館.

鍾離權·呂洞賓, 1989, 《鍾呂傳道集》, 氣功·養生叢書, 上海古籍出版社.

嵇康, 1978, 『嵇康集校注』, 戴明楊 校注, 臺灣: 河洛圖書出版社.

黃元吉 撰, 2012, 蔣門馬 校註, 『道德經註釋』, 中華書局.

Aviram, Amittai F., 1997, *Telling Rhythm*, Ann Arbor: The University of

Michigan Press.
Bachelard, Gaston, 1999, *Water and Dreams: An Essay on the Imagination of Matter*(3rd Edition), trans. by Edith R. Farrell, Dallas: Pegasus Foundation.
Badiou, Alain, 1988, *L'Être et l'événement*, Paris: Seuil.
Badiou, Alain, 1989, *Manifeste pour la philosophie*, Paris: Seuil.
Badiou, Alain, 1992, *Conditions*, Paris: Seuil.
Badiou, Alain, 1993, *L'Éthique: essai sur la conscience du mal*, Paris: Hatier.
Badiou, Alain, 1998, *Petit manuel d'inesthétique*, Paris: Seuil.
Barad, Karen, 1996, "Meeting the Universe Halfway: Realism and Social Constructivism without Contradiction", in *Feminism, Science, and the Philosophy of Science*, ed. Dirk Van Dalen, et al., Dordrecht: Springer.
Barad, Karen, 2003, "Posthumanist Performativity: Toward an Understanding of How Matter Comes to Matter", *Signs: Journal of Women in Culture and Society* 28(3).
Barad, Karen, 2012, "Intra-actions", interview with Adam Kleinman, *Mousse*, Vol. 34.
Bateson, G., 1979, *Mind and Nature: A Necessary Unity*, New York: E. P. Dutton.
Benacerraf, Paul and Hilary Putnam, 1998, *Philosophy of Mathematics: Selected Readings*, Cambridge: Cambridge University Press.
Benjamin, Walter, 1968, "Theses on the Philisophy of History", in: *Illuminations*, ed. Hannah Arendt, Schochen Books, pp. 253-263.
Benjamin, Walter, 2003, "On the Concept of History", in: *Walter Benjamin: Selected Writings*, Vol. 4, Harvard University, pp. 389-400.
Boivin, N., 2008, *Material Cultures, Material Mind: The Impact of Things on Human Thought, Society and Evolution*, Cambridge: Cambridge University Press.
Bryant, L. R., 2014, *Onto-Cartography: An Ontology of Machines and Media*, Edinburgh: Edinburgh University Press.
Centre national d'art et de culture Georges Pompidou (Paris) (ed.), 2004, *La vocation philosophique*, Paris: Bayard.
Dawson, John W. Jr., 2005, *Logical Dilemmas: The Life and Work of Kurt Gödel*, Wellesley: A K Peters.
Deleuze, Gilles and Félix Guattari, 1991, *Qu'est-ce que la philosophie?*, Paris:

Minuit.

Deleuze, Gilles, 1990, *Pourparlers*, Paris: Minuit.

Derrida, Jacques, 1993, *Memoires of the Blind: The self-portrait and other ruins*, trans. Pascale-Anne Brault and Michael Naas, The University of Chicago Press.

Derrida, Jacques, 1996, *Archive Fever: A Freudian impression*, trans. Eric Prenowitz, The University of Chicago Press.

Didi-Huberman, Georges, 1984, "The Index of the Absent Wound: Monograph on a stain", in: *October* 29, pp. 63-81.

Eves, Howard, 1990, *An Introduction to the History of Mathematics*, Philadelphia: Saunders Publishing.

Fields, Hartry H., 1980, *Science without Numbers: A Defense of Nominalism*, Princeton: Princeton University Press.

Gödel, Kurt, 1990, *Collected Works: Volume II: Publications 1938-1974*, edited by Solomon Feferman et al., New York and Oxford: Oxford University Press.

Greenberg, C., 1995, "Modernist Painting", in *The Collected Essays and Criticism Volume 4: Modernism with a Vengeance, 1957-1969*, edited by J. O'Brian, Chicago: University of Chicago Press, pp. 85-93 (Reprinted from *Forum Lectures*, 1960).

Hacking, Ian, 1983, *Representing and Intervening: Introductory Topics in the Philosophy of Natural Science*, Cambridge: Cambridge University Press.

Ingold, T., 2013, *Making: Anthropology, Archaeology, Art and Architecture*, New York: Routledge.

Ingold, Tim, 2010, "Bringing Things to Life: Creative Entanglements in a World of Materials", NCRM Working Paper Series.

Jardine, A., 1986, *Gynesis: Configurations of Woman and Modernity*, Ithaca: Cornell University Press.

Jech, Thomas, 2006[1978], *Set Theory*, Berlin: Springer.

Jones, A. M., 2004, "Archaeometry and materiality: materials-based analysis in theory and practice", *Archaeometry* 46, pp. 327-338.

Kandinsky, Wassily, 1982, *Kandinsky, Complete Writings on Art: 1922-1943*, Boston: G. K. Hall, p. 364.

Kim, Yunchul, 2012, "Imaginary Matter", in *Carved Air*, edited by Lucia Ayala, Berlin: Argobooks.

Kneale, William and Martha Kneale, 2008[1962], *The Development of Logic*, Oxford: Oxford University Press.

Krauss, R. E., 1999, "Reinventing the medium", *Critical Inquiry* 25(2), pp. 289-305.

Kunen, Kenneth, 1992[1980], *Set Theory*, Amsterdam: North-Holland.

LaBelle, B., 2006, *Background Noise: Perspectives on Sound Art*, New York: Continuum International Publishing Group.

Lacoue-Labarthe, P., 1989, *Typography*, Stanford: Stanford University Press.

Magnusson, Jesper, 2013, "Objects vs. Things", *Philosophies*, 11 March.

Mesle, C. Robert, 2009, *Process-Relational Philosophy: An Introduction to Alfred North Whitehead*, West Conshohocken: Templeton Foundation Press.

Mitchell, W. J. T., 1980, "Spatial Form in Literature: Toward a General Theory", *Critical Inquiry* Vol. 6, No. 3(spring).

Moore, Gregory H., 2013[1982], *Zermelo's Axiom of Choice: Its Origins, Development, & Influence*, New York: Dover Publications.

Nordmann, Alfred, 2006, "From Metaphysics to Metachemistry", *Philosophy of Chemistry: Synthesis of a New Discipline*, Dordrecht: Springer.

Novalis, 1993, *Das Allgemeine Brouillon: Materialien zur Enzyklopadistik 1798/99*, Hamburg: F. Meiner.

Peters, J. D., 2015, *The Marvelous Clouds: Toward a Philosophy of Elemental Media*, Chicago: The University of Chicago Press.

Rheinberger, Hans-Jörg, 2004, "Experimental Systems", in *The Virtual Laboratory*(ISSN 1866-4784).

Roubaud, J., 2009, "Prelude: Poetry and Orality", translated by Jean-Jacques Poucel, *The Sound of Poetry / The Poetry of Sound*, ed. M. Perloff and C. Dworkin, Chicago: The University of Chicago Press.

Sekula, Allan, 1986, "The Body and the Archive", in: *October* 39, pp. 3-64.

Shapiro, Stewart(ed.), 2007, *The Oxford Handbook of Philosophy of Mathematics and Logic*, Oxford: Oxford University Press.

Shapiro, Stewart, 2000, *Thinking about Mathematics: The Philosophy of Mathematics*, Oxford: Oxford University Press.

Smith, Cyril Stanley, 1977, "On Art, Invention, and Technology", *Leonardo* 10(2), MIT Press.
Spieker, Sven, 2008, *The Big Archive: Art from bureaucracy*, MIT Press.
Strickmann, Michel, 1977, "The Mao Shan Revelation: Taoism and the Aristocracy", *T'oung Pao* 63.
http://www.dictionary.com/browse/index
https://en.wikipedia.org/wiki/Overprint#Colonial_overprints
https://en.wikipedia.org/wiki/Underprint

엮은이와 지은이의 자기소개

박영선

어려서는 시인, 소설가, 화가, 음악가, 철학자 등등이 되고 싶었다. 지금은 딱히 무엇이 되었다고 하기 어려워 대외적으로 '사진가'라고 말한다. 여기저기 돌아다니며 잡다하고 깊이 없이 이것저것을 배우고 가끔씩 만들기도 했다. 고등과학원 초학제연구 프로그램에서 인디트랜스 세미나를 만들고 지속했던 것이 지금까지 인생에서 순보를 낳아 키운 것 다음으로 꼽을 일이 아닌가 싶다. 상투적인 일상에서 이상한 것을 발굴해내는 약간 피곤한 사람들을 선호하는 편이다. 요사이 사진에 대한 생각이 다시 새로워지고 있다.

김병한

중학생 때 길을 걸으며 앞으로 수학자가 되어야겠다고 우연히 결심했다. 지독히 수줍음이 많은 성격이어서 아무에게도 얘기하지 못하고 꿈을 키워갔다. 훌륭한 수학자들은 20세 이전에 중요한 수학적 발견을 했다는 이야기를 읽고 나도 수학 정리를 증명해야 한다는 압박감에 시달렸다. 고등학교 때도 입시 공부를 한 기억보다는 새로운 정리를 만들려 밤새웠던 기억이 많다. 결국 하나를 얻어내고 대학교 2학년 때 이를 기술할 수학적 방법을 배운 후 논문을 썼다. 일반 차원 다면체의 부피를 구하는 공식이었는데 한참 후에야 이미 알려진 결과임을 알게 되었다. 대학생이던 80년대 초 급진적인 기독교에 빠져서 수학을 계속해야 할지에 대해 깊은 고민을 했고, 석사과정 때는 이러한 번민이 극에 달해 제대로 공부를 할 수 없었다. 결국 당시 있던 석사 장교 시험에 낙방하여 학사 장교를 지원했고, 3년 이상 해군 장교로 복무했다. 그 기간 중 나의 갈 길은 수학이고, 한눈팔지 않겠다고 결심했다. 전역 후 아내와 미국 일리노이 주립대학으로 유학을 갔다. 영어가 발목을 잡아 조교 자격시험에 낙방하여 일 년 후 노트르담대학으로 옮겼는데 이것이 전화위복이 되었다. 지금도 깊이 존경하는 아난드 필레이(Anand Pillay) 교수를 만나 수리논리 모델론 연구를 시작하였다. 한국인 학자가 없다시피 한 수리논리 연구를 하는 것의 위험부담을 고민하지 않을 수 없었으나, 분야를 바꿀 시간이 없다는 현실적 문제 외에도 수리논리학자가 된다는 매력을 포기하기가 너무 아쉬웠다. 미래를 생각하지 않고 학위 문제 해결에 매진한 결과, 상당히 인정받고 새 분야를 여는 좋은 학위논문을 쓸 수 있었다. 캐나다 필즈연구소, 캘리포니아 버클리대학, MIT 등 최고 수준의 연구 기관에서 포스트닥터, 조교수 등으로 경력을 이어갔다. 연세대에 부임한 후에도 수리논리를 계속 연구하고 학생들을 가르치는 것이 좋았다. 2014년 세계수학자대회에서는 동아시아 학자로는 최초로 수리논리 및 기초론 분야의 초청 강연을 하였다. 2016년에는 괴델의 전기 『논리적 딜레마』를 공동 번역하였다.

김윤철

작가이자 전자음악 작곡가로 현재 베를린과 서울에 거주하며 활동하고 있다. 그의 최근작은 유체역학의 예술적 잠재성과 메타 물질(포토닉 크리스탈), 전자유체역학의 맥락에 집중되어 있다. 2016 콜라이드 국제상(유럽입자물리연구소, 스위스)을 수상했고 VIDA 15.0(스페인) 등에서 수상한 바 있다. 작품은 VIDA 15.0(스페인), Ernst Schering Foundation(독일), 국제뉴미디어아트트리엔날레(중국), Ars Electronica(오스트리아), Transmediale(독일), New York Digital Salon(미국), Electrohype(스웨덴), Medialab Madrid(스페인) 등에서 전시되어왔다. 노르웨이의 발란트예술학교, 독일 바이마르의 바우하우스대학, 독일 슈투트가르트의 메르츠아카데미 등 유럽의 주요 대학에서 강의와 워크숍을 진행해왔으며, 예술·과학 프로젝트 그룹 'Fluid Skies'의 멤버이자(2012-2014), 비엔나응용미술대학의 예술 연구 프로젝트 'Liquid Things'의 연구원으로(2012-2015) 활동했다. 현재는 고등과학원 초학제연구프로그램 독립연구단 매터리얼리티(Mattereality)의 연구 책임자이다.

김진석

『사회비평』 주간과 『인물과사상』, 『황해문화』 편집위원으로 활동했으며, 현재 인하대학교 철학과 교수로 재직 중이다. 저서로 『탈형이상학과 탈변증법』, 『초월에서 포월로』(1, 2, 3), 『폭력과 싸우고 근본주의와도 싸우기』, 『소외에서 소내로. 문학비평집』, 『포월과 소내의 미학』, 『기우뚱한 균형』, 『니체는 왜 민주주의에 반대했는가』, 『더러운 철학』, 『소외되기-소내되기-소내하기』 등이 있다.

류한길

음악가. 일본의 오토모 요시히데, 싱가포르의 유 엔 치와이, 중국의 얀준과 함께 아시아 즉흥 음악 프로젝트 'FEN(Far East Network)'의 멤버로, 소설가 김태용, 로 위에 등과 함께 'A.Typist'의 멤버로 활동 중이다. 사물의 진동과 음향 합성을 통한 음악적 구조, 허구의 구성에 관심을 두고 있다.

박슬기

연세대학교 인문학부를 졸업하고, 서울대학교 국어국문학과에서 한국 현대시를 전공하여 석사와 박사 학위를 취득하였다. 현재는 한림대학교 국어국문학과 조교수로 재직 중이다. 2009년 신춘문예 문학 비평으로 등단하여, 비평가로서도 활동하고 있다. 20세기 초 근대문학 형성기의 문학 담론의 지형도 속에서 '자유시', '시', '운율', '리듬'의 개념이 형성되고 정착된 과정을 연구하는 한편 21세기의 한국 시를 이와 연결시켜 이해하려고 노력하는 중이다. 저서로는 『한국 근대시의 형성과 율의 이념』(소명출판, 2014)이 있으며, 주해서로 최남선의 『시가문학』(경인문화사, 2013)을 출간하였다. 또한 한국의 고유한 리듬론을 정초하기 위한 기획의 일환으로 『리듬의 이론』(가제)을 집필 중에 있다.

오준호

서강대학교 영상대학원에서 부교수로 일하며 실험 영화와 미디어 아트를 연구하고 있다. 새로운 미디어 기술의 등장도 흥미롭게 지켜보지만, 잊혀진 미디어들을 들여다보면서 발견하게 되는 새로움에 관심이 많다.

이영준

연세대학교 국문과를 졸업하고 도서출판 민음사 편집주간으로 10년간 일하다가 도미, 하버드대학교 동아시아문명학과에서 김수영 연구로 석사와 박사 학위를 받았다. 버클리의 캘리포니아대학교, 어바나-샘페인의 일리노이대학교, 하버드대학교에서 한국문학을 가르쳤다. 현재 경희대학교 후마니타스 칼리지 교수로 재직 중이며 후마니타스 교양교육연구소 소장이다. 그리고 하버드대학교 한국학연구소에서 발간하는 영문 문예지 AZALEA를 2007년 창간하여 편집장으로서 지금까지 한국문학을 영어권 독자들에게 소개하고 있다. 『김수영 육필시고 전집』(민음사, 2009)을 엮었으며, "Howling Plants and Animals" (*Harvard Journal of Asiatic Studies*, No.72, 2012), 「꽃의 시학」(2015.03) "Sovereignty in the Silence of Language: The Political Vision of Kim Suyoung's Poetry" (*Acta Koreana*, June 2015) 등의 논문과 한국문학에 대한 다수의 평문을 발표했다. 『김수영 전집』을 새로이 편집해 발간을 준비 중이며 시 전집이 2017년 여름에 나올 예정이다.

이용주

광주과학기술원 기초교육학부 교수로 재직 중이다. 주요 저서로 『주희의 문화 이데올로기』, 『생명과 불사 — 포박자 갈홍의 도교 사상』, 『동아시아 근대사상론』, 『죽음의 정치학 — 유교의 죽음 이해』 등이 있으며, 역서로 『세계종교사상사1』, 『중세사상사』 등이 있다.

이필진

이론물리학자이다. 수학과 물리학의 경계 지대에서 초끈이론을 연구하고 있는데, 길고 긴 계산 과정에 비하여 허무할 만큼 깔끔하고 단순한 숫자가 결과물로 나오는 연구를 선호한다. 오랜 기간 장르를 가리지 않는 소설 덕후였고, 바흐를 숭배하는 고전음악 애호가이기도 하다. 산악자전거에 입문한 지 5년이 훌쩍 넘었으나, 아직도 타지 못하고 끌고 가는 "끌바"가 일상이다.

장태순

서울대학교 물리학과를 졸업하고 같은 학교 철학과에서 석사 학위를, 파리 8대학(생드니) 철학과에서 박사 학위를 받았다. 구조주의 이후의 프랑스 현대 철학과 예술철학을 주로 공부하고 있으며, 자연과학의 형이상학적 의미를 밝히는 일과 예술 작품에서 개념적 사유를 끌어내는 일에 관심을 가지고 있다. 고등과학원 초학제연구단과 서울대학교 철학사상연구소의 연구원을 지냈다. 지은 책으로 『현대 정치철학의 모험』(공저, 2010), 『동서의 학문과 창조: 창의성이란 무엇인가?』(공저, 2016)가 있고, 옮긴 책으로 『비미학』(2010)이 있다.

전응진

서울대학교에서 물리학 박사를 받은 후, 독일 뮌헨 공대, 이탈리아 이론물리연구소 등에서 연구원으로 근무하였고, 서울대 연구 교수를 거쳐 2002년부터 고등과학원 교수로 재직 중이다. 중성미자와 암흑 물질의 성질을 탐구하고, 새로운 현상의 예측과 검증을 통하여 표준 모형을 넘어서는 이론을 정립하기 위한 연구를 수행하고 있다.

정영두

안무가. 현재 DOO DANCE THEATER의 예술 감독이며 일본 릿쿄대학교 영상신체학과에서 특임 준교수를 맡고 있다. "채채순"씨의 막내아들이자 "정 활, 김윤겸"의 아빠이다. 안무 대표작으로 〈내려오지 않기〉(2003), 〈불편한 하나〉(2003), 〈텅 빈 흰 몸〉(2006), 〈제 7의 인간〉(2010), 〈시간은 두자매가 사는 서쪽 마을에서 머물렀다〉(2011), 〈먼저 생각하는 자 - 프로메테우스의 불〉(2013), 〈푸가〉(2015) 등이 있다. 신체를 통해 정신과 시간을, 움직임을 통해 자연 안에 존재하는 힘들을, 안무를 통해 조화의 원리를 알아가는 즐거움을 느끼고 있다. 또한 무용이라는 비언어, 추상예술이 지닌 감각(感覺. 신체 기관을 통하여 안팎의 자극을 느끼거나 알아차림)과 비약(飛躍. 1) 말이나 생각 따위가 일정한 단계나 순서를 따르지 않고 건너뜀, 2) 빠른 속도로 발전하거나 향상되어 높은 수준이나 단계로 나아감)의 힘이 언어와 텍스트가 지닌 획일성과 폭력성에 길항(拮抗. 비슷한 힘으로 서로 버티어 대항함)할 수 있다고 믿고 있다.

한지훈

서울대 대학원 강의를 마지막으로 다년간 백수로 지나가고 있다. 그 사이사이로 시(詩)를 즐기는 호사를 누린다. 문정희(文貞姬) 시인의 「치마」, 「응」, 「성에 꽃」, 「누구신가요」, 「아침 이슬」, 강기원 시인의 「위대한 암컷」 등이 가슴에 꽂힌다. 지난겨울은 티브이에서 일일 연속극으로 절찬리에 방영되었던 '국정 농단 드라마'에 흠뻑 빠져 지냈다. '내가 겨우 버티는 이 공동체가 이토록 허술했나?' 하여 이런 생각이 든다. 앞으로는 국회의원이 되려면 자격시험을 패스해야 한다고. 그리고 대통령은 자격시험을 통과한 국회의원으로서 3선(지역구) 이상인 자라야만 후보자 자격을 부여할 수 있다고. (아, 나의 분노는 어찌 이다지도 비현실적인가!) 그래 요즘 생겨난 즐거운 고민은 사시나 행시 또는 공시(공무원 시험)와 마찬가지로, 국자시(국회의원 자격시험)의 시험 과목을 무엇으로 할 것인가 하는 거다. 쉽게 떠오르는 건 일단, 필수과목에는 철학(정치철학, 법철학, 사회철학, 역사철학)과 역사(한국사, 동양사, 서양사) 분야가 반드시 포함되어야 할 것이다. 예컨대 널리 알려진, 공자의 『논어』, 플라톤의 『국가』, 마키아벨리의 『군주론』, 토마스 홉스의 『리바이어던』, 존 로크의 『통치론』, 장자크 루소의 『사회계약론』, 마르크스의 『자본론』, 사마천의 『사기』, E. H. 카의 『역사란 무엇인가』 등등. 이처럼 관련 서적을 다방면으로 섭렵하고 나서, 어떤 것을 시험 과목으로 정할 것인지를 앞으로의(5-10년) 책무로 구상하고 있다. 지금 『리바이어던』이 앞에 있다. 관심 있는 분의 고견을 앙망한다.

함성호

초등학교를 두 번 들어갔다. 도저히 산수를 이해할 수 없었다. 틈만 나면 만화당에서 살았고, 기계체조 시 대표 선수였다. 중·고등학교 때는 석고 데생을 지겹게 했다. 그즈음 이상한 무기력증에 편했는데, 보다 못한 작은형이 입시 학원 대신 합기도장에 넣어주었다. 대학 때는 소형 영화 제작에 참여했다. 조명, 연출, 심지어 연기도 했다. 그때 영월에 촬영 갔다가 처음 박쥐를 보았다. 방위소집 해제당하고 설악산 도문동 작은누이네 집에 틀어박혀 하도 심심해서 세계문학 전집을 읽었다. 그렇게 읽다가 보니까 다 읽게 되었다(처음으로 만화 아닌 걸 집요하게 봤다). 도스토옙스키의 『카라마조프가의 형제들』을 읽고 처음 문학이란 걸 생각하게 되었다. 거기서 보낸 3개월 동안 혼자서 한 달에 감자 한 말씩을 전 부셔서 먹어치웠다. 그 후 시를 쓰며, 건축설계도 하고 건축 평론도 하면서 적잖이 떠돌며 살았다.

찾아보기

인명

ㄱ

갈홍 278
강홍구 15, 349-351, 353-358, 360-362, 364-368, 370, 372-373
괴델(Kurt Gödel) 10, 75-77, 86, 91, 95-97, 100
김동인 293, 295
김우창 14, 293-294

ㄴ

노자(老子) 257, 261, 369

ㄷ

데리다(Jacques Derrida) 31, 343, 346-347
데카르트(René Descartes) 72
들뢰즈(Gilles Deleuze) 54, 58, 62
디디-위베르만(Georges Didi-Huberman) 365

ㄹ

라이프니츠(Gottfried Wilhelm Leibniz) 58, 72
라쿠라바르트(Philippe Lacoue-Labarthe) 318
러셀(Bertrand Russell) 72-74, 77, 80
르메트르(Georges Lemaître) 200

ㅁ

말라르메(Stéphane Mallarmé) 62, 68
맥콜(Anthony McCall) 240
미첼(William J. T. Mitchell) 309, 348

ㅂ

바디우(Alain Badiou) 8-9, 53-69, 387
바르트(Roland Barthes) 294
바일(Herman Weyl) 147, 154
박경리 293, 297
백낙청 293, 297
버스(Lipman Bers) 147
베이트슨(Gregory Bateson) 245
브라우어(Luitzen E. J. Brouwer) 74, 76, 95
브라이언트(Levi R. Bryant) 248-249, 253-254

ㅅ

사혁(謝赫) 372
석도(石濤) 347, 369
셰퍼(Murray Schafer) 244-245

ㅇ

아리스토텔레스(Aristoteles) 71, 295
아인슈타인(Albert Einstein) 48, 153-154, 157, 195, 197-201, 205
와인버그(Steven Weinberg) 154, 205
우딘(Hugh Woodin) 95, 97
위튼(Edward Witten) 157
윌슨(Kenneth Wilson) 154
윌슨(Robert W. Wilson) 208
유클리드(Euclid) 71
인골드(Tim Ingold) 220, 250

ㅊ

체르멜로(Ernst Zermelo) 78-83
최남선 14, 305, 307-308, 310-315, 317-318

ㅋ

칸토어(Georg Cantor) 71, 73-74, 76-78, 80, 83-85
캐스탱테일러(Lucien Castaing-Taylor) 237
캑(Marc Kac) 147, 154
코언(Paul J. Cohen) 58, 65, 71, 77, 86-88, 91-92, 95

ㅍ

파라벨(Véréna Paravel) 237
펜지아스(Arno A. Penzias) 208
프레게(Gottlob Frege) 72-74
프렝켈(Abraham Fraenkel) 79-80
프로이트(Sigmund Freud) 56-57, 363, 369
프리드만(Jerome I. Friedman) 200
플라톤(Plato) 31, 59, 68, 71, 216

ㅎ

하인(Birgit Hein) 240
하인(Wilhelm Hein) 240
허블(Edwin Hubble) 199-200
헤이팅(Arend Heyting) 75
혜강(嵇康) 11, 161-167, 169, 172, 387
화이트헤드(Alfred North Whitehead) 73-74, 365
힐베르트(David Hilbert) 73-76, 85-86

사항

ㄱ

감화력 12, 169-171
강제법 8-10, 58, 65-66, 69, 71, 76, 86-88, 90-92, 94-95, 97-101, 387
고유주파수 143-148, 157
과거 시제 14-15, 293-295, 298
귀환 369
균형 34, 120, 124, 128, 167, 246-247, 327
그래프 145, 347-349
그리기 253, 347, 353, 364, 372
그림 41, 223, 232, 346-349, 351, 353, 355-357, 365, 367, 372-373
근원 11, 64, 161, 167, 172, 260-261, 263, 273, 330, 343
근원소 78
긋기 346-347, 364, 369, 371-372
기(의) 수련 264, 267, 269, 273, 275, 388
기록 27-28, 40, 131, 200, 228, 293, 344-345, 348-349, 360, 363, 385, 389-390
기본음(중심음) 178
기수 73, 83-85, 89-90, 93, 96, 98, 100, 104
기술(技術) 7, 33, 202, 211, 225, 230, 233-234, 334, 338, 345-346, 352
기술(記述) 27, 32-33, 39-40
기어 넘어가기 328-331, 335-337
기어가기 35, 331-337, 339
기억 27-28, 346-347, 351, 353, 355, 359, 364, 367, 371-373
기우뚱한 균형 327
기재 345, 360

기획 15-16, 57, 72, 134, 344-345, 351, 371, 386
긴장과 이완 181-182

ㄴ

나무 44, 140, 144, 226, 353, 360, 367
낙서 353, 355, 371
너머 8, 12, 360, 363, 372
노래 14, 40, 164, 172, 176-177, 179, 303-305, 310, 312-313, 316-318, 328
노장 사상 371

ㄷ

담 352-353, 359, 363
담벼락 16, 352, 359, 371, 373
대중 10, 155, 157
대폭발 우주론 200, 205-206, 208
더하기 351
도교 13, 257, 260-261, 263-274, 276-280
『도덕경』 260-261, 369
도덕적 선 170, 173
독립성 증명 86
동굴 356 357, 360
동일성 308, 348
되돌아옴 363, 369, 371
디지털 348-349, 351, 366

ㄹ

러셀의 패러독스 77
뢰벤하임-스콜렘 정리 82, 98
리듬 15, 176, 181-182, 305, 308-310, 313, 316-318, 327
리듬악기 179

〈리바이어던(Leviathan)〉 13, 237, 243-244, 246-247, 249-253

ㅁ

매체 13, 238-243, 247, 249-250, 252-254, 304, 345-348, 352-353, 357, 364, 371
매체 특정성 238-240, 242-244, 249-250, 253
메시지 124, 170, 365
'명'과 '실' 168
명교 169-171
모델
 집합론 모델 66
 표준 모델 66, 96-101
 서브 모델 66, 97-98, 100-101
 확장 모델 66, 88, 90, 92, 98-99
 추이적 모델 82, 88, 98
모순 27, 37, 72, 74-75, 77-78, 80-82, 86, 91-92, 104, 352
몸 7-10, 39, 41-43, 51, 117-120, 124, 126, 128-129, 251-252, 263, 265-268, 272-273, 275-277, 332-333, 337, 340, 347, 357, 360, 380, 387, 400
못 367
몽타주 16, 253, 357, 364, 371-372
무악(巫樂) 175, 177
무위(無爲) 169, 171-172, 174, 261, 263-264, 277-278
문사 347, 369, 372
문자 8-9, 14, 31-33, 39-40, 298-299, 304-305, 308-313, 315-318, 327, 339
물질 10, 12-13, 27, 138, 195, 197-198, 201-202, 204-207, 211-212, 214-215, 219-

220, 223-230, 232-234, 239-243, 247-250, 252-253, 266, 344, 346, 348, 353, 357, 367, 385

물질성 13, 136, 211, 214, 216, 220, 226, 237, 239-243, 250, 253, 265, 267

물질현상 346

물화 352

미디어 생태학 13, 237

민속악 175-176, 181

ㅂ

바나흐-타르스키 현상 81

발굴 367

발레 122, 124, 126

범주 151, 156, 162-163, 177, 226, 267, 269, 271, 274, 276, 345

벽 15, 29, 49, 120, 233, 246, 323, 326, 352-353, 355-357, 359-360, 363, 365, 367, 369, 372

벽화 356-357

부울 값의 모델 이론 91

부재 28, 222-223, 295, 351-352, 363, 365

분류 226, 316, 345, 355, 359

분자생물학 149, 151, 155

분절성 348

불사(不死) 264-265, 268-269, 272-273, 277-279

불완전성정리 76, 86, 91

비인간 8, 12-13, 16, 138, 211-212, 230, 232, 237, 243, 246-248, 251-253, 357

빼기 351

ㅅ

사건 8-9, 14, 31, 33, 37, 47, 49, 55, 59, 61-63, 67-68, 197, 202, 205, 222-223, 225-226, 228, 232-233, 247, 294-295, 302, 327, 346, 355, 360, 371, 385

사고 30, 33, 128, 214, 225, 238, 247-248, 275

사슬 조건 90, 103

사용법 6, 372

사진 14-15, 151, 230, 345-349, 351-359, 361-362, 364-371, 373

산문시 14, 301-302, 315, 318

산수화 372

『산술의 기본법칙』 72

산조 175, 177, 180-183

삼인칭 대명사 114, 293-296

상대성이론 12, 195

상상 9, 16, 39, 51, 87, 99, 168, 174, 240, 345, 372-373

색인 344, 352, 355, 359

샤머니즘 175

서사시 전통 295

서수 73

서화론 347

선사시대 9, 32, 356, 372

선형적 15, 345-346, 359

섬뜩함 360, 363, 369

「성무애락론(聲無哀樂論)」 11, 161, 167-168, 170-172, 174

성음(聲音) 163-164, 166-167, 170-171, 174, 180

세미컨덕터(Semiconductor) 252

소내되기 327, 330

소내하기 327

소리[聲] 11-12, 15, 117, 131-132, 143-145, 148-149, 154-157, 161-168, 172, 174, 198, 244-246, 304-305, 310, 313, 315, 317, 325, 327-328, 386-387

소리꾼 179

소립자 152-155

소외되기 327, 330

솟대 360, 367

〈수제천〉 176

수집 244, 360, 364

수학 7, 9-10, 35, 53, 55-58, 62, 67-68, 71-76, 82, 87, 93-96, 100, 147-149, 157, 385-386

『수학 원리』 73-74

수학적 이성 344

수행론 261, 273, 347

스머프 353, 355

스콜렘 패러독스 82

승리자의 역사관 373

시각적 리듬 305

시각적 휴지 307, 310

시간 9, 13-15, 28, 30-32, 37, 39, 43-50, 117, 131-132, 143, 198, 200, 215, 220, 222, 228, 251, 273, 293-296, 340, 345, 355-357, 359, 364, 400

시공간 13-16, 44, 46, 49, 197, 216, 240, 295, 309, 321-324, 326, 351, 353, 357, 371-372, 385

시나위 175, 177-178, 180-181, 183

『시장과 전장』 293, 297

『시학』 295

식민지 322, 352

신선 13, 264-265, 271, 274, 276-280

신체 126, 243, 245, 257, 265-270, 273

실재 12, 14, 44, 211, 216-217, 220, 223, 225, 228-230, 295-296, 352, 365, 369

실재론 9, 13, 71, 94-96, 100-101, 211-212, 217-220, 223, 322

실패 15-16, 293, 316, 318, 321, 363-364, 369, 371

심미적 쾌감 12, 165, 167, 171

심신 수양 176

ㅇ

아날로그 230, 348

아르케 343

아방가르드 13, 238-239, 241-243, 371

아악(雅樂) 175-177, 183

아카이브 15, 343-347, 349, 351-352, 355, 359-360, 363-364, 369, 371, 373

악기 143-145, 148, 157, 171, 177-179, 303

암흑 물질 12, 195, 197, 201-202, 206, 208, 214

암흑 에너지 12, 195, 197-198, 200, 206, 208

압축 356-357, 364, 371

양가성 360

양자장론 154

언더프린트 351-352

얼룩 365, 369

여백 16, 306, 308, 314, 316-317, 359, 364, 371-372

역사 27-29, 31-32, 37, 60, 72, 175, 180-181, 198, 205, 208, 227, 234, 240, 324, 327, 330, 339, 359, 364

연속체 가설 71, 74, 76-77, 85-86, 90, 96-97,

100-101, 104
〈영산회상〉 175-176
예술 6, 9, 11, 13-14, 16, 33-34, 37-38, 40-42, 50, 53-54, 56, 64, 67, 126, 136, 170-171, 173, 179, 183, 211, 216-217, 225, 230, 233-234, 238-240, 252, 294, 296, 346, 357
예술가 211, 230, 233-234, 357, 381-382, 384-386, 389
예술의욕 175
'예'와 '악' 169
오버프린트 352
오음(伍音) 161, 164-165, 172
욕망 37, 41, 171, 264, 274, 276, 348, 364, 397
우발성 359
우주 6-13, 16, 27, 31, 35, 38, 43-44, 48-49, 118, 122, 128, 138, 161, 167, 170, 174, 195, 197-198, 200-201, 205-206, 208, 216, 233, 248, 260-261, 273, 340
우주배경복사 206, 208
우주적 기 347
운동 218, 249, 345
우충좌돌 327
운하임리히 363
원리 7, 13, 16, 68, 81, 205, 257, 260, 268, 317-318, 343
원인 165, 326, 340, 343
월포(越匍) 15, 340
움직임 7, 31, 50, 118, 122, 124, 126, 128, 315, 335-338, 341, 369
『원론』 71
위치 9, 16, 53-55, 58, 129, 131, 136, 141, 147, 197, 296, 326, 348, 355, 357

유동성 346
유한적 방법 75
유형론(타입 이론) 73-75
육법 372
육자배기 토리 177-178
율격적 휴지 307, 315
음악론 12, 170-171
의미 작용 50, 247, 315, 349, 367, 369, 371
이면(裏面) 40, 180
이미지 80, 151, 155, 228, 230, 241, 243, 246, 309, 336-337, 347-349, 351-353, 356, 359, 367, 371-372
이성 16, 76, 344-345
이성주의 33, 344
이풍역속 168-172
인간 7-8, 10-13, 16, 33-34, 41, 50, 54, 64, 76, 94-95, 100, 122, 124, 132, 136, 138, 140, 151, 156, 161-164, 166-167, 169, 171-174, 211-212, 215, 218-220, 223, 227, 241-246, 248-253, 260-261, 264-279, 296, 331-332, 337, 341, 345, 347, 356-357
인덱스 223, 240, 364-365, 367
인류 49, 71, 75, 346, 356, 360, 372
인성 171, 182
일관성(무모순성) 74-75, 77, 86, 100
일반 연속체 가설 85-86
일반상대성이론 151, 196-198, 201
일획(一畵) 369
입자가속기 153

ㅈ

자기지시성 239-240, 344
자본주의 351-352
자연 7, 10-11, 42, 55, 117, 122, 124, 126, 128, 138, 161, 167, 169, 171-174, 211, 215, 218, 257, 261, 345, 386
자연스러움 126
자연지화(自然之和) 12, 162, 167, 169, 172, 174
자유간접화법 296, 298
자유시 14, 301-303, 305, 318-319
자치권 373
장소 24, 43-44, 46-50, 59, 182, 266, 343, 345, 360, 363, 369
『장자』 268, 277-278
장치 15, 27, 43, 132, 134, 153, 208, 230, 240, 243-244, 246, 295, 345-346, 348-349
재배치 16, 359, 364, 371-372
재현장화 359
전용 364-365, 367
전통음악 10, 12, 175-176, 181, 183
절대음악 180
성가(止歌) 175-176
정신 13, 28, 95, 168, 176, 215, 264-270, 275, 280
정악(正樂) 175-177, 183
정치 54, 56-57, 65, 67, 168, 170, 239
제국 352
조선 민화 356
『존재와 사건』
종교 10, 28, 183, 257, 261, 264, 270, 278, 279
좌표 72, 129, 348
주체 53, 56-57, 63-68, 168, 173-174, 215, 218-219, 229, 248, 261, 344, 356-357, 364
주체어 53, 66-68
중국 문화권 13, 16, 347, 369, 371
중력 10, 118-120, 122, 124, 126, 128, 196-198, 201-202, 205, 212
중력렌즈 12, 202-204, 207, 214
중성미자 154
중층 182, 357, 364, 371
즉흥성 177, 182
증거 201-202, 206, 344, 346, 365
증명 27, 30, 33, 38, 46, 48, 71, 73-75, 77, 81, 85-88, 90-92, 96, 147, 229, 343-345
지시 65-66, 68, 138, 240, 251, 257, 343-344, 346, 353, 365
지시성 349, 364-365, 369
지식 10, 65, 155, 176, 179, 198, 220, 229, 234, 248, 263, 266, 324, 343-346, 349, 351
지층 356, 367
지표 349, 351-352
직관주의 74-76, 95
진리 9, 30-31, 40, 53-57, 59, 63-68, 75, 257, 265, 278-279, 326, 343-344, 346-347, 357
집단(적) 기억 355, 359, 364, 371
집합
  셀 수 있는(countable) 집합 82-83, 88, 90, 92, 96
  무한집합 79, 84-85
  멱집합 78, 84-85
  순서집합 102-104
  부분집합 63, 65-67, 78-79, 88-92, 98, 102-104

근원적 집합 88-89, 92, 98-99
집합론 7-8, 56-60, 62-63, 65-66, 71-78, 80, 82-83, 85, 88-89, 91, 95, 101-102
집합론 공리들
   외연공리 78
   짝공리 78
   합집합공리 78
   멱집합공리 78
   무한공리 79
   기초공리 79
   분리공리 79-80, 102
   대체공리 80
   선택공리 80-83, 86, 90
   마틴의 공리 93, 104
찍기 345, 355

ㅊ

천지 만물 260, 347, 355, 369, 372-373
천지합덕(天地合德) 161, 164, 167
체계 6-11, 13, 16, 31, 55-56, 71-72, 74-75, 77, 80-81, 86, 92, 101-102, 169, 182, 225, 229-230, 232, 273, 278, 343-346, 349, 351-352, 371
초른의 보조정리 81-82
추상화 65, 134, 296, 365
측정 11, 144, 153, 155-156, 201, 208, 215, 345-346, 348, 364
측정학 345

ㅋ

크로마토그래피 150-151, 155

ㅌ

탈구축 346-347, 359
『태평경』 267-269
통제 132, 134, 315, 343, 345-346, 349, 351

ㅍ

판소리 177, 179-181, 183
패러독스 72-73, 81
포월(葡越) 10, 15, 327-331, 335-337, 340
포치 372
표준 모형 153-154, 205
풍류방 음악 175-176
프로젝트 244, 344, 346, 349

ㅎ

한국무용 122
핵산 151
행위 9-10, 29, 65, 120, 122, 128, 215, 224, 257, 295, 298, 330-331, 339, 341, 353, 356, 360, 364, 367
현대 과학 149, 154-157, 195
현대무용 10, 122, 124, 126
현장 묘사 14, 294
현재형 서술 14, 293, 297
형식 5-6, 32, 72, 101-102, 166-167, 170-171, 174, 178-180, 219, 227, 238-239, 250, 253, 260, 273, 294, 301-302, 305, 308, 316-317, 352
형식미 167, 171, 174, 182
형식주의 10, 75-76, 238
화성(和聲) 164-165
환원 74, 220, 239, 249, 296, 328, 337, 344, 372

효과 12, 134, 202, 204, 207, 214, 250, 296, 304, 306, 313, 317, 359, 365, 371-372

흔적 9, 30-34, 37-40, 228, 317, 355, 365, 367, 371

힉스 입자 153

A-Z

DNA 150-151

RNA 151

Wrk 246-247

ZFC 81-82, 86, 88-93, 95-98, 100, 104